地方財政を学ぶ

〔新版〕

沼尾波子・池上岳彦・木村佳弘・高端正幸　著

有斐閣ブックス

　2017年に初版が刊行されてから6年が経ちました。この間，私たちの暮らしを取り巻く環境は大きく変化しました。人口減少と少子高齢化はさらに進行し，「生活の場」としての地域の持続可能性が危ぶまれるとともに，空き家と所有者不明土地の増加のような具体的な課題もつぎつぎに浮上しています。国は社会保障と税の一体改革，地方創生（まち・ひと・しごと創生）などを推進し，地方自治体の財政もこれらの政策に影響を受けています。また2020年初頭に始まった新型コロナウイルス感染症の拡大は，保健所，地域医療などを中心に，地方自治体の果たす役割の大きさを際立たせました。気候変動への対応，デジタル社会への移行などの社会課題への対応も，地方財政と切っても切れない関係にあります。

　そこで新版では，地方財政を取り巻くこうした状況の変化を踏まえて加筆することとし，あわせてデータの更新を行いました。具体的には，2020年までの社会保障と税の一体改革，地方創生など，直近の政策動向について各章で加筆を行っています。新型コロナウイルス感染症拡大に伴う経済対策，ならびに地方財政への影響をはじめとする2020年以降の課題については，終章でふれています。ただし各章の図表に用いた決算統計は，新型コロナウイルス感染症拡大が地方財政に与えた一時的な変化にとらわれないようにするために，原則として2019年度までのデータを使用することとしました。それがどこまで一時的な変化なのか，あるいは恒常的な変化をもたらすものなのかについては，後世の判断を待つべきと考えました。

　本書を通じて，読者の皆さまが地方財政についての基本的な知識を得ることとあわせて，社会経済情勢の変化を踏まえた国と地方の財政関係の変容と，その今後とるべき針路について考えを深めてくださるならば，望外の喜びです。

　新版においても，有斐閣書籍編集第2部の長谷川絵里氏に大変お世話になりました。改めて感謝の意を表します。

　2023年2月

著 者 一 同

　本書は，地方財政を新たに学ぼうとする人のための入門書として書かれました。「地方財政」と聞くと，難しそうだという人は多いのですが，本書では，それをできるかぎりわかりやすく解説するよう心掛けました。

　国や地方自治体は，私たちの暮らしを支える責任を負い，公共サービスにかかる支出を行っています。また，そのために必要なお金を，私たちは税金という形で負担しています。国と地方自治体の活動を支出と収入からとらえるのが財政学ですが，とくに都道府県や市町村などの地方自治体に焦点を当てて考えるのが地方財政論です。

　私たちは生まれてから亡くなるまで，さまざまなところで地方自治体とは切っても切れない関係にあります。生まれたときの戸籍登録に始まり，健康・医療や福祉，教育などのサービス，そして道路や上下水道，各種施設の整備など，日頃の暮らしのなかで，さまざまなサービスを地方自治体に負っています。では，こうしたサービスを提供するための費用は，誰がどのように負担しているのでしょうか。またその使途はどのように決められているのでしょうか。その制度や歴史，運営実態について理解し，考えを深めることは，私たちがどのような暮らしを望むのか，そのためにどのような地域社会をめざすのか，といった切実な問いにつながる重みをもっています。そこで，各章での学びを通じて，日々の暮らしに身近な地方自治体の財政運営について，自らの考えをもてるようになるテキストをめざしました。

　日本の地方財政制度は，国の財政ときわめて密接な関係にあることから，本書には，国と地方自治体の財政関係についての記述が多く出てきます。国・地方の財政関係は複雑であるため，それをわかりやすく解説することは容易ではないのですが，できるかぎり把握しやすいよう，丁寧な記述に努めました。

　近年，日本や世界の地方財政制度や運営のありようは，大きな変化を遂げており，財政理論もまた見直されています。具体的には，小さな政府が指向され，国や地方自治体にも民間の「経営」手法を取り入れた行政経営の効率化を求める改革が進められています。こうした時代だからこそ，国や地方自治体などの

政府部門の存在意義と役割について改めて問い直すとともに，なぜ租税を負担するのか，行政はどのようなサービスを提供するべきか，行政サービスは国と地方のどちらが担うべきか，といった財政をめぐる問いについて，身近な問題として考えてみてください。本書がその助けになれば，著者として何よりうれしく思います。

　なお，本書を手に取られ，改めて国の財政を学んでみたいと思った方は，ぜひ『現代財政を学ぶ』（池上岳彦編，有斐閣，2015 年）にも目を通してみてください。国の財政について学ぶなかから，地方財政の課題がみえ，さらに理解を深めることができるでしょう。

　最後に，本書の刊行に際し，その趣旨に賛同し，粘り強く対応してくださった有斐閣の長谷川絵里氏に心からの謝意を表します。

　　　2017 年 4 月

著 者 一 同

著者紹介

沼尾　波子（ぬまお　なみこ）　　　　　　序章，第4章，第8章，第11章

東洋大学国際学部教授

1967年生まれ。慶應義塾大学大学院経済学研究科後期博士課程単位取得退学

主要著作：『地域包括ケアと生活保障の再編——新しい「支え合い」システムを創る』（分担執筆，明石書店，2014年），『交響する都市と農山村——対流型社会が生まれる（シリーズ田園回帰4)』（編著，農山漁村文化協会，2016年），『多文化共生社会を支える自治体——外国人住民のニーズに向き合う行政体制と財源保障』（共著，旬報社，2023年）

池上　岳彦（いけがみ　たけひこ）　　　　　第2章，第5章，第6章，終章

立教大学経済学部教授

1959年生まれ。東北大学大学院経済学研究科博士課程修了，博士（経済学）

主要著作：『分権化と地方財政』（岩波書店，2004年），『租税の財政社会学』（共編著，税務経理協会，2009年），『現代財政を学ぶ』（編著，有斐閣，2015年）

木村　佳弘（きむら　よしひろ）　　　　　　第9章，第10章，第13章

桃山学院大学経済学部准教授

1973年生まれ。東京大学大学院経済学研究科博士課程単位取得退学

主要著作：『危機と再建の比較財政史』（分担執筆，ミネルヴァ書房，2013年），「アメリカ連邦政府の財務諸表——予算会計と財務会計の相違を意識して」（『都市問題』第105巻第6号，2014年），『現代財政を学ぶ』（分担執筆，有斐閣，2015年）

高端　正幸（たかはし　まさゆき）　　　　　第1章，第3章，第7章，第12章

埼玉大学大学院人文社会科学研究科准教授

1974年生まれ。東京大学大学院経済学研究科博士課程単位取得退学，博士（経済学，横浜国立大学）

主要著作：『福祉財政（福祉＋α）』（共編著，ミネルヴァ書房，2018年），『財政学の扉をひらく』（共著，有斐閣，2020年），『揺らぐ中間層と福祉国家——支持調達の財政と政治』（共編著，ナカニシヤ出版，2023年）

第Ⅱ部　地方自治体の収入

第Ⅲ部　地方財政制度の展開と課題

第10章　地方財政の歴史的展開————————————————192

序 章
地方財政を学ぼう

1 私たちの暮らしと地方自治体

　みなさんは，都道府県庁や市役所，町や村の役場に足を運んだことがありますか。おそらく多くの読者にとって，役所・役場はなじみのないところであり，足を運ぶ機会も限られていることでしょう。しかしながら，私たちは数多くのサービスをこれらの**地方自治体**から受けており，また地方自治体に税や使用料・手数料などを支払っています。

　本書では，私たちの暮らしに身近な地方自治体（都道府県や市町村など）の経済活動について取り上げます。私たちは，日頃の暮らしのなかで，さまざまなサービスを行政に負っています。子どもが誕生したときには出生届を提出し，それ以後，予防接種や保育などの行政サービスを受けることになります。さらに成長とともに，小・中・高等学校での教育を享受するでしょうが，そこでも行政が多くの役割を担っています。また，日々の暮らしのなかでは，警察や消防のサービスを通じて暮らしの安心・安全が守られ，ごみの収集やリサイクルも行政によって担われています。このほか，行政は，道路整備や駅前商店街への支援，産業振興や雇用対策なども行っています。さらに，病気やけがをしたり，高齢や障害などの理由によりケアが必要となった人たちに，医療，介護などのサービスを保障するのも行政の役割です。

対人社会サービス
教育
保育
介護

日常的な環境の維持・保全
警察, 消防, 救急
水道
ごみ処理

社会資本整備
（道路, 橋りょう, 施設など）

産業振興
（農林水産業, 商工業, サービス業）

出所）筆者作成。

　では，これらのサービスを担っている「行政」とは何でしょうか。行政とは，法律等を執行し，国民に行政サービスを提供する主体のことをいいます。行政には，政府（内閣や省庁）ならびに地方自治体（都道府県や市町村など）があり，それぞれ「国」・「地方」と省略されることもあります。私たちは行政からさまざまなサービスを受けているのですが，そのなかには，政府（国）から受けているサービスと，地方自治体（地方）から受けているサービスがあります。本書では，そのうちの地方自治体についておもに取り上げます。

　では，私たちは，地方自治体からどのようなサービスを受け取っているのでしょうか。また，それらのサービスにかかる費用負担は誰がどのように担っているのでしょうか。そして，それらのサービスや費用負担の方法については，いったい誰が，どのように決めているのでしょうか。本書では，地方自治体がどのように収入を調達し，それをどのような経費として支出しているのか，ま

たその方式については，どのように決めているのかについて，理解できるように
なることを目標とします。

Key Questions
□ なぜ地方財政を学ぶのでしょうか。
□ 地方自治体は私たちにどのようなサービスを提供しているのでしょうか。

┌ Keywords ─────────────────────────────
地方自治体　地方自治　財政民主主義　地方自治は民主主義の学校
└─────────────────────────────────────

② 国との関係からみた地方自治体とその財政

　地方自治体の役割を考えるうえで，国との関係を無視することはできません。
私たちは多くのサービスを地方自治体から受けていますが，それらのサービス
のなかには，各地方自治体が独自にその内容や水準を決めて提供するものと，
国が全国共通の基準やルールを決めて，地方自治体が，その基準・ルールに従
ってサービスを提供しているものがあります。たとえば，義務教育では，小・
中学校においてそれぞれ6年間，3年間の学びを行うことが国の法律で義務づ
けられています。そして国は，全国共通のルールに従ってサービスを提供でき
るよう，地方自治体に対して補助金などを交付し，必要な財政措置を行ってい
ます。もし，地方自治体がそれぞれ独自のルールを決めて義務教育を行った場
合，居住する地域によって学習内容や学習時間などが大きく異なることも想定
されるため，今日の日本では全国どこでも標準的なサービス水準となるよう，
国が基準を設けているのです。

　このように，私たちが地方自治体から受けているサービスには，国がかかわ
っているものが多くあります。したがって，地方自治体の役割や，お金の流れ
を理解するには，国との関係をしっかり把握し，理解しておく必要があるので
す。

　ここで2つの世界を考えてみましょう。1つは，国が義務教育制度を整備し，

地方自治体は，国が決めた基準に従って，全国共通の方法でサービスを提供する方式をとる世界です。それに対しもう１つは，地方自治体がそれぞれの地域で独自に教育制度を整え，地域によって異なるやり方で教育サービスを提供する方式です。前者であれば，全国どこに居住していても，一定水準の教育サービスを受けることが可能となります。それに対し，後者であれば，地域によってサービス水準や内容は異なることが考えられます。たとえば，ある地域では特定の外国語の授業を導入するかもしれません。また他の地域では，地元の歴史や文化，風土について詳しく学ぶ授業を取り入れるかもしれません。

　全国画一的に提供される必要があると判断されるサービスについては国が関与することとなりますが，地域ごとにサービスの内容や質は異なってもよいと判断されるサービスであれば，地方自治体がそれぞれ決めればよいということになります。それによって，費用負担のあり方も変わってくるでしょう。

　２つの世界は極端なものかもしれませんが，実際に諸外国をみると，地域によって異なる教育サービスを提供している国もあれば，国内共通のやり方でサービスを提供している国もあります。では，地方自治体がそれぞれの地域の運営について，どこまで自主的に決定できる社会が望ましいのでしょうか。

　本書で地方財政について学ぶにあたり，ぜひ**地方自治**という概念について，考えてみてください。

　「地方自治」とは，自分たちの地域のことを自分たちで考えて決定するという考え方です。これは当たり前のように思えるかもしれません。たとえば商店街の活性化や地域のお祭りの運営などについては，地域のなかで決めていくほうがよいと考える人も多いでしょう。しかし，教育や福祉などは地域ごとに異なるサービスを提供するのではなく，国が決めたやり方に従って，全国共通でサービスを受けるほうがよいと思う人もいるかもしれません。

　このように，行政の果たす政策分野によって，国が全国的に提供するほうが望ましいと考えられる施策と，地方自治体が地域ごとに対応を考えるほうがよいと考えられる施策があるのです。

　本書での学びを通じて，私たちが受け取るさまざまな行政サービスについて国と地方がどのように役割を分担し，費用負担を行っているか，そしてそれはどのような根拠によるものなのかを考えてみてください。

難しいのは，国が国益を考えて推進する政策が，特定の地域にとって，必ずしも望まれるものであるとは限らないということです。たとえば，沖縄の米軍基地移設問題を考えてみましょう。日本の安全保障政策のなかで，長い間，沖縄には米軍基地が置かれ，その面積は，今日でも全国の米軍専用施設の約7割を占めています。そこで普天間基地の移設に対し，沖縄県外の各地を候補とする案も出されましたが，各地で基地受け入れに反対する声も根強く，県内辺野古への移設が進められようとしています。これに対し，沖縄県は反対の立場を示してきました。このように，地方自治体と国との間で政策判断が分かれることがあり，国が一国全体の利益を考えて推進しようとした政策が，特定の地域では，望ましくないと判断されることがあるのです。

　もちろん，関係する自治体には，これまで国から巨額の補助金・交付金が支払われており，地元では，その財源を活用した社会資本整備が行われてきました。また，基地などの施設があることで，雇用が創出されてきたという側面もあります。こうしたことを踏まえて，国と地方の関係について考えていく必要があり，地域のことをどこまで地域で主体的に決めていくのかという「地方自治」のあり方が問われているといえます。地方自治体には，何をどこまで決定する権限があるのか，また，地方自治体が行財政を運営する際に，どのような手続きやプロセスがとられているのかについて，学び，考えてみてください。

③ 財政民主主義と参加

　本書を通じてもう1つ考えていただきたいのは**財政民主主義**についてです。政府や地方自治体が課税を行い，支出を通じて行政サービスの提供などを行うことが「財政活動」ですが，そこには民主的な手続きが必要であるというのが，財政民主主義の考え方です。国や地方自治体が，勝手に課税を行ったり，支出について決めることはできず，あくまでも国民（住民）の総意のもとで，負担や支出のあり方は決められるべきであるという原則に基づき，課税や支出を行う際には，国民（住民）の代表からなる議会の議決が必要とされています。そのため，毎年の政府や地方自治体における収入・支出のあり方については，議会で予算審議が行われることとされているのです。

実際，みなさんは政府や地方自治体による課税や行政サービスについて，自分たちの意見が反映されていると思いますか。また，国や地方自治体の課税や支出について，理解できているでしょうか。日本では，国会議員や地方議会議員の選挙の投票率の低さに象徴されるように，財政民主主義が機能しているとはいえないという人もいます。私たちの社会をつくるための費用を私たちが租税などで負担していることを改めて考えてみる必要があるでしょう。

　イギリスの政治家 J. ブライスは「**地方自治は民主主義の学校**」という言葉を残しています。一国全体での税負担や政府支出について政治参加の手ごたえを得ることは難しいかもしれませんが，私たちの暮らしに身近な地方自治体，とくに市町村の場合，税負担や支出のあり方について意見を述べたり，地域づくりの活動に参加したりすることは比較的容易であり，またその影響や効果もみえやすいものです。財政民主主義の実践という意味でも，地方自治体の財政運営について興味をもって調べてみると，いろいろなことがみえてきます。

④ 本書の構成

　本書は，地方財政についてわかりやすく，体系的に学べるよう，工夫がなされています。まず，全体を 3 部構成として，段階を追って学べるようにしました。

　第Ⅰ部では，地方財政の全体像を取り上げ，なぜ地方自治体の財政について学ぶのかが詳しくまとめられています。第 1 章では，改めて日本の地方自治体ならびにその財政の特質について，諸外国の制度と比較しながら考察します。第 2 章では，国と地方の関係について，役割分担や費用負担に着目して考えます。第 3 章では，経費論を取り上げます。地方自治体はいったいどんなことにお金を支出しているのでしょうか。地方自治体が果たすべき役割について考えながら，私たちが支払った租税などの使い道について考察します。第 4 章では，地方自治体の予算について取り上げます。誰が地方自治体のお金の使い道をどのように決めているのかを考えます。

　続く第Ⅱ部では，地方自治体の収入構造について考察します。地方自治体はいったいどこから必要な財源を調達しているのでしょうか。第 5 章では，地方

自治体の歳入つまり財源調達の仕組みと方法について，その全体像を示します。第6章からは，個別の財源調達方法について詳しくみていきます。第6章では，地方税を取り上げます。私たちは地方自治体にどんな税を納付しているのかを考察していきます。第7章では，国から地方に交付される地方交付税について取り上げ，第8章では，国の各省庁から地方に渡される国庫支出金（補助金）について取り上げます。国から地方に交付される財源の特徴を踏まえて，国と地方の財政関係について考えていきます。第9章では，地方自治体が借入によって財源を調達する地方債制度について考えます。第Ⅱ部全体を通じて，地方自治体の主要な財源についてその特徴を知り，歳入調達の仕組みを理解することが目標となります。

　最後の第Ⅲ部では，地方財政制度の展開と課題について考察します。第10章では，日本の地方財政が今日のような制度となった歴史的経緯を振り返ります。第11章では，戦後日本の国土計画や経済政策を踏まえて，国と地方自治体の財政関係がどのように展開したのかを考えていきます。第12章では，人口減少，少子高齢社会における対人社会サービスに対する需要の増大を背景に，地方財政がどのような役割を担っているのかを考察します。第13章では，公営企業と第三セクターを取り上げ，地方自治体の企業的な活動について学びます。

　最後に終章では，地方財政のこれからの課題を取り上げます。これまで地方自治体が取り組んできた政策分野に加えて，地球環境問題や多文化共生社会の構築，さらに感染症対策や防災・減災など，今日の日本社会が抱えるさまざまな政策課題に対し，地方自治の視点から考えるとともに，財政危機のもとでの国・地方自治体における財政運営，さらに新型コロナウイルス感染拡大など非常時の財政運営と制度改革を論じつつ，地方財政の将来展望について考えます。

　各章の初めには，Key Questions として，その章を学ぶうえで考えてみたい「問い」が挙げられています。まずその問いについて，じっくりと考えてみてください。それから本文を読みましょう。また，Key Questions の下に示した Keywords はその章における重要な語句を出現順にピックアップしたものです。各章の内容を理解できたかどうかを確認するときに利用してください。本書の最後には，地方財政をさらに学びたいという人のための読書案内を掲載してあ

ります。こちらも参考にしてください。

　それでは，「地方財政」という名の大海原に，ともに漕ぎ出しましょう。

● 演習問題 ●
　① あなたが住んでいる都道府県または市町村のホームページで，地方自治体
　　がどんなサービスを担っているのか，調べてみましょう。また，地方自治
　　体が1年間でどのくらいの規模の支出を行っているのか，調べてみましょう。
　② 「地方自治は民主主義の学校」という言葉の意味について調べてみましょ
　　う。

（沼尾　波子）

第Ⅰ部
地方財政の全体像

第1章
日本の地方財政
知るべきこと，考えるべきこと

　地方財政を学ぶことの意味は，先の序章を読んで大まかにイメージできたでしょうか。この章では，みなさんが地方財政を学ぶ道のりの第一歩を踏み出すにあたり，知るべきこと，考えるべきことを紹介します。

　「国」と「地方」という言葉があります。行政や財政の話をする際，通常，「国」は中央政府のことを，「地方」は 47 の都道府県と 1741 の市区町村のことを指します。「国の政策，地方の政策」「国と地方の関係」といった表現を，本書でも用います。

　しかし，考えてみると，それは不思議なことでもあります。英語では，「国」は "state" もしくは "country" です。それらは，画定された領土を有し，国際社会で独立した地位を承認された，国民あるいは国内住民に対して公的な権力を行使する主体，すなわち「国家」を意味します。それに対し，「地方」（"local", "locality"）という言葉は，「一定の狭い地理的範囲や生活圏」を意味しますが，公的な権力を行使する主体を意味するわけではありません。その点で，「国」と「地方」という表現は非対称な関係にあります。

　ところが，「地方」すなわち日本の都道府県や市区町村は，実際には公的な権力を有し，私たちの生活に密着した幅広い役割を担う「地方政府」です。しかもそれらは，日本では「地方自治体」とも呼ばれます。この言葉からは，都道府県や市区町村が「一定の狭い地理的範囲や生活圏において，自ら統治する主体」であるという意味が読み取れそうです。また，世界に視野を広げれば，

極端に小規模な国を例外として，必ず地方レベルの政治・行政主体（地方政府）が存在し，程度の差こそあれ，公的な役割を発揮してもいます。ここから，「地方政府」なり「地方自治体」は，どの国においても重要な存在であることが容易に推測されるでしょう（なお，本書では，地方レベルの政治・行政主体を一般的に指す場合には「地方政府」を用い，とくに日本のそれを指す場合には「地方自治体」〔あるいは単に自治体〕を用いることを基本とします）。

このように，地方自治体は，公共部門の一翼を担い，住民に対して幅広く公共サービスを提供する地方政府であり，それは他国でもおおむね同様です。しかし，日本では，「国」との対比では「地方」というふうに地方政府の地位や権能を矮小化した表現がとられる反面，「地方自治体」というふうに，むしろその固有の地位や権能が強調される場合もあるのです。

それはなぜなのでしょうか。このような疑問から，地方財政をひもとく第一歩を踏み出すこととしましょう。

Key Questions

□ 地方政府は，いかなる地位や役割を有しているのでしょうか。なぜ，地方政府はそのような地位や役割を与えられているのでしょうか。

□ 日本の地方政府（地方自治体）と，その財政（地方財政）には，どのような種別や区分があるのでしょうか。

□ 国際比較からわかる，日本の地方財政の特徴は何でしょうか。日本の地方財政を学ぶ際に着眼すべきポイントは何でしょうか。

Keywords

地方自治　団体自治／住民自治　地域的共同性　一般会計／特別会計
普通会計／公営事業会計　歳入の自治　集権的分散システム

 1　**地方自治と地方財政**

1.1　地方自治の2側面

戦後日本の統治機構における地方政府の地位は，最高法規である日本国憲法

の「第8章　地方自治」に規定されています。日本国憲法において，地方政府は「地方公共団体」と称され，「地方公共団体の組織及び運営に関する事項は，地方自治の本旨に基いて，法律でこれを定める」とされています（第92条）。日本の地方政府は，何よりも**地方自治**の理念に基礎づけられる存在であり，ゆえに地方自治体と称されるのです。

　地方自治は，**団体自治**と**住民自治**の2つの要素によって構成されています。団体自治は，国家のなかに中央政府から独立した団体（すなわち地方政府）が存在し，その団体がその事務を自己の意思と責任において処理するという原則です。つまり，地方政府の活動は，中央政府が決めるのではなく，地方政府自体の意思により決められ，かつ地方政府の責任において行われるものだということです。日本国憲法も，地方公共団体に，その財産を管理し，事務を処理し，行政を執行する権能や，法律の範囲内で条例を制定する権限を認めることにより，団体自治を保障しています（第94条）。

　住民自治は，地域住民の意思と責任のもとに地方政府の活動が行われるという原則です。民主主義を掲げ，かつ地方政府が一定の役割を果たす国家において，地方政府のレベルにおける住民による統治を保障することは非常に重要です。日本国憲法も，地方公共団体の長や地方議会の議員を住民が直接選挙することを定めて，住民自治を保障しています（第93条第2項）。

　中央政府との関係における地方政府の一定の独立（団体自治）と，住民の意思と責任のもとに地方政府の活動が行われること（住民自治）という，これら2つの側面は，民主主義の観点から，相互に密接に結びついています。というのも，団体自治が十分に実現され，地方政府の中央政府からの一定の独立が果たされていても，住民自治が欠け，地方政府の活動が住民の意思に服していなければ，地方政府は，中央政府からも住民からもコントロールを受けない存在と化します。あるいは，団体自治が軽視され，中央政府による過剰な統制を地方政府が受けていれば，地方政府の活動が住民の意思を反映しうる程度は限られてしまい，住民自治は成り立ちません。つまり，団体自治と住民自治とが両立してこそ，地方自治が，民主主義国家の不可欠な原則として活きるのです。

1.2 源流からみた地方自治

　地方自治の理念は，日本国憲法に特有のものではなく，それ以前から，欧米における民主主義と政治・行政制度の歴史的な発展プロセスで育まれてきたものです。発展プロセスは国ごとに異なり，とくに連邦制国家（アメリカ，ドイツなど）と単一制国家（イギリス，日本など）では無視できない違いがあります。それをあえて概括し，地方自治という理念の性格を知るためのエッセンスを抽出すれば，次の2点にまとめることができます。

　1つは，政治的な観点です。中世の封建制のもとでは，領主や諸侯，都市国家などの地域的勢力が乱立していました。そこから，有力な地域的勢力が他のそれを支配下に収めていき，国民国家が形成されます。こうした近代国家形成のプロセスにおいて，中央の国家機構への権力の集中が進むとともに，地方政府が中央政府の下部機構としての性格を強めていきました。

　しかし，こうした中央集権化のプロセスがはらんだ，中央政府と地方政府との間の政治的緊張関係は，地方政府の一定の独立性を認める必要も生じさせました。また，19世紀後半以降には，民主化への要求も高まりました。その結果，多くの国々において，団体自治と住民自治が統治の原則として定められ，あるいは理念として尊重されるようになりました。つまり，地方自治は，近代国家の成立と民主主義の発展の産物だと理解することができるのです。

　もう1つは，**地域的共同性**と国家行政との摩擦により，地方自治の理念が磨かれてきたという観点です。前近代的な都市や村落は，ギルド（職能団体）のような同業者の互助関係や，キリスト教会や日本の寺社のような宗教を媒介とする地域的な共同，あるいは集落単位での共同の農業生産や生活の営みにより成立していました。道路や灌漑などの共同利用する施設の維持や，地域の清掃・草刈り，生産や生活に困難をきたした者に対する支援など，今日では地方政府が公的に担う事柄の多くが，かつては，地方政府を含む公的権力とある程度切り離された，住民同士の共同の営みにより処理されていたのです。

　しかし，とくに19世紀後半以降，産業発展や都市化による交通インフラの大規模化，衛生状態の悪化，失業者の大量発生，あるいは人口移動の活発化に伴う地域的共同性の弛緩などが，住民同士の共同の力では対処しきれない地域的課題を膨らませました。そのため，当時，国家の下部機構に組み入れられ，

行政能力を高めつつあった地方政府が，地域の公共的な課題に対処する役割を吸収していった反面，住民同士の共同の営みは縮小したり，独自性を失っていきました。地方自治は，こうした趨勢のなかで，住民の意思を地方政府の活動に反映させること（住民自治），および地方政府の中央政府に対する一定の独立を保つこと（団体自治）を打ち出す原則として発展していきます。このような観点から，地方政府は地域的共同を代替する性格を帯びており，それゆえに地方自治という原則に裏づけられた重要な存在である，という理解が得られます。

② 地方財政の制度上・統計上の姿

2.1 普通地方公共団体と特別地方公共団体

地方自治体とその財政は，いかなる姿をとっているのでしょうか。

地方自治体，すなわち地方公共団体の種類や組織・運営，中央政府との関係などの基本的事項を定める地方自治法は，地方公共団体を，普通地方公共団体と特別地方公共団体の2つに区分しています（表1-1）。都道府県と市町村は普通地方公共団体で，特別区（現存するのは東京都内の23区），地方公共団体の組合，財産区，および地方開発事業団は特別地方公共団体です。

普通地方公共団体のうち，市町村は，住民に密着したレベルで，公共サービスの事務を幅広く担う，基礎自治体です。それに対し，都道府県は，個別市町村の地理的範囲に収まらない公共サービスや，市町村の行政能力では対応しづらい公共サービスの事務に加え，市町村間の連絡調整にかかわる事務を担います。これら普通地方公共団体は，住民により直接に選挙された長や議会議員の決定・監視のもと，住民に租税を課し，その収入を財源として住民に公共サービスを提供する存在として，地方財政の本体をなしています。

なお，2022年現在の市町村数は，市が792，町が743，村が183で，合計1718となっています。1889年の市制・町村制の施行により，従来7万1314あった町村が1万5820の市町村に再編されたのち，1950年代半ばの「昭和の大合併」により56年に3975に激減しました。その後長らく微減を続けましたが，2000年代の「平成の大合併」で半減し，現在の数となっています。

表 1 - 1 ■地方自治法に基づく地方公共団体の区分（2023 年 1 月現在）

	都道府県	
普通地方公共団体 ※その組織，事務，権能等が一般的，普遍的なもの	市町村	**政令指定都市** ※要件：人口 50 万以上の市のうちから政令で指定
		中核市 ※要件：人口 20 万以上の市の申出に基づき政令で指定
		特例市（2015 年 4 月 1 日に指定制度は廃止。その時点で特例市であった市が引き続き特例市指定を受けている（施行時特例市）） ※要件：人口 20 万以上の市の申出に基づき政令で指定
		その他の市 ※要件：人口 5 万以上など
		町村
特別地方公共団体	**特別区** ※大都市の一体性および統一性の確保の観点から導入されている制度	
	地方公共団体の組合 **財産区** ※特定の目的のために設置されるもの	

出所）総務省資料。

特別地方公共団体は，普通地方公共団体の存在を前提として，限られた役割のみを担う団体であることから，普通地方公共団体とは区別されています。ただし，特別地方公共団体である特別区は，都との関係で通常の市とは異なる点があるものの，実質的な地位・権能は市に近いため，今日では市町村と同様に基礎的な自治体として位置づけられています。

特別地方公共団体のうちの地方公共団体の組合（一部事務組合および広域連合）は，2021 年度時点で全国に 1523 存在しています。これらの組合は，廃棄物処理や消防など特定の事務を共同で処理するために，近隣の市町村同士が設立し加入するもので，普通地方公共団体とは明確に区別されますが，住民に密着した公共サービスを提供していることから，地方財政，とりわけ市町村財政の一環に位置づけられます。

2.2　地方財政の会計区分と全体像

上にみた各種の地方公共団体や地方公社・第三セクター（後述）などが地方財政を構成し，租税を中心とする財源を，さまざまな公共目的のために支出し

図1‒1■会計区分からみた地方財政の姿

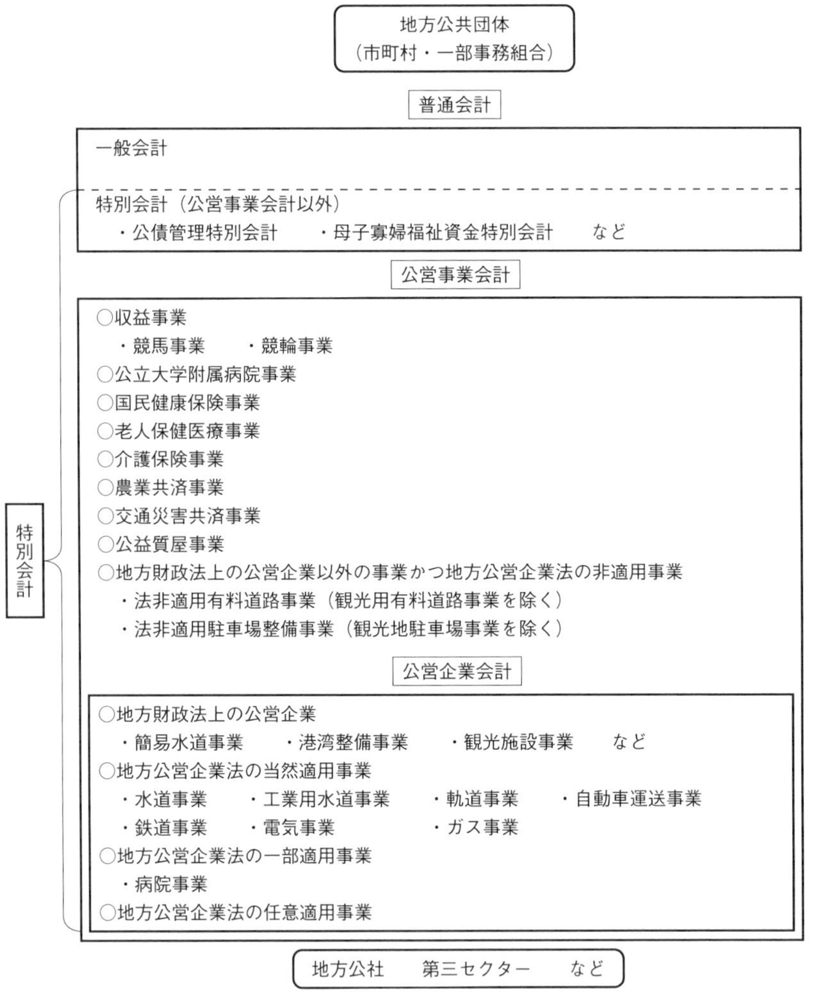

```
┌─────────────────────────────────────────────────────────────┐
│                    ┌───────────────────────┐                 │
│                    │   地方公共団体          │                 │
│                    │ (市町村・一部事務組合)  │                 │
│                    └───────────────────────┘                 │
│                        ┌──────────┐                          │
│                        │ 普通会計  │                          │
│                        └──────────┘                          │
│       ┌──────────────────────────────────────────────┐       │
│       │ 一般会計                                       │       │
│       │ ─ ─ ─ ─ ─ ─ ─ ─ ─ ─ ─ ─ ─ ─ ─ ─ ─ ─ ─ ─ ─ ─ │       │
│       │ 特別会計 (公営事業会計以外)                    │       │
│       │  ・公債管理特別会計  ・母子寡婦福祉資金特別会計  など│       │
│       └──────────────────────────────────────────────┘       │
│                        ┌──────────────┐                      │
│                        │ 公営事業会計  │                      │
│                        └──────────────┘                      │
│  特  ┌──────────────────────────────────────────────┐        │
│  別  │ ○収益事業                                      │        │
│  会  │  ・競馬事業    ・競輪事業                       │        │
│  計  │ ○公立大学附属病院事業                           │        │
│       │ ○国民健康保険事業                              │        │
│       │ ○老人保健医療事業                              │        │
│       │ ○介護保険事業                                  │        │
│       │ ○農業共済事業                                  │        │
│       │ ○交通災害共済事業                              │        │
│       │ ○公益質屋事業                                  │        │
│       │ ○地方財政法上の公営企業以外の事業かつ地方公営企業法の非適用事業 │
│       │  ・法非適用有料道路事業 (観光用有料道路事業を除く) │       │
│       │  ・法非適用駐車場整備事業 (観光地駐車場事業を除く) │       │
│       └──────────────────────────────────────────────┘        │
│                        ┌──────────────┐                      │
│                        │ 公営企業会計  │                      │
│                        └──────────────┘                      │
│       ┌──────────────────────────────────────────────┐        │
│       │ ○地方財政法上の公営企業                        │        │
│       │  ・簡易水道事業   ・港湾整備事業   ・観光施設事業  など│     │
│       │ ○地方公営企業法の当然適用事業                   │        │
│       │  ・水道事業  ・工業用水道事業  ・軌道事業  ・自動車運送事業│  │
│       │  ・鉄道事業  ・電気事業    ・ガス事業           │        │
│       │ ○地方公営企業法の一部適用事業                   │        │
│       │  ・病院事業                                     │        │
│       │ ○地方公営企業法の任意適用事業                   │        │
│       └──────────────────────────────────────────────┘        │
│                ┌───────────────────────────┐                │
│                │ 地方公社   第三セクター   など │                │
│                └───────────────────────────┘                │
│                                                              │
│  注) 地方公共団体ごとに,個別の会計の有無や名称はさまざまである。│
│  出所) 総務省資料および広島県資料より筆者作成。                │
└─────────────────────────────────────────────────────────────┘
```

ています。この公的な収入と支出を管理するのが「会計」です。会計制度から地方財政制度の全体像をまとめたのが,図1‒1です。

　この全体像は,いくつかの観点から区分されます。地方財政を学ぶにあたり,現実の制度や統計データの意味を正しく理解するために,こうした区分の概略

について知っておく必要があります。

（1）予算制度上の一般会計と特別会計

都道府県や市区町村などの地方自治体はそれぞれに，税収を受け入れて支出を行う「基本の財布」としての**一般会計**に加え，特定の目的のために収入・支出を管理する各種の**特別会計**を設けています。特別会計の例として，国民健康保険や介護保険など社会保険関連の会計や，競馬・競輪など収益事業の会計，水道やガス，公共交通，公立病院などの事業会計などが挙げられます。これらの事業は，それ独自の収入（保険料，料金など）を有するため，特別会計を設けて区分経理されます。また，独自の収入を有しないものの，区分経理の必要があるため設置された特別会計も一部存在します（公債管理特別会計など）。

（2）決算統計上の普通会計と公営事業会計

地方財政の実情を決算統計で統一的に把握するために，**普通会計**と**公営事業会計**という区分もあります。公営事業会計とは，法律により，すべての地方自治体が特別会計を設けて経理すべきと定められた事業の会計を指します。普通会計は，公営事業会計以外の会計を総称するものです。図にあるように，普通会計は，基本的に租税を財源とする会計の総称であり，一般会計にごく一部の特別会計を加えたものであるため，おおむね一般会計と範囲が重なります。公営事業会計は，おおむね特別会計と重なります。

（3）公営企業会計

さらに，公営事業会計のなかには，公営企業会計という区分もあります。これは，公営事業会計から，社会保険関連の会計や競馬・競輪など収益事業の会計，および公立大学附属病院事業の会計などを除いた部分に相当し，上下水道，公共交通，公立病院などの事業会計が代表例となります。

（4）地方公社・第三セクターなど

地方自治体本体の財政（上記(1)～(3)）とは別に，地方自治体が全部もしくは一部出資する企業体としての地方公社や第三セクターが存在します。それらについて，本書では公営企業とともに第13章で取り上げます。

なお，以上のような日本の地方財政の制度上および統計作成上の分類とは別に，国民経済計算の国際基準（SNA）に基づく分類も，財政統計では多用されます。SNA分類については，この後すぐにそれを用いるので，その流れのな

かで説明を加えることとします。

2.3 政府部門全体と地方政府の財政規模

　政府部門全体および地方財政の規模を，国際比較を通じて確認すると，いかなる日本の財政・地方財政の特徴が見出せるでしょうか。

　SNA において，政府部門（「一般政府」）は，「中央政府」「地方政府」「社会保障基金」の 3 つの部門に分けられます。「中央政府」と「地方政府」は，国民・住民から徴収する租税を財源とする政府部門です。「社会保障基金」は，社会保険制度（公的に管理され，強制加入で，保険料を財源とする。年金保険，医療保険，雇用保険，介護保険が主）を指します。日本の地方財政の会計区分と対照させると，SNA 上の「地方政府」は，普通会計の大部分に，下水道事業，財産区（特別地方公共団体）を加えたものにおおむね相当します。また，地方自治体の国民健康保険や介護保険などの保険特別会計は，SNA では「地方政府」ではなく「社会保障基金」に分類されます。さらに，下水道事業を除く公営企業会計は「公的企業」として一般政府から除外されます。一般的に地方財政の一部とみなす範囲と SNA 上の「地方政府」分類とのこのような食い違いは，頭に入れておく必要があります。

　さて，図 1 - 2 は，GDP 比でみた一般政府各部門の支出規模を示しています。日本の特徴について読み取るべきは，つぎの 3 点です。

　第 1 に，3 部門を合わせた一般政府の規模は 40% 弱で，アメリカと並んでこれら 6 カ国のなかで最も小さくなっています。ただし，フランスとスウェーデンはともかくとして，イギリスやドイツと比べて日本の一般政府の規模が格段に小さいわけではありません。かつては，国際比較でみた財政規模の小ささが日本財政の顕著な特徴でしたが，今日では（指標のとり方によるものの）特段に小さいとはいえません。高齢化による年金・医療・介護といった社会保障関連の支出の着実な増加や，分母である GDP の停滞が，主因として考えられます。

　第 2 に，社会保障基金の支出が 19.1% にのぼっており，その大きさが目立ちます。日本は，フランス，ドイツと並んで，伝統的に社会保険制度を多用してきた国です。日本では年金・医療・介護を社会保険方式で実施していますが，

図1‐2■一般政府各部門の GDP 比（2018 年）

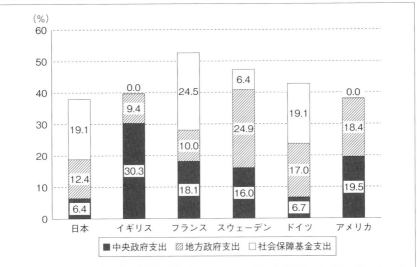

注) 1 中央政府・地方政府・社会保障基金の支出は，いずれも総支出から「その他の経常移転」を引いたもの。
　　2 アメリカ，ドイツの州は地方政府に含まれる。
　　3 フランスのみ 2017 年のデータ。
出所) OECD, *National Accounts of OECD Countries.*

イギリスやスウェーデンは医療を税方式で実施していますし，介護サービスを社会保険で実施するのは，欧米諸国すべてを見渡してもドイツ，オランダなど少数です。なお，日本の財政制度上，年金や雇用保険は国の特別会計で，介護保険や国民健康保険は地方自治体の特別会計で運営されています。

　第3に，以上のような全体像のもとで地方政府に着目すると，中央政府と比べて地方政府の支出が2倍近くに達していることがわかります。これは，日本の地方自治体が担っている役割の大きさを物語っています。

　それに対し，収入面はどうでしょうか。政府の基本かつ最大の財源である，租税収入の大きさを図1‐3で確認しましょう。日本に注目すると，国税収入が地方税収入より大きいことがわかります。もっとも，図で明らかなように，それは日本に限ったことではありません（とくにイギリスは，税収が圧倒的に中央政府に集中しています）。ただし留意すべきは，先の図1‐2でみたように，日本の場合には（イギリスとは対照的に），中央政府支出より地方政府支出のほうがかなり大きいことです。地方政府の支出が大きいにもかかわらず，税収は

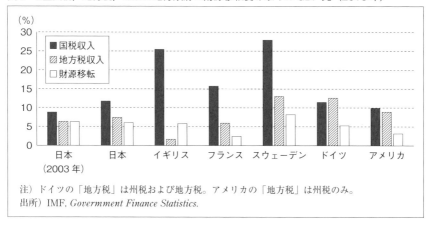

図1‒3■国税，地方税，および地方政府の財源移転受け取りの GDP 比（2018 年）

注）ドイツの「地方税」は州税および地方税。アメリカの「地方税」は州税のみ。
出所）IMF, *Government Finance Statistics.*

相対的に中央政府に集中し，地方税収が限られている点に，日本の特徴がある
のです。

　その結果，国税収入を元手に，中央政府から地方政府へと財源を移す財源移
転が，地方財政を支えています。図1‒3で，地方税収入と財源移転の比重を
みると，日本では，地方税収入とさほど変わらない規模の財源移転を地方政府
が中央政府から受け取っていることがわかります。

　要するに，日本の中央政府・地方政府を通じた財政の特徴として，「大きな
地方政府支出」「税収の中央政府への集中」「中央政府から地方政府への大きな
財源移転」がみられます。それを念頭に置き，つぎに，日本における中央政府
と地方政府の財政的な結びつき，すなわち政府間財政関係の特徴をみていくこ
ととしましょう。

3 政府間財政関係と「集権的分散システム」

3.1 政府間財政関係のポイント

　前述の通り，地方自治は，民主主義国家における重要な統治の原則の1つで
す。しかし，中央政府の権限や役割に対して，地方政府のそれが無制限に優越
するわけではもちろんありませんし，中央政府と地方政府の間の権限や役割の
バランスは，国ごとに多様です。

政府間関係を財政面からとらえた場合（政府間財政関係），それはつぎの３つの側面に分けることができます。

① 事務の配分：どのレベルの政府（日本であれば，国・都道府県・市町村）に，政府の事務（任務，業務）のうちの何を割り当てるか。

② 課税権および収入の配分：どのレベルの政府に，いかなる租税を課す権限（課税権）を割り当てるか。また，財源移転を含むその他の収入をいかに確保しうるようにするか。

③ 上位政府による下位政府に対する統制・関与（日本であれば，国→都道府県・市町村，および都道府県→市町村）：下位政府の政策決定や事業の実施内容に対する，法的な制限や指導・助言といった統制・関与の権限が，上位政府にどの程度保持されるか。

　まず，①と②についてです。地方政府に多くの事務が配分されれば，地方政府の経費は大きくなります。また，地方政府が自ら住民に課す地方税の収入でその経費をまかないうる度合いが高いほど，中央政府に対する地方政府の財政的な自立性は高くなります。逆に，地方税収入が不足すれば，その分，中央政府から地方政府への財源移転や地方債の発行（≒借金）に依存することとなります。地方政府に割り当てられた事務に要する経費の大きさに対し，地方税収入が不足すればするほど，地方財政の自立性，あるいは**歳入の自治**が損なわれることとなります。

　くわえて，③が重要です。ある事務に関する「決定」の権限と「執行」の権限とが，しばしば異なるレベルの政府に付与されています。ある事務なり事業の「執行」（たとえば保育サービスの提供）が地方政府の任務であっても，執行の方法に関する「決定」（たとえば保育所が満たすべき施設の内容や，保育士の人員配置などのルールの決定）は中央政府が行う，という形です。中央政府の意思決定を地方政府に及ぼすために，法令に基づく義務づけや基準設定，指導・助言などさまざまな統制・関与の手段が存在します。

　関連して，中央政府と地方政府の間で事務や決定権限の範囲が明確に分かれていれば「分離型」，地方政府に中央政府の下部機構としての性格が濃く，中央政府の統制・関与のもとで地方政府が執行を担う面が強ければ「融合型」という，政府間関係の類型化がなされます。元来，イギリス，アメリカなどのア

ングロ・サクソン系諸国は「分離型」, フランス, ドイツなど大陸ヨーロッパ系諸国は「融合型」の政府間関係を特徴としていました。しかし, 20世紀を通じて進展した政治・経済の変容は, 公共サービスの内容について全国統一的なスタンダードを求める傾向を生み,「分離型」とされた国々で中央政府の地方政府に対する統制・関与が強まりました。ただし, とりわけ1980年代以降, 地方分権の潮流のもと, 反対に「融合型」の政府間関係が「分離型」にシフトする動きも生じています。

3.2 「集権的分散システム」と地方分権改革

　日本における国と地方自治体の政府間財政関係の特徴は, **集権的分散システム**というキーワードに集約されます（第2章も参照）。政府の活動に関する「決定」権限を中央政府が比較的強く有していれば「集権的」, 地方政府が強く有していれば「分権的」とします。そこに「執行」, すなわち事務・事業を実施する役割が中央政府に「集中」しているか, 地方政府に「分散」しているかという軸も加えれば, 決定権限の「集権／分権」と執行権限の「集中／分散」という, 2つの軸が立ちます。このとき, 日本の政府間財政関係は, 決定権限の「集権」と執行権限の「分散」を特徴とする「集権的分散システム」として把握されます。地方自治体は多くの事務を執行しているものの（図1-2）, 執行の仕方に対する決定力は国が多くを保持しており,「国が決めて, 地方が実施する」傾向が強いということです。

　「集権的分散システム」を成り立たせてきたものは何でしょうか。1つには,「融合型」の政府間関係があります。日本の地方制度は, 明治期にドイツ（プロイセン）のそれを参考につくられました。そのため, 元来国による地方自治体に対する統制・関与が強く, 地方自治の概念が日本国憲法に明文化された第二次世界大戦後にもその傾向が影響しました。その象徴が, 地方自治体を国の「機関」とみなして事務を委任し執行させる, 機関委任事務の広範な存在でした（第3章参照）。その拡大が, 決定権限の中央政府への「集権」のみならず, 地方財政の規模拡大, すなわち「分散」化の背景にあります。

　もう1つが, 地方財政の収入面における「歳入の自治」の弱さです。地方自治体のおもな収入（あるいは, 歳入＝ある年度の収入）には, ①地方税, ②地方

交付税，③国庫支出金，④地方債があります。先の2.3で確認したように，①の税収（およびそれを生み出す課税権）は国税に偏っており，かつ，地方税の税目や税率にはさまざまな制限が加えられてきました。いきおい，地方財源はある程度②〜④に依存せざるをえません（かつては，地方税収入が地方歳入の3割程度にすぎないことを批判する「三割自治」という表現もありました）。②と③は，ともに中央政府からの財源移転ですが，②の地方交付税は，すべての地方自治体において財源が十分となるよう保障する財政調整制度で，その使途は地方自治体の自由な判断に任されます。③の国庫支出金は，使途を特定して中央政府が地方自治体に対して交付する補助金です。④は，地方自治体が行う借入のことです。

　このとき，③，すなわち補助金によって，中央政府は地方自治体の活動を誘導することができます。しかし，全額補助でないかぎり，一定割合で地方自治体の持ち出しも必要となるため，地方財源が十分でなければ，地方自治体は補助金の受け入れようがありません。また，地方自治体が④の借入に頼る場合にも，その返済（元利償還）が確実でなければなりません。

　そこで重要な役割を果たしてきたのが，②の地方交付税です。地方自治体の財源を保障し，自治体間の財政力格差を是正するという地方交付税の役割は，地方自治を財源面から支える点で非常に重要です（第5章，第7章）。しかし，戦後日本の「集権的分散システム」のもとでは，国の補助金による地方行政の誘導や，起債（地方債の発行）による公共投資の遂行を，地方交付税が地方財源を保障することにより支えてきた面もあったのです。

　同時に，①〜④を合わせた地方自治体の財源の総体が，国の見地からみて十分であるよう，国が毎年度の地方財政計画の策定を通じて計画・調整を図ってきました（第2章，第7章）。さらに，地方財政計画と合わせて，地方債の発行額を地方債計画で国が枠づけるとともに，地方債の発行を許可制とし，起債許可方針によって地方政府の活動を誘導してきました（第9章）。

　こうした「集権的分散システム」というべき政府間財政関係が，第二次世界大戦後の日本における，国に対する地方自治体の自立，すなわち団体自治を損なってきました。地方自治体は政策決定の自由を制限され，政策決定や財源の獲得について国への依存を深めたのです。しかも，地域独自の事情や住民の意

思より，むしろ国の意思が地方自治体の活動に影響を及ぼすことで，住民自治の発展も妨げられました。

こうした状況を改善すべく，地方分権改革が始動したのは，1990年代前半のことです。以来，機関委任事務制度の廃止（2000年度），地方債許可制度の廃止（06年度），国庫支出金（とくに誘導的・奨励的な補助金）の縮減と国から地方への税源移譲（04〜06年度）などが行われてきました。概していえば，それらは「集権的分散システム」から「分権的分散システム」へのシフトを志向する改革であり，一定の成果を上げたことは間違いありません。とはいえ，日本における地方自治体の団体自治および住民自治については，いまださまざまな課題が残されています。

3.3 「集権的分散システム」の出現

視点を変え，「集権的分散システム」の出現を長期的なトレンドから読み取っておきましょう。図1-4は，19世紀末から20世紀末にかけての国と地方の歳出規模の推移を示しています。

まず前提として，国の歳出も地方の歳出も，拡大基調をたどったことがわかります。日露戦争後の1900年代初頭や日中・太平洋戦争期の1940年前後には，軍備の増強を反映して国の歳出が著しく膨張し，その後落ち込みました。また，後者の時期には，地方歳出が急激に絞り込まれたこともみてとれます。しかし，それらを非常時の例外とみなせば，国も地方も，財政支出は長期的に拡大基調をたどってきたといえるでしょう。これは，この間の産業構造の転換と雇用労働者の増加，人口移動の活発化や都市的生活様式の出現による，失業・貧困の社会問題化や，交通・住宅・衛生など都市的公共ニーズの増大，さらには一般大衆の政治参加の進展による，国と地方を通じた政府の役割の大幅な拡大を反映しています。

そのうえで，国と地方の歳出規模を比較すると，1950年代半ばまではほぼ常に国の歳出が地方歳出を上回っていたものの，その後は反対に，地方歳出が国の歳出を常に上回るようになります。日本の地方財政の一大特徴である「大きな地方政府支出」あるいは事務・事業実施の地方政府への「分散」は，第二次世界大戦後に定着したといえます。ただし，1930年代前半の一時期，地方

図1-4■国と地方の歳出規模（対国内総支出比）

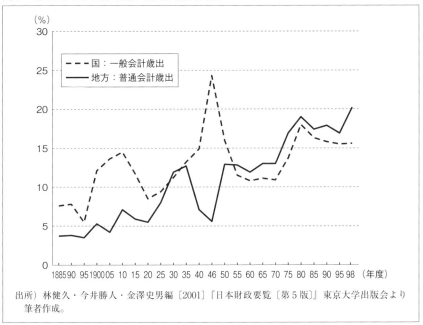

出所）林健久・今井勝人・金澤史男編［2001］『日本財政要覧〔第5版〕』東京大学出版会より
筆者作成。

歳出が国の歳出と等しい水準まで拡大していた点を重視すれば，日中・太平洋
戦争期に先立つ30年代前半から，「大きな地方政府支出」が形成されつつあっ
たとみることもできます。

　この点については，「大きな地方政府支出」を支える地方財源システムが立
ち現れてきたことと結びつけて理解することが重要です。1930年代前半には，
昭和恐慌下で窮乏を極めた農村部の救済策として公共投資が大規模化しました
が，その際に，国庫支出金と地方債発行を財源調達の両輪とし，地方財政に公
共投資を遂行させる図式が現れました。また，50年代には，地方交付税の前
身である地方財政平衡交付金制度（50年）と，それを改め今日に至る地方交付
税制度（54年）の導入がありました。このように，「集権的分散システム」は，
「大きな地方政府支出」を支えうる財源システムの出現によって，確立してい
ったのです。

4 日本の地方財政を解き明かすために

　民主主義の一大要素として地方自治という理念が存在するという観点のみならず，地域経済の弱体化，地域の実情に即したまちづくりや福祉サービスの必要性の高まりといった今日的な状況からみても，地方財政の役割はかつてなく重要性を高めています。日本の地方財政あるいは政府間財政関係を，「集権的分散システム」として批判的にとらえ，地方分権改革を進める 20 世紀末以降の機運は，まさに地方自治の形骸化と，近年の経済・社会状況が地方財政に突きつける課題とに向き合った結果として生じてきたものです。

　このように重要な役割を果たす地方財政ですが，その実態を理解することは必ずしも容易なことではありません。というのも，地方分権改革を経てもなお，国と地方自治体との関係には「集権的分散システム」としての性格が色濃く残っており，両者は事務の決定・執行権限や財源配分について密接かつ複雑な関係を有し続けているのです。

　しかし，地方財政のあり方を真剣に学ぶことで，地域という私たちの生活の場の政府である地方自治体が，幅広い公共サービスをどのように担っているのか，そして，その財源がどのようにまかなわれているのかを，具体的に知ることができます。すると，地方自治体が抱える課題やその背景を，より深い次元で理解し，議論することが可能となります。そこに，地方財政を学ぶことの意義とおもしろさがあります。続く各章が，地方財政の学びの旅の道中で，みなさんの導きの糸となるよう願っています。

● 演習問題 ●

　① この章では，つぎのような日本の地方財政の特徴が紹介されました。これらは，あなた自身の従来からもっていた理解や実感に近いものでしょうか，それとも異なるものでしょうか。その理由も含めて，考え，述べてみましょう。

　　・地方自治（住民自治と団体自治）が日本国憲法によって保障されている。

　　・地方政府の支出が，中央政府のそれよりかなり大きい。

② 「地方財政の重要性」を，前提知識のない人（たとえば一般の高校生）に
400 字で説明することを想定して，説明の文章を書いてみましょう。また，
本章のみを読了したときと，本書全体を読了した後では，あなたの説明は
どのように変わるでしょうか。本書全体を読了した後に，再び取り組んで
みましょう。

● 読書案内 ●

金澤史男［2010］『福祉国家と政府間関係』日本経済評論社
　　現代財政を福祉国家財政と規定し，その一環としての政府間財政関係の特質
　　や問題点について，多様な角度から考察を加えています。
神野直彦［1998］『システム改革の政治経済学』岩波書店
　　「財政社会学的アプローチ」を打ち出し，日本の現代政治経済システムの特
　　質を描くなかで，「集権的分散システム」論を明快に提示しています。
西尾勝［2001］『行政学〔新版〕』有斐閣
　　「第 5 章 現代国家の政府体系——中央集権と地方分権」において，政府間財
　　政関係を学ぶ前提として不可欠な行政学分野の基礎的知見が整理されていま
　　す。

● 参考文献 ●

宇賀克也［2021］『地方自治法概説〔第 9 版〕』有斐閣
重森暁・植田和弘編［2013］『Basic 地方財政論』有斐閣
神野直彦［2021］『財政学〔第 3 版〕』有斐閣
西尾勝［2001］『行政学〔新版〕』有斐閣

（高端 正幸）

第2章
政府間財政関係
融合型の集権的分散システムと地方財政計画

　国と地方自治体はどのような関係にあるのでしょうか。第1章では，地方自治という観点から学びましたが，本章では経済・社会全体をとらえる観点から政府の活動として財政を位置づけ，さらに地方財政を位置づけてみましょう。

　みなさんは生活するなかで，自分は家族あるいは地域社会の一員だと感じることはありませんか。そのなかで人々が自発的に協力する関係を**社会システム**と呼ぶことができます。また，人々の利害を調整し，協力を強制的に実現して社会秩序を維持するのが**政治システム**です。さらに，市場メカニズムを用いて財・サービスを生産・分配する場が**経済システム**です。広い意味での「社会」というシステムは，これら3つのサブシステムから構成されます。これらを維持して「社会」全体をまとめる，つまり「社会を統合する」ことが必要です。そのために政府が租税を徴収してサービスを展開する活動が財政です。

　本章では国の財政と地方財政との関係を明らかにします。たとえば，国は地方自治体を「部下」とみているのでしょうか。また，地方自治体が独自の政策をとるのはどのような場合でしょうか。財政という切り口から考えてみます。

Key Questions
□ 「3つのサブシステム」というとらえ方からみたとき，地方財政はどのよう
　に位置づけられるでしょうか。
□ 国は地方自治体に対してどのような形で影響力を行使するのでしょうか。
□ 国が地方財政計画をつくっているのはなぜでしょうか。

Keywords
社会システム　政治システム　経済システム　税源配分　地域民主主義
政府間財源移転　財政調整制度　融合型の集権的分散システム　地方財政計画
地方財政対策

1　財政の役割と地方財政の位置づけ

　社会における3つのサブシステムと財政の関係を整理したのが図2-1です
（神野 [2021] 第2章・第19章；池上編 [2015] 第1章・第5章参照）。では，そ
のなかで，地方財政はどのように位置づけられるのでしょうか。

1.1　政治システムの維持

　人々の活動範囲が拡大するのに応じて，共同体同士の利害を調整して協力を
実現し，社会秩序を維持するのが政治システムです。国家の防衛，生活秩序の
維持，市場経済ルールの設定・執行などを課題とします。これは，公権力とし
て人々にルールを強制するところに，その特徴があります。具体的には，法体
系の整備と司法運営，治安維持，外交・軍事活動などがそれにあたります。

　これらの公共サービスを他のサブシステムとの関係でみると，国防，司法・
治安などは強制力をもって家族と地域，つまり社会システムにおける生活を保
障します。また，所有権などの財産権を法律で設定し，それを侵害した場合に
裁判により契約の履行を強制することは，経済システムが機能する大前提です。

　憲法と法律は，全国レベルのルールです。しかし，治安維持・消防のニーズ
も産業構造も地域ごとに多様です。地方自治体は，地域ごとの経済的・社会的
規制，治安・防災などのルールを決定して，サービスを展開します。

図2-1■社会を構成する3つのサブシステムと財政の役割

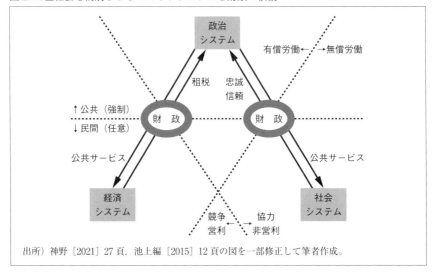

出所）神野［2021］27頁，池上編［2015］12頁の図を一部修正して筆者作成。

1.2　経済システムの維持

　経済システムは，任意つまり自発的に行われ，かつ営利を目的とする活動の集まりです。そこでは競争原理が支配する市場取引に支えられた資本主義的な生産関係が成立しており，労働も有償で行われます。

　経済システムを維持するために，財政は，交通・通信，エネルギー，研究開発，高等人材育成など，投資環境の整備と労働能力の強化を図る産業基盤的社会資本を整備し，産業を育成・維持する補助金支給と政策融資を行い，また投資などを優遇する租税減免措置をとります。さらに財政は，不況期に公債発行を伴いつつ公共投資もしくは減税を行い，有効需要を拡大することによって企業の収益を拡大し，それを家計所得と雇用の増大に結びつけるケインズ主義的景気対策を展開することもあります。このように，経費，税制，政策金融，公企業などの政策手段を用いて経済システムを維持することが，生産活動の前提条件となるのです。

　そのなかで，地方財政は交通政策の中軸となる道路整備，中小企業と農林水産業に対する補助金，資金融資，技術支援などを担います。

　それに対して，財政活動を支える財源となる租税は，経済活動から生まれる所得のなかから納められます。

1.3 社会システムの維持

　社会システムは，血縁および地縁に基づいて任意かつ無償で行われる共同体的な協力の場です。ただし，資本主義経済システムが発展するなかで，労働力は広範かつ活発に移動します。その結果，家族・地域といった共同体が相互の助け合いによって人々の生存と地域の環境を守る機能は弱まっています。

　それに対して財政は，①保健医療・保育・介護・障害者福祉・教育などの対人社会サービスを提供する，②住宅・公園・上下水道・ごみ処理・防災などの生活環境的社会資本を整備する，③年金・雇用保険・傷病手当などの社会保険，貧困世帯を支援する公的扶助，児童手当などの社会保障給付を行う，さらに④高所得者と資産家の負担を強化する累進的税制をとる，という形で，社会システムを維持します。これが現代における生活の前提条件となっています。

　そのなかで地方財政は，おもに対人社会サービスを提供し，また生活環境整備を行う役割を果たしています。

　財政制度がうまく機能すれば，人々は政治システムを信頼するので，国家体制は安定します。

❷　政府間財政関係——分権化の進展

　複数の政府の間で形成される財政上の関係を政府間財政関係と呼びます。以下，とくに重要な中央政府と地方政府の財政関係がどう変化しているか，まとめてみます（池上編［2015］第9章参照）。

2.1　分権化の進展——機能配分と地域民主主義

　第1章でも述べたように，地方政府の権限と財源を拡大し，地方政府が自己決定権に基づいて地域のニーズに応じた役割を果たすように機能配分を組み替える分権化が進んでいます。日本でも，地方自治体が「国の機関」として執行する機関委任事務は2000年に廃止されました。また，さまざまな税目のうちどれを国税と地方税に割り当てるか，つまり**税源配分**についても分権化が進んでいます。日本では，第8章でふれる「三位一体の改革」の一環として，2007年には所得税と個人住民税所得割の税率を変更して前者から後者へ税収を3兆

円移転させる税源移譲が行われました。

　分権化の背景を考えてみると，その第1はグローバル化，つまりヒト・モノ・カネが国境を越えて移動するようになったことです。グローバル化が進行すると，各国の中央政府は，一方では経済活動の活性化をめざす国際競争を展開しつつ，他方では景気対策，租税回避対策などに関する国際協調も進めます。つまり，中央政府が国際的な課題に力を割く必要が増していることにより，地方政府の地域住民に対する対人社会サービスの役割が高まっています。

　第2は，1970年代以降，公的部門の民営化と規制緩和を求める市場化の圧力が高まったことです。政府部門を縮小する手段として分権化が位置づけられ，地方政府同士の競争と地方政府の「自立」を促すことによって財政運営の効率化がめざされたのです。

　第3は，少子高齢化の進行と同時に家族と地域の共同体機能が弱まり，対人社会サービスの需要が高まったことです。対人社会サービスはそれぞれの地域に固有のニーズに適合させるように供給すべきなので，中央政府よりも地方政府の権限と財源基盤を強化することが求められます。

　なお，財政学では，財政の機能を資源配分（公共財の供給），所得再分配，経済安定化の3つに分類したうえで，中央政府は全国民へ向けた公共財の供給，所得再分配および経済安定化を担い，地方政府は地域住民向けの公共財を供給する，として地方政府の役割を限定する機能配分論が語られることがあります。

　しかし実際には，地方政府が社会保障と教育を担う国も多く，地域レベルの公共投資が経済安定化に寄与することもあります。むしろ，住民に身近な基礎的地方政府ができるかぎり大きな機能を担い，それが不十分な場合は中層の地方政府が担い，それも不十分な場合は中央政府が担うという補完性原理が，分権化の論拠として注目されます。これは，ヨーロッパ評議会が1985年に採択した「ヨーロッパ地方自治憲章」に盛り込まれており，各国に影響を与えています。

　最後に，**地域民主主義**の促進，つまり住民が地方政府を民主的にコントロールできるようにするためには，選挙の活性化はもちろんですが，政策決定過程への住民参加と情報公開の制度を整えることも課題となります。公共サービスに住民のニーズを反映させることが必要です。

2.2 税源配分の分権化

中央政府と地方政府の税源配分についても，中央政府は財源調達力が強く，所得再分配と経済安定化にも適した累進的な個人所得税，法人税，相続税などを課税し，中層の地方政府（日本でいえば都道府県）は比例的な個人所得税と一般売上税を，また基礎的な地方政府（日本でいえば市区町村）は不動産税を，それぞれ課税すべきだとの議論が一般的でした。

しかし，税源配分についても，地方政府における比例的な個人所得税と一般売上税を拡充することが，分権化の進展に適合します。さらに，それぞれの地方政府が地方税の税目・課税標準・税率などを自主的に決定する課税自主権を拡大すれば，地域の事情および地方自治体サービスの受益に連動させる独自の地方税を課税することができます。ただし，課税自主権の発揮といっても，それが企業誘致を狙った法人減税競争（租税競争）あるいはサービスに無関係な他地域住民への課税（租税輸出）につながることは望ましくありません。

2.3 政府間財源移転

（1）財政調整制度としての一般補助金

地方政府がそれぞれ調達する自主財源だけで経費支出をまかなうのは稀であり，むしろ中央政府が地方政府に資金を交付するのが通常の姿です。これを**政府間財源移転**と呼びます。

政府間財源移転のうち，地方政府が使途を自由に決められるのが一般補助金です。とくに，全国どこにある地方政府でも一定水準のサービスを供給することができるように，標準的サービスに必要な財源を保障しつつ，地方政府間の財政力格差を是正する一般補助金を**財政調整制度**と呼びます。

地方政府は，人々の生活に必要な公共サービスを，その人がどこに住んでいるかを問わずに，標準的レベル（ナショナル・スタンダード）で提供することが期待されます。ところが，経済システムの活動が全国的に展開されているため，主要な税源は中央政府が保持しており，地方政府の税源は不足しがちです。これを垂直的財政不均衡といいます。そこで，一般補助金を交付して地方政府が標準的サービスを行えるようにすることを財源保障機能といいます。

もう１つの問題として，地方政府同士の間には財政力の格差があります。こ

れを水平的財政不均衡といいます。財政力格差が発生する理由はさまざまです。第1に、地域住民の所得・資産状況によって地方税収入に差が生じます。第2に、サービスに対するニーズが住民の年齢構成や所得状況などによって異なります。第3に、サービスを供給するコストが自然条件あるいは居住状況によって異なります。その場合、どの地域に居住するかによってサービスを受けるための地方税負担は異なります。そして、所得水準の低い地域では標準的サービスを行えません。そこで、公平性の観点から、財政力格差を是正する機能が必要です。

また、ある地域によい就職先があっても、教育あるいは福祉の水準が低かったり地方税負担が過度に重かったりすれば、引っ越して来る人は少ないでしょう。さらに、人は進学、就職などの理由で引っ越すので、生涯を通じて保育・教育・介護などの受益と負担のバランスをとるためには財政調整制度が必要です。なお、農山村を維持して環境保全に貢献する観点からも財政調整制度が大きな役割を果たします。

(2) 特定補助金

政府間財源移転のうち、特定された使途のみに利用するのが特定補助金です。特定補助金には、地方政府が行う事務に中央政府が共同責任を負う場合の負担金、中央政府が地方政府に特定の事務を奨励するための補助金、中央政府の事務を地方政府に代行してもらう委託費、といった性格をもつものがあります。

なお、一般補助金と特定補助金の中間に位置づけられるものとして、福祉・教育など、分野ごとに包括的に使途を定めて制約を緩和し、配分基準を簡素にするブロック補助金（包括補助金）があります。

特定補助金には次のような問題点があります。第1に、特定補助金を伴う事業が地方政府の予算編成において優先され、また中央政府が補助金交付の条件を細かく定めるため、事業内容が全国的に画一化されます。第2に、特定補助金の分野ごとに中央政府から地方政府につながる「縦割り」システムが形成されます。第3に、補助金獲得と交付事務のために経費と時間が浪費されます。

2.4 地方債発行への関与

地方政府が負う債務のうち、一会計年度を超える債務を地方債といいます。

地方政府の財政規律を保つために，中央政府が地方債の発行額と使途を制限する国もみられます。

　近年の地方分権改革では地方債発行の規制を緩和する動きもみられます。その場合，財政状態が悪い地方政府は信用が低下して利率が高くなります。金融市場における地方債の評価を通じて地方財政の健全化を促す，という考え方もあります。しかし，より重要なのは，地方債を財源とする，つまり借金をして行われる事業の内容と必要性について，住民への説明責任を果たして，地域民主主義に基づく政策決定を行うことです。

③ 日本の政府間財政関係——融合型の集権的分散システム

　上で述べた政府間財政関係について，日本の現行制度を整理したのが図2-2です。そのうち地方税については第6章で論じます。国税を原資とする財源移転はいくつかありますが，とくに大規模なものが2つあります。一般補助金である財政調整制度が地方交付税です。これについては第7章で論じます。また，特定補助金としての国庫支出金については第8章で論じます。なお，地方自治体が発行する地方債については第9章で論じます。

　日本において，2019年度，国から地方自治体への財源移転（地方交付税・国庫支出金など）が35兆6557億円，地方自治体から国への国直轄事業負担金が8555億円ありました。それらを除く国民・住民向けの支出は，国が73兆4201円，地方自治体が98兆8467億円です。純計額172兆2667億円に占める地方自治体の割合は57%です。また，公債費は現在のサービスに使われるわけではないので，それを除いて考えると，純計額に占める地方自治体の割合は63%です。地方自治体が事務の6割以上を担っているのです。後に第3章（図3-1）でみるように，社会保障関係費，教育費，国土保全及び開発費，産業経済費など，防衛費を除くほとんどの分野で地方自治体が国を上回る役割を果たしています。日本の地方自治体は，国際的にみても多くの事務を執行しています。

　地方自治体は，選挙で選ばれた都道府県知事・市区村長と議会議員が，住民の生活と地域の発展のためのサービスとその財源調達方法を条例と予算の形で

図2‐2■日本の政府間財政関係

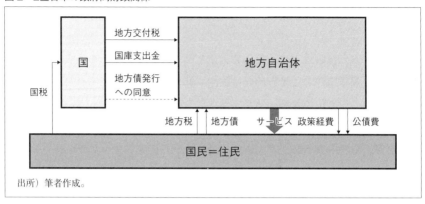

出所）筆者作成。

決定し，執行します。住民自治と団体自治を合わせもつ「地方自治の本旨」（日本国憲法第92条）に基づいて，地域の自己決定権が確立されるのが本来の姿です。

　ただし，地方自治体は，児童福祉，老人福祉，公共施設管理のように自分の仕事である「自治事務」だけでなく，戸籍，旅券交付，生活保護のように国から委託された「法定受託事務」も執行しており，経費にはその分も含まれます。また，全国どこに住んでいる住民でも標準的サービスを受けることができるようにする，との考え方がとられているため，国は地方自治体のサービスに無関心ではいられません。むしろ国はその財源を保障する義務があるのです。

　実際には，事務執行と財源に関する地方自治体の決定権は制約されています。「集権／分権」と「集中／分散」の軸を組み合わせると，国に決定権が集中していますが，事務執行量が多いのは地方自治体であることを特徴とする日本の政府間財政関係は「集権的分散システム」といえます（神野［2021］294〜295頁）。さらに，日本では地方自治体が国からの明示的な委託を受ける法定受託事務と法令により義務づけられた事務が多いことを考えると，**融合型の集権的分散システム**と呼ぶことができます。

4 地方財政計画の策定

4.1 地方財政計画の経緯

　地方自治体が事務・事業を執行するための予算制度については第4章で，また収入システムについては第Ⅱ部の各章で，それぞれ詳しく説明します。その前に，日本の政府間財政関係が地方自治体の予算にどうやって影響を与えているかを説明しましょう。その中心となるのが**地方財政計画**です。名前だけをきくと「全国すべての地方自治体がつくる予算を合計したもの」のようですが，そうではありません。地方財政計画は，国が年度当初，地方交付税法第7条に基づいて，自己の政策方針を反映させつつ，標準的な地方財政の姿を想定して策定するものです。その正式名は「地方団体の歳入歳出総額の見込額」です。

　地方財政計画の歴史は敗戦直後まで遡ることができます。1946年度，地方財政全体の収支状況が試算されました。それに続いて，48年度には戦後改革に伴う地方自治体の役割拡大とインフレーションに対処する地方財源対策を根拠づけるために，現在の地方財政計画のもとになる財政推計が行われました。シャウプ勧告を受けて50年度に地方財政平衡交付金が創設されると，その総額は地方財政計画上の財源不足額に基づいて算定されるようになりました。それが54年度に地方交付税に転換された後も，その総額は地方財政計画上の財源過不足によって判断されています。

4.2 地方財政対策と地方財政計画

　国の予算編成は，通常は7月から8月にかけて行われる概算要求基準の閣議了解と各府省の概算要求によって本格化します。国の予算編成が進められるのと並行して，総務省は国の事業展開と行政改革が地方財政に及ぼす影響，標準的な財政運営に必要な一般財源などを積算します。経済と税制改正の動向を踏まえて，総務省は全国的な地方財政規模を示す地方財政計画の骨格を固めると同時に，地方税と地方交付税の収入見込みを立てて，財源不足額を明らかにしていきます。

　予算編成の最終段階（通常は12月）に総務省と財務省が協議を行い，地方財

政全体の経費を支えるための財源不足補塡策を決めます。これが**地方財政対策**です。詳しくは第7章で述べますが，その役割を簡潔に記しておきます。

　地方財政対策は，第1に，国の予算に計上される施策のために地方財政の協力が必要な分，つまり国直轄事業・国庫補助事業に伴う地方負担の財源を保障する必要があります。第2に，標準的な地方財政運営に必要な一般財源を確保するために，地方税制改正による税収見込みを考慮して，地方財政の財源不足があるかどうか，ある場合はその規模がどれだけかを明らかにします。第3に，財源過不足を調整するために，地方交付税の交付税率変更もしくは総額の調整を行います。第4に，それでも財源不足がある場合，地方債（財源対策債，臨時財政対策債など）の発行で補塡する必要があります。それも含めた形で，総務省は「地方債計画」を策定します。こうして，地方税・地方交付税などの一般財源総額と地方債発行見込額が定まり，国の予算に計上される国庫支出金などと合わせて，地方財政規模の大枠が決まります。

　2011年に成立した「国と地方の協議の場に関する法律」に基づいて，国の関係閣僚と地方六団体（全国知事会，全国市長会，全国町村会，全国都道府県議会議長会，全国市議会議長会，全国町村議会議長会）の代表を議員とする「国と地方の協議の場」が年に数回開かれます。議長は内閣官房長官が務めており，国と地方自治体の役割分担および地方行財政の施策を協議し，協議がまとまれば議員に尊重義務を課すことになっています。予算編成との関係でみると，会議は概算要求の後と地方財政対策の直前に開かれます。ただし現状は「協議の場」というよりも，国務大臣が国の方針を説明し，地方六団体代表が要望を述べて終わる，つまり「説明と要望の場」になっています。

　国の政府予算案は，地方財政対策を織り込んだ形で決定されて，国会へ提出されます。その後，おおむね2月上旬までに総務省が地方財政計画を策定します。政府はそれを閣議決定したうえで国会に提出します。

 5　地方財政計画の内容

＊本節は応用的な内容のため，初学者は読み飛ばしてもかまいません。

　地方財政計画には，次のような特徴があります。①地方財政計画は，実際の収支見込額の推計ではなく，通常の水準における歳出と歳入を，都道府県と市

区町村を合わせた地方財政全体の純計の形で示します。②歳出は性質別分類によって積算されますが，国からみた標準的水準を上回る経費は計上されません。③歳入において，地方税は標準税率による収入見込額をとります。④地方財政計画の対象は普通会計であり，事業会計（公営企業，国民健康保険，後期高齢者医療，介護保険など）は含まれません。⑤地方財政計画は単年度の収支を年度当初に見込むものであり，地方税の自然増収，国の補正予算などがあっても年度途中で修正されません。以上の理由により，地方財政計画の金額は実際の決算総額と一致しません。これらの点をやや詳しくみてみましょう。

5.1　歳　　出

表2-1に示したように，地方財政計画（2022年度90兆5918億円〔通常収支分。以下同じ〕）の歳出には，①給与関係経費，②一般行政経費，③公債費，④維持補修費，⑤投資的経費，⑥公営企業繰出金，および⑦地方交付税の不交付団体における平均水準を超える必要経費が計上されます。おもなポイントを確認しましょう。

第1に，給与関係経費（同19兆9644億円）を推計するためには，職員数を想定する必要があります。義務教育教員は国が支払う義務教育費国庫負担金の予算定員とし，高校などは学校基本調査の結果を基礎として算定します。警察官は政令定員により算定します。一般職員は，定員管理調査や地方自治体の計画による増減，法令改正による職員増減，住民福祉向上のための職員増，国の定員合理化計画などを踏まえて算定します。

退職手当は，給与実態調査の年齢別職員数の年次推移などから推計します。また特別職の給与・報酬は，給与実態調査の結果などを勘案して算定します。

第2に，一般行政経費（同41兆4433億円）は，サービス給付に直接かかわる経費ですが，給与・投資的経費・維持補修費などは別途計上されるので，それを除きます。そのうち国庫補助負担金等（国庫支出金）を伴う事務の経費は，法令と国の予算による金額と補助負担率によって算定します。また，国庫補助負担金等を伴わない事務の経費のなかにも，国が法令などで基準を設定し，もしくは実施を義務づけるもの（警察，高校，戸籍・住民基本台帳，保健所，ごみ処理など）が多いのです。それらの算定は包括的に行われます。

表 2 - 1 ■地方財政計画（2022 年度）

(1) 歳　出		(2) 歳　入	（単位：億円）
①給与関係経費	199,644	①地方税	412,305
うち給与費（退職手当を除く）	185,239	道府県税	189,520
うち義務教育教職員	55,421	うち道府県民税	52,342
警察関係職員	23,462	事業税	46,170
消防職員	12,379	地方消費税	59,167
一般職員・特別職等	93,977	自動車税	16,765
退職手当	14,361	市町村税	222,785
②一般行政経費	414,433	うち市町村民税	98,357
うち国庫補助負担金等を伴うもの	234,578	固定資産税	95,087
うち生活保護費	37,886	都市計画税	13,570
児童保護費	11,344	②地方譲与税	25,978
障害者自立支援給付費	32,788	③地方特例交付金等	2,267
後期高齢者医療給付費	27,877	④地方交付税	180,538
介護給付費	33,587	⑤国庫支出金	148,826
児童手当等交付金	18,063	うち義務教育職員給与費負担金	15,015
子どものための教育・保育給付費負担金	27,219	その他普通補助負担金等	104,917
国庫補助負担金を伴わないもの	148,667	うち生活扶助費等負担金	13,402
国民健康保険・後期高齢者医療制度関係事業費	14,988	医療扶助費等負担金	14,203
まち・ひと・しごと創生事業費	10,000	介護扶助費等負担金	810
地域社会再生事業費	4,200	児童保護費等負担金	1,363
地域デジタル社会推進費	2,000	障害者自立支援給付費等負担金	16,394
③公債費	114,259	児童手当等交付金	12,588
④維持補修費	14,948	公立高等学校授業料不徴収交付金・高等学校等就学支援金交付金	4,067
⑤投資的経費	119,785	子どものための教育・保育給付費交付金	14,918
直轄事業負担金	5,594	公共事業費補助負担金	26,532
公共事業費	51,054	うち普通建設事業費補助負担金	26,228
うち普通建設事業費	50,658	国有提供施設等所在市町村助成交付金	299
（直轄・補助事業計）	(56,648)	施設等所在市町村調整交付金	76
一般事業費	28,167	交通安全対策特別交付金	535
うち普通建設事業費	27,776	電源立地地域対策等交付金	1,023
特別事業費	34,970	特定防衛施設周辺整備調整交付金	376
うち過疎対策事業費	11,612	石油貯蔵施設所在地対策等交付金	53
旧合併特例事業費	5,856	⑥地方債	76,077
緊急防災・減災事業費	5,000	⑦使用料及び手数料	15,729
公共施設等適正管理推進事業費	5,800	⑧雑収入	44,456
（地方単独事業計）	(63,137)	⑨復旧・復興事業一般財源充当分（控除）	− 4
⑥公営企業繰出金	24,349	⑩全国防災事業一般財源充当分（控除）	− 254
⑦地方交付税の不交付団体における平均水準を超える必要経費	18,500		
歳　出　合　計	905,918	歳　入　合　計	905,918

注）　1　本表は地方財政計画のうち通常収支分を示す。それに加えて，2012 年度から東日本大震災分が設けられ，投資的経費，一般行政経費などを，国庫支出金，震災復興特別交付税，個人住民税均等割等の復興増収，一般財源充当などの財源でまかなう，とされている。
　　　2　歳出・歳入とも，内訳はおもな項目のみを示した。
出所）総務省「令和 4 年度地方団体の歳入歳出総額の見込額」2022 年 1 月 28 日，より筆者作成。

その他，2022 年度時点では，国民健康保険，後期高齢者医療制度関係事業費，まち・ひと・しごと創生事業費，地域社会再生事業費および地域デジタル社会推進費を，別途計上しています。

　第 3 に，公債費（同 11 兆 4259 億円）は，前々年度決算からわかる元利償還費必要額と前年度以降に新規発行した地方債の利払費を計上します。

　第 4 に，維持補修費（同 1 兆 4948 億円）は，地方自治体が管理するすべての公共・公用施設（道路，河川，学校，庁舎など）の維持補修費について，前年度の計画額を基礎とし，過去の決算状況などを踏まえて算定します。

　第 5 に，投資的経費（同 11 兆 9785 億円）のうち，直轄事業負担金および国庫補助負担金等を伴う公共事業費は，国の予算と国庫補助負担率に基づいて算定します。国庫補助負担金等を伴わない地方単独事業費のうち，地方自治体が独自の立場で行う一般事業費のほとんどを占める普通建設事業費は，前年度計画額に国庫補助事業費の種類別伸びなどを参考として算定します。また，特別の地方債などを財源とする特別事業費（過疎対策など）もあります。

　第 6 に，公営企業繰出金（同 2 兆 4349 億円）は，経費負担区分に基づく一般会計負担分を，国の予算および公営企業決算を基礎として算定します。

　最後に，地方交付税の不交付団体（第 7 章参照）における平均水準を超える必要経費（同 1 兆 8500 億円）とは，不交付団体の歳入が歳出を上回る財源超過の推計額を一括計上したものです。

5.2　歳　　入

　地方財政計画の歳入には，①地方税，②地方譲与税，③地方特例交付金等，④地方交付税，⑤国庫支出金，⑥地方債，⑦使用料及び手数料，⑧雑収入，⑨復旧・復興事業一般財源充当分（控除），および⑩全国防災事業一般財源充当分（控除）が計上されます。歳入についてもおもなポイントを確認しましょう。

　第 1 に，地方税（2022 年度 41 兆 2305 億円）は，各税目が標準税率をとると仮定して，課税標準の伸び，徴収率の向上などを見込み，さらに税制改正による増減収見込額を加減します。超過課税と法定外税の収入は算入しません。

　第 2 に，地方譲与税（同 2 兆 5978 億円）は，その財源となる国税の収入見込額に基づいて算定します（第 5 章参照）。

第3に，地方特例交付金等（同2267億円）は，住宅借入金等特別控除による個人住民税の減収と固定資産税の特例措置拡充等による減収を補填するものであり（第5章参照），国の予算で見込まれた減収相当額を計上します。

　第4に，地方交付税（同18兆538億円）は，国税4税の予算計上額の一定割合（所得税・法人税の33.1％，酒税の50％，消費税の19.5％）を基本としますが，第6章でふれる地方法人税の収入見込額，前年度以前の国税決算に伴う繰入額の精算，過年度の過交付額返還分と特別会計借入金償還分の減額，4.2で述べた地方財政対策で決定される調整などが行われます。

　第5に，国庫支出金（同14兆8826億円）は，国の予算計上額のうち普通会計分を計上します。

　第6に，地方債（同7兆6077億円）は，4.2でふれた地方債計画の普通会計分に相当します。そこには，建設地方債だけではなく，地方財政対策のために発行される臨時財政対策債も含まれます。

　また，国の財政投融資計画において，財政融資資金の地方公共団体融資（同2兆6252億円）および地方公共団体金融機構（同1兆7461億円）が地方債計画の原資における公的資金です。

　第7に，使用料及び手数料（同1兆5729億円）は，経済成長率，決算伸び率などを考慮し，また保育料などの単価見直しを行って算定します。

　第8に，雑収入（同4兆4456億円）は，分担金・負担金，預金・貸付金利子，財産運用収入，税の延滞金・加算金，収益事業収入，保護施設個人負担金などを含みますが，これらは経済成長率，決算伸び率などを考慮して算定します。

　こうして，歳出に見合うように歳入が決まります。とくに地方税，地方交付税などの一般財源確保と不足分を補う地方債が地方財政計画策定の焦点です。

 6　国の会計と地方自治体の会計

　国の予算と地方財政計画とのおもな関係を示したのが図2-3です。地方一般財源を保障する地方交付税，地方譲与税および地方特例交付金は，国の交付税及び譲与税配付金特別会計（交付税特別会計）から地方自治体の一般会計（地方財政計画上は普通会計）に繰り入れられます。そのうち地方交付税（国税4

図2-3■国の予算と地方財政計画の関係

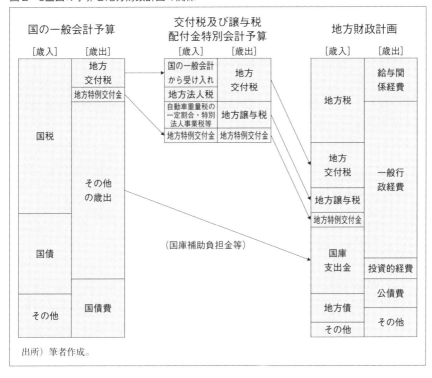

出所）筆者作成。

税分など）と地方特例交付金は，国の一般会計から特別会計に繰り入れられた資金です。

　それに対して，義務教育費・公共事業費などの国庫支出金は，国の一般会計から地方自治体の一般会計へ交付されます。また，国民健康保険・後期高齢者医療・介護保険などの国庫負担金は，地方自治体の特別会計に直接繰り入れられます。

　国の特別会計を通じた国庫支出金もあります。たとえば，児童手当については，国の負担金が一般会計から年金特別会計（子ども・子育て支援勘定）に繰り入れられ，それが事業主からの拠出金と合わせて地方自治体の一般会計へ交付されます。また，東日本大震災復興交付金などは東日本大震災復興特別会計を通して地方自治体の一般会計へ交付されます。なお，国の財政投融資特別会計は，財投債を発行して得た資金を財政融資資金に繰り入れており，その一部は

地方債を引き受けます。

 ## 7　政府間財政関係の特徴と課題

　国と地方自治体を結ぶ政府間財政関係の要となるのは，地方財政計画です。地方財政計画は，国の施策に地方財政の協力が必要な分の地方財源を確保するとともに，国庫支出金を伴わない事務・事業も含めて，標準的な財政運営に必要な一般財源と地方債を確保する役割を果たします。これにより地方財源不足を補塡する地方交付税の総額が決まるので，これを「マクロの財源保障」と呼ぶことができます。また，地方自治体からみれば，地方財政計画に示された経費と地方税の動向は財政運営の指針になります。

　このように日本の政府間財政関係は「精緻」なものです。ただし，これが「地方自治の本旨」に適っているかどうかを検証する必要があります。とくに，国の関与が薄い地方単独事務・事業の標準的水準をどうやって積算するのかが焦点となります。地方財政計画は国が策定するものですが，経費の実態と国による想定との乖離を是正して「新たな標準」をつくろうとすれば，地方財政の実際の動向を反映させる必要があります。そのためには「国と地方の協議の場」を「説明と要望の場」ではなく実質的な「政策策定の場」に高めて，地方自治体におけるニーズの積み上げをマクロの財源保障に活かす方向で改善することが期待されます。

● 演習問題 ●
　① これからの政府部門を展望するとき，国と地方自治体のうちどちらの役割がより重要になっていくでしょうか。行政分野ごとに考えてみましょう。
　② 国が地方財政計画を策定するのをやめたら，地方税・地方交付税・地方債などの制度運営にどのような問題が起こるでしょうか。それを別のやり方で運営する可能性も含めて，考えてみましょう。

● 読書案内 ●

池上岳彦編［2015］『現代財政を学ぶ』有斐閣

　わかりやすい財政学の教科書であり，第 1 章は財政のサブシステム維持機能
　を，第 9 章は政府間財政関係を概観しています。

石原信雄［2016］『新地方財政調整制度論〔改訂版〕』ぎょうせい

　地方財政計画に基づく諸制度の仕組みおよびその歴史的展開を解説していま
　す。

● 参考文献 ●

池上岳彦編［2015］『現代財政を学ぶ』有斐閣

池上岳彦［2022］「政府間財政関係の展開と分権型財政の課題」後藤・安田記
　念東京都市研究所編『都市の変貌と自治の展望』後藤・安田記念東京都市研
　究所，159〜187 頁

石原信雄［2016］『新地方財政調整制度論〔改訂版〕』ぎょうせい

石原信雄・二橋正弘［2000］『地方財政法逐条解説〔新版〕』ぎょうせい

自治総合センター［2006］『三位一体改革後の財源調整機能及び財源保障機能
　のあり方に関する研究会最終報告書』

神野直彦［2021］『財政学〔第 3 版〕』有斐閣

瀧野欣彌・岡本保編集代表［2006〜07］『シリーズ地方税財政の構造改革と運
　営』（全 6 巻）ぎょうせい

飛田博史［2013］『財政の自治』公人社

（池上　岳彦）

第3章
経 費 論
お金の使い道とその意味

　地方財政（あるいは国を含めた財政全般）には，収入と支出の両面があります（なお，ある年度の収入・支出のことを，歳入・歳出といいます）。このうち支出は，地方自治体の活動に要する経費をまかなうものです。経費は，地方自治体の活動を貨幣を単位とする数量で表すため，地方自治体が地域において果たしている役割を端的に表現します。経費論とは，経費をまかなう支出のあり方を通じて，政府の役割やその変化を吟味することです。

　基本的に，地方自治体の経費は，地域住民の**ニーズ**（needs）に応じて決まります。ニーズは「必要」，すなわち個人が人間的な生活を営むため，あるいは企業がその活動を維持・発展させるために「必ず要る」，基本的な財・サービス・環境条件のことで，その内容は，先の第2章で「3つのサブシステム」と財政との関係として整理されています。

　ただし，地方自治体の経費なり歳出（「お金の使い道」）は，もっぱら地域のニーズに応じて決まるのでしょうか。そうとは限らないことは，みなさんも何となくおわかりだと思います。地方自治体の経費を論じる際には，その数字が生み出された背景についても目を向ける必要があります。

　このようなある種の「経費を論じることの難しさ」を含めて，この章では，地方自治体の経費から読み取れることを，ポイントを絞って紹介していきます。

Key Questions

□ 国と地方自治体との役割分担は，どうあるべきと考えられてきたでしょうか。
　また，その実態と課題は何でしょうか。
□ 地方自治体の経費をとらえるために，どのような経費分類があるでしょうか。
　それらを用いて読み解けることは何でしょうか。
□ 経費を論じる際に留意すべきことは何でしょうか。

Keywords

ニーズ　事務配分　目的別分類　性質別分類　義務的経費／投資的経費
政策選択

1　国と地方の役割分担

1.1　国と地方の事務配分とその原則

　図 3-1 から，国と地方の歳出の大きさを，政策目的別に知ることができます。まず全体で，国の歳出割合は 42.6% であるのに対し，地方の歳出割合は 57.4% に達しています。これを目的別に分けると，衛生費，学校教育費，司法警察消防費などで地方歳出の割合が高いことに加え，歳出規模の大きい（＝図上で面積が広い）民生費（年金関係を除く社会保障関係の歳出）も地方が 7 割を占めています。年金関係と防衛費，および過去に発行した公債の元利償還（≒借金の返済）にあたる公債費を除くほとんどの費目で，5 割程度またはそれ以上を地方自治体の歳出が占めています。

　こうした歳出割合の背後には，法令に定められた国と都道府県・市町村との間の事務の分担関係（**事務配分**）があります。その概略を示したのが表 3-1 です（ただし，実際の事務配分はこの概略が示す以上に複雑かつ仔細に決められています）。

　ところで，国・都道府県・市町村の間の事務配分を定めるためには，「国がすべきこと」や「地方自治体がすべきこと」についての基準なり原則が必要です。今日もなお参照される事務配分の原則が，戦後の地方財政制度の形成に多大な影響を及ぼした，カール・S. シャウプによる地方税財政改革に関する勧告

図3‐1■国と地方の目的別歳出の割合（2019年度決算，最終支出ベース）

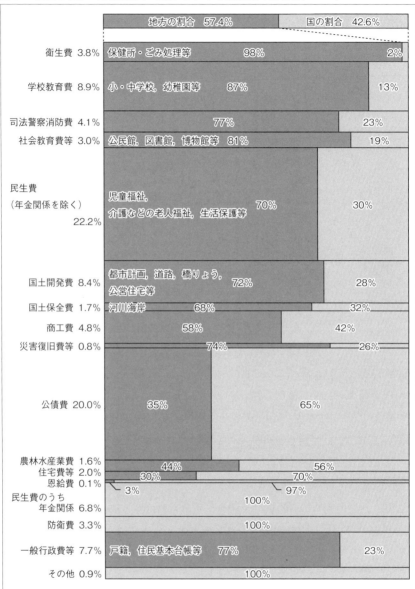

注) 歳出は，最終支出ベース，つまり最終的に支出を行う主体でとらえている。そのため，た
とえば国が交付（支出）する補助金を財源として市町村が行う公共サービスの支出は，国の
支出からは除外され，市町村の支出に含まれている。
出所) 総務省編『地方財政白書』2021年版。

分野		公共資本	教育	福祉	その他
国		・高速自動車道 ・国道 ・一級河川	・大学 ・私学助成（大学）	・年金保険，雇用保険 ・医師等免許 ・医薬品許可免許	・防衛 ・外交 ・通貨
地方	都道府県	・国道（国管理以外） ・都道府県道 ・一級河川（国管理以外） ・二級河川 ・港湾 ・公営住宅 ・市街化区域，調整区域の決定	・高等学校，特別支援学校 ・小中学校教員の給与・人事 ・私学助成（幼～高） ・公立大学（特定の県）	・生活保護（町村の区域） ・児童福祉 ・保健所	・警察 ・職業訓練
	市町村	・都市計画等（用途地域，都市施設） ・市町村道 ・準用河川 ・港湾 ・公営住宅 ・下水道	・小学校，中学校 ・幼稚園	・生活保護（市の区域） ・児童福祉 ・国民健康保険 ・介護保険 ・上水道 ・ごみ・し尿処理 ・保健所（特定の市）	・戸籍 ・住民基本台帳 ・消防

注）以上はおもな事務を取り上げた概略である。
出所）総務省資料。

（シャウプ勧告）にあります。シャウプ勧告が示した事務配分の原則は，次の 3 点です。

① 行政責任明確化の原則（国・都道府県・市町村の間で重複しないよう事務を割り当て，行政責任の所在を明確にする）

② 能率の原則（事務の性質に従い，最も能率のよい政府レベルに事務を割り当てる）

③ 地方団体優先の原則（国より都道府県，都道府県より市町村を優先して事務を割り当てる）

①は，ある公共サービスに関する責任がどの政府レベルにあるのかを，国民・住民に対して明確にすべきだという原則です。ある事務に関する責任を，国・都道府県・市町村のいずれか 1 つが負うことを支持する，分離型の中央―地方政府間関係（第 1 章）に即した原則だといえます。②は，公共サービスの性格（インフラや施設ならその規模や，それがもたらす便益の及ぶ地理的範囲，現

金やサービスの給付なら全国画一的に行うべきか地域事情に応じ柔軟であるべきか，など）に即して事務を配分すべきだということです。具体的には，個々の市町村の地理的・社会的特徴に応じて行うべき事務は市町村が，市町村の範囲に収まらないが地方団体が行うほうがよい事務は都道府県が，国が統一的に実施すべき事務は国が担うべきだとされています。③は，①②の原則を踏まえたうえで，なるべく住民に身近な市町村を優先して事務配分を検討するべきだという原則であり，「補完性原理」（第2章参照）と重なる考え方だといえます。

1.2 事務・権限配分の実態と近年の見直し

これに対し，事務配分の実態はどうなのでしょうか。おおざっぱには，②の能率の原則に即した事務配分がみられます。たとえば，外交，防衛など国家の権能にかかわる事務は国が当然に担っていますし，年金制度のように，住む場所の別によらず一律の基準で現金給付を行うものも，国が一元的に管理しています。道路の整備や維持は，都道府県域をまたぐ主要幹線道路か，都道府県内における主要道路か，あるいは市町村域内の生活道路かによって，国道・都道府県道・市町村道の区別がされています。教育や福祉（介護・保育など）のサービスは，地域の事情に合わせたサービス供給が不可欠であることなどから，おもに市町村がその実施を担っています。

しかし，とくに①の行政責任明確化の原則や③の地方団体優先の原則に照らして，日本の政府間関係は長らく課題を抱えてきました。そのことは，事務（行うこと）の配分だけでなく，権限（行いかたを決める力）の配分も視野に入れると，いっそう明らかとなります。

まず，2000年の地方分権一括法施行まで，機関委任事務の問題が存在しました。機関委任事務とは，地方公共団体の長などの執行機関に対し，国（または他の地方公共団体）から法令によって委任された事務のことです。機関委任事務に関する地方自治体の議会の権限は著しく制限された一方，国は法令に基づく必要のない包括的な指揮監督権を有していました。このような機関委任事務は戦後次第に増加し，1995年時点で562件に達していましたが，2000年の地方分権一括法によって廃止され，地方自治体のすべての事務が自治事務と法定受託事務（第2章参照）のいずれかに整理されました。

また，機関委任事務でなくても，国は法令の定めを根拠として地方自治体の活動に関与することができ，それが行政責任のあいまい化や地方自治への過剰な制約を生んできました。こうした関与のあり方は，大きく２つに分けることができます。第１に，国が都道府県や市町村の，あるいは都道府県が市町村の事務の実施内容に対する決定権を保持していたり，１つの事務に関して政府間の権限が重複しているような状態（二重行政）が幅広くみられます。具体的には，市町村や都道府県の事務の実施計画に対する許認可の権限を都道府県や国が有していたり（たとえば都市計画），ある公共サービスの供給に関して，施設の設置・運営主体は市町村であっても，職員の人事権（採用・異動などの決定権）は都道府県が有している（市町村立学校）といった例が挙げられます。

　第２に，国が法令により，地方自治体の事務の実施方法や手続き，あるべき内容などを定めている場合が多くあります（「義務づけ・枠づけ」）。児童福祉施設（保育所など）の面積や人員配置に関する基準はその一例ですが，さまざまな道路，施設，サービスなどが満たすべき細かな基準が法令により定められています。2008年に出された地方分権改革推進委員会第２次勧告は，482の法律に１万57の義務づけ・枠づけ条項が存在することを指摘しました。

　近年の地方分権改革の流れにおいては，上の第１の問題に対して「事務・権限の地方自治体への移譲」が，第２の問題に対して「義務づけ・枠づけの見直し」が掲げられ，徐々に実現が図られてきました。

　こうした改革の一例として，都市計画（都市計画法に基づくまちづくりの計画，およびその実施のための諸事業）分野における地方分権改革の推移を挙げておきます（表3-2）。そもそも，都市計画の決定に関する事務は機関委任事務でしたが，2000年に自治事務とされ，国の関与が縮小されました。そのうえで，表にあるように，認可権から協議・同意権への緩和，都道府県の権限の市町村への移譲などが進みました。

　実は，事務・権限の政府間配分の見直しは，戦後改革が積み残した課題でもあります。先にふれたシャウプ勧告の３原則を実行に移すため，1949年に地方行政調査委員会議（神戸委員会）が設置されました。この委員会は，２次にわたる勧告を通じて，国の事務・権限を限定しつつ，国・都道府県・市町村それぞれの事務・権限を極力明確に分離するよう促しましたが，当時の中央省庁

	第1次分権改革前	第1次分権改革 （2000年）	第2次分権改革 （現在）
国	・都道府県の都市計画の認可	・都道府県の都市計画の**協議・同意**	・都道府県の都市計画の協議・同意
都道府県	・市町村の都市計画の認可 ・都市計画区域指定 ・区域区分 ・用途地域（3大都市圏・県庁所在地・25万人以上の市等の用途地域） ・都市施設（例：4 ha 以上の公園） ・市街地開発事業（例：20 ha 超の土地区画整理事業）	・市町村の都市計画の**協議・同意** ・都市計画区域指定 ・**マスタープラン** ・区域区分 ・用途地域（**3大都市圏の用途区域**） ・都市施設（例：**10ha 以上**の公園） ・市街地開発事業（例：**50 ha 超の土地区画整理事業**）	・市町村の都市計画の協議・同意 ・都市計画区域指定 ・マスタープラン ・区域区分 ・都市施設（例：**国・都道府県が設置する**10 ha 以上の公園　※政令指定都市は国設置のものを除く） ・市街地開発事業（例：**国・都道府県施行の**50 ha 超の土地区画整理事業）
市町村	・用途地域（3大都市圏・県庁所在地・25万人以上の市等以外の用途地域） ・都市施設（例：4 ha 未満の公園） ・市街地開発事業（例：20 ha 以下の土地区画整理事業）	・用途地域（**3大都市圏以外**の用途地域） ・都市施設（例：**10ha 未満**の公園） ・市街地開発事業（例：**50ha 以下**の土地区画整理事業）	・**すべての**用途地域 ・都市施設（例：**国・都道府県が設置する**10 ha 以上のものを除く**すべての**公園） ・市街地開発事業（例：**国・都道府県施行の**50 ha 超のものを除く**すべての**土地区画整理事業）

注）1 太字は，前の時期から変化した点。
　　2 で囲まれた都道府県の事務は，政令指定都市においては政令指定都市が担う。
出所）内閣府資料。

の抵抗もあって，勧告内容は実現せずに終わりました。結果として残された集権的・融合的な事務・権限配分のあり方に，近年の地方分権改革がようやくメスを入れたのです。

 ## 2　経費面から地方財政の姿をとらえる

2.1　地方歳出の現状①──目的別分類

　それでは，地方歳出の中身を吟味しましょう。地方自治体の経費を分類する方法は，大きく2つあります。1つは**目的別分類**で，経費をその支出目的に従って議会費，総務費，民生費などに分類するものです。意味が取りにくい費目のみ簡潔に説明します。総務費は，職員給与や徴税費用など，自治体の組織運

表3‐3■目的別経費分類による地方歳出構成（2019年度決算）

(単位：%)

	都道府県	市町村計	市町村						一部事務組合
			政令指定都市	特別区	中核市	施行時特例市	都市	町村	
議会費	0.2	0.6	0.2	0.5	0.5	0.5	0.7	**1.1**	0.1
総務費	6.3	12.2	6.7	12.5	9.5	10.9	13.7	18.4	**25.4**
民生費	16.6	35.9	37.5	**51.9**	42.0	40.1	35.5	24.4	4.1
衛生費	3.2	8.9	6.9	7.0	8.7	9.9	8.4	8.5	**33.8**
労働費	0.3	0.2	0.1	**0.2**	**0.2**	**0.2**	**0.2**	0.1	0.1
農林水産業費	4.9	2.3	0.4	0.1	1.3	1.4	3.1	**6.8**	0.2
商工費	6.1	2.9	**4.6**	1.4	2.8	2.2	2.5	3.1	0.0
土木費（道路橋りょう費）	4.9	3.0	3.1	2.5	2.4	2.7	3.0	**4.5**	0.0
土木費（都市計画費）	2.0	5.4	6.1	5.1	**6.4**	**6.3**	5.5	3.7	0.1
土木費（その他）	5.1	2.2	**3.0**	1.8	2.0	1.9	1.7	2.8	1.6
消防費	0.5	4.1	2.5	1.2	3.1	3.8	3.8	4.5	**27.2**
警察費	6.8	–	–	–	–	–	–	–	–
教育費	20.6	12.4	**16.7**	14.1	11.1	11.9	11.5	10.8	1.1
災害復旧費	1.2	0.8	0.3	0.0	0.6	0.2	1.0	**1.9**	0.4
公債費	13.5	9.1	**11.2**	1.8	9.3	7.9	9.3	9.3	5.8
交付金	7.7	0.0	0.0	0.0	0.0	0.0	0.0	0.0	0.0
その他	0.1	0.2	**0.6**	0.0	0.0	0.0	0.0	0.0	0.0
合　計	100.0	100.0	100.0	100.0	100.0	100.0	100.0	100.0	100.0

出所）総務省『令和元年度 地方財政統計年報』。

営に要する管理経費です。民生費は，福祉サービスの給付や管理にかかる経費で，衛生費は，保健・清掃（ごみ処理など）の経費を指します。目的別分類は，行政分野ごとに縦割りで設けられた部・課などの組織におおむね対応しており，「何のためにいくら使ったか」を大まかに表しています。

　表3‐3は，目的別分類に基づく地方歳出の構成を示しています。都道府県と市町村で共通して大きな歳出項目は，総務費，民生費，教育費，土木費（道路橋りょう費など3項目合算），公債費です。この5費目のうち，総務費は一般管理経費，公債費は地方債の元利償還（借金の返済）費用であり，具体的な政策目的ではないため除外すると，地方自治体の主要な目的別経費は民生費，教育費，土木費の3つとなります。ここから，地方自治体が担っている主要な役割は，福祉，教育，そして社会資本整備（インフラ整備やまちづくり）であるこ

とが読み取れます。

　同じ表で，都道府県と市町村を比較すれば，両者の役割や性格の違いもみえます。市町村の民生費は都道府県よりはるかに大きく，歳出総額の35.9％に達していますが，それは市町村が児童福祉，国民健康保険，介護保険，生活保護（原則として市の区域）といった福祉関連事務を幅広く担っているためです。なお，都道府県は，障害者福祉や生活保護（原則として町村の区域）を担うほか，医療サービス供給の計画・調整などを行っています。

　それに対し，都道府県では教育費が大きく，歳出総額の20.6％を占めています。これは，都道府県が，多くの高等学校の設置者であるだけでなく，市町村立小中学校の教職員給与の3分の2を負担しているためです（残る3分の1は国が負担）。なお，総務費の割合が市町村において高いのは，戸籍や住民登録に関する事務を市町村が担っているためです。

　さらに，市町村の種別ごとの目的別歳出構成も，同じ表で確認できます。なお，各費目において，最も歳出割合が高い箇所が網掛けになっています。

　一般に，都市部で民生費，都市計画費，教育費の割合が高く，町村部では農林水産業費，道路橋りょう費，災害復旧費の割合が高いといえます。ただし，政令指定都市，中核市，特例市は一般の市より多くの事務・権限を有しており，その影響が歳出構成に多少影響していることには留意してください。なお，政令指定都市から町村まで，おおむね都市化の度合いが高い順に並んでいます（「都市」は一般の市。他の団体の定義は第1章表1-1を参照）。また，特別区（東京23区）は都との関係上，一般の市町村より事務・権限が限定されているため，民生費と教育費がとりわけ高く，その他が小さくなっています。なお，一部事務組合の多くが清掃（ごみ処理）関連および消防関連であることが，歳出構成に表れています。

2.2　地方歳出の現状②――性質別分類

　もう1つの分類方法は，**性質別分類**です。これは，地方自治体の経費をその経済的性質に即して分類するもので，人件費，物件費，維持補修費などの項目が立てられます。その一部を説明すると，まず扶助費は，福祉にかかる現金給付やサービス給付の経費です。補助費等には，他の地方自治体や一部事務組合，

表3-4■性質別経費分類による歳出構成（2019年度決算）

（単位：％）

	都道府県	市町村							
		市町村計	政令指定都市	特別区	中核市	施行時特例市	都市	町村	一部事務組合
人件費	25.4	16.7	20.1	15.4	14.5	15.8	14.3	14.3	**41.8**
物件費	3.6	13.5	9.6	17.3	12.9	14.6	14.1	15.5	**20.1**
維持補修費	1.0	1.2	1.4	1.0	1.0	1.3	1.0	1.2	**4.1**
扶助費	2.2	22.7	27.0	**31.3**	28.3	25.7	21.5	11.2	0.5
補助費等	27.3	9.1	7.0	5.6	7.9	9.0	10.7	**13.8**	4.4
普通建設事業費	16.1	13.4	11.1	13.2	12.9	12.8	13.8	**17.4**	15.4
災害復旧事業費	1.2	0.8	0.3	0.0	0.6	0.2	1.0	**1.9**	0.4
失業対策事業費	—	0.0	—	—	—	—	—	0.0	—
公債費	13.4	9.1	**11.1**	1.8	9.3	7.9	9.3	9.3	5.8
積立金	2.4	2.9	1.0	**5.7**	1.5	2.0	3.4	5.0	4.8
貸付金	5.3	1.7	**4.0**	0.6	1.6	1.3	1.0	0.5	0.5
繰出金	1.7	8.5	7.0	8.1	9.0	9.0	**9.5**	**9.5**	2.1
その他	0.3	0.4	0.4	0.0	**0.5**	0.4	0.4	0.3	0.0
合　計	100.0	100.0	100.0	100.0	100.0	100.0	100.0	100.0	100.0

出所）総務省『令和元年度 地方財政統計年報』。

市民団体などに対する補助金，負担金，助成金などの支出が含まれます。物件費は，消費的性質の経費のうち，人件費，維持補修費など他の費目に明確に分類されない経費の総称で，人件費に含まれない賃金や旅費，備品や消耗品の購入費，業務を外部に委託した場合の委託料の支払いなどが含まれます。また，繰出金は，一般会計と特別会計，あるいは特別会計同士の間の資金の移動のことで，一般会計から公営企業，国民健康保険，介護保険などの特別会計への繰出がその多くを占めています。

　表3-4でその構成を確認しましょう。まず，都道府県では人件費，補助費等，普通建設事業費，公債費が，市町村では人件費，物件費，扶助費，普通建設事業費が大きいことがわかります。とくに特徴的なのは，まず都道府県において補助費等が歳出の4分の1強を占めていることですが，その多くは高齢者医療や介護保険給付費，保育所運営費，私立学校の運営費補助といった形で，市町村など他団体に対して支出されています。また，都道府県が負担する市町村立小中学校の教職員給与は人件費に計上され，都道府県の人件費を大きくしています。反対に，扶助費はもっぱら市町村に偏っており，福祉関連の現金・

サービス給付の実施主体としての，市町村の重要性がわかります。

　市町村の種別でみた場合の傾向について最も目立つのは，一部事務組合の人件費や物件費の比重が高い点ですが，それは，清掃や消防といったおもに担う事務の性質に起因しています。

　ところで，経費の性質別分類は，歳出構造の健全性を判断する際に活用されます。その際，しばしば，性質別経費が**義務的経費**と**投資的経費**に大別されます。義務的経費は，その支出を年度ごとに容易に削減できない経費のことで，人件費，扶助費，公債費が該当します。それに対し，投資的経費は，道路・橋りょう，教育・福祉施設などの建設に要する経費のことで，普通建設事業費，災害復旧事業費，失業対策事業費が該当します。

　そして，義務的経費が歳出に占める割合が高いほど，その地方自治体の歳出構造の健全性や弾力性が低く，歳出構造の「硬直化」が進んでいると判断されます。反対に，投資的経費が歳出に占める割合が高いほど，歳出構造の健全性や弾力性が高いと判断されます。たしかに，容易に削減しがたい義務的経費が小さく，建設事業の中止・延期が可能であるため歳出削減が比較的容易で，かつ道路や施設などの固定資産を生み出す投資的経費が大きいほど，財政運営上は都合がよいといえます。

　ただし，こうした判断には十分に注意が必要です。なぜなら第1に，義務的経費のうちの人件費は，人の手でサービスを提供する性格の強い教育や福祉，警察，消防といった項目で大きくなりますし，扶助費は福祉の給付です。したがって，人件費や扶助費が義務的経費であることを強調し，それらの抑制を財政運営の観点から重視することは，これらの重要な公共サービス，とくに歳出額が大きい福祉・教育関連支出の抑制を是とすることを意味します。

　第2に，地方債の発行対象は原則として投資的事業に限られているので（第9章参照），投資的経費が大きければ，公債費の増加を通じた，将来の歳出構造の「硬直化」が懸念されます。家計や企業と同様に，地方自治体も借金を確実に返済する必要があるため，公債費はすぐれて義務的な経費です。現在の投資的経費の大きさが，将来の財政運営に与える悪影響も考える必要があります。

2.3 地方歳出の推移

つぎに，目的別・性質別の主要歳出項目を取り出して，歳出水準の移り変わりを確認しましょう。

図3-2は，目的別歳出の推移をみています。1970年代後半から80年代にかけては，いわゆる「団塊ジュニア」の就学期にあたり，都道府県の学校教職員給与を中心に教育費が大きく伸びました。ただし，同じ時期に土木費（公共投資関連経費）も増加しており，とりわけ1980年代後半から90年代前半にかけて都道府県・市町村ともに急増しました。

1990年代には教育費や土木費が減少基調に転じる一方，民生費がとくに市町村において急速に増加しました。都道府県・市町村を合計すると，かつては土木費が最大の目的別歳出項目でしたが，近年は民生費，すなわち福祉関連の経費が大幅に上回っています。また，公債費がこの間，着実に増加傾向にありましたが，最近は抑制基調に転じています。こうした動きの背景については，第9章（地方債），第10章（歴史的展開），第11章（地域づくり），および第12章（福祉・教育）で取り上げます。

つぎに，性質別分類のうち人件費，物件費，扶助費，普通建設事業費の推移をみたのが図3-3です。投資的経費である普通建設事業費が人件費と並んで非常に大きく，かつ1990年代半ばまで着実に膨張しましたが，90年代末から一転して急激に縮小しました。ただし最近は，道路・橋りょう・水道などのインフラの老朽化に対する更新需要が高まってきたため，普通建設事業費が再び増加基調をみせています。また，人件費は2000年代以降，明確な減少傾向にあります。反対に，ほぼ一貫して伸びてきたのは市町村の扶助費と物件費です。

ここで，人件費の減少と，扶助費・物件費の増加との関係について説明を加えておきます。扶助費（福祉給付関連の経費）の増加は，地域における福祉サービスの担い手としての，市町村の役割の拡大を意味しています。また，福祉サービスは人が担う性格が強く，人件費の増加要因となります。しかし，とくに2000年代以降，国と地方を通じた財政事情の悪化を背景に，人件費の削減が追求されてきました。そのため，職員数の削減や臨時職員への置き換えだけでなく，業務委託や指定管理者制度などの活用により，公共サービスの担い手を民間法人に求めていきました。その際，民間法人に支払う委託料が物件費に

図3‐2■目的別歳出：主要項目の推移

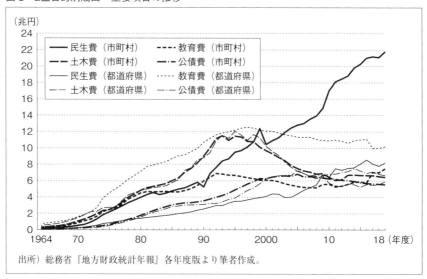

（兆円）

凡例：
- 民生費（市町村）
- 教育費（市町村）
- 土木費（市町村）
- 公債費（市町村）
- 民生費（都道府県）
- 教育費（都道府県）
- 土木費（都道府県）
- 公債費（都道府県）

出所）総務省『地方財政統計年報』各年度版より筆者作成。

図3‐3■性質別歳出：主要項目の推移

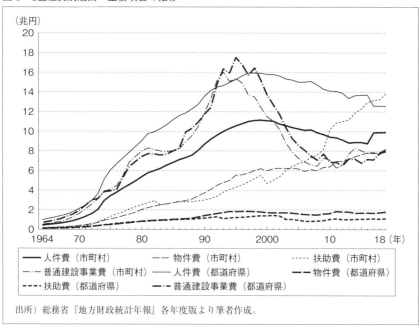

（兆円）

凡例：
- 人件費（市町村）
- 物件費（市町村）
- 扶助費（市町村）
- 普通建設事業費（市町村）
- 人件費（都道府県）
- 物件費（都道府県）
- 扶助費（都道府県）
- 普通建設事業費（都道府県）

出所）総務省『地方財政統計年報』各年度版より筆者作成。

分類され，それが物件費の増加の一因となっています。つまり，増大する福祉ニーズに対し，人件費を削減しつつも対応するために，仕事を民間に委ねてい

ったことが，物件費の増加に表れているといえます。

歴史を振り返れば，住民の地域的共同が担いきれない地域ニーズへの対応を引き受けることで，地方自治体の役割は高まってきました。しかし今日，地方自治体が公共サービスを民間に委ね返す傾向にあります。しかも，その受け皿は地域の住民組織やNPO（非営利組織）など市民団体の場合もありますが，営利法人（株式会社など）や公益法人（財団法人，社団法人など）といった，地域的な共同性からしばしば距離のある主体であることも多くなっています。

2.4　経費（歳出）と財源（歳入）の結びつき

経費は財源の裏づけが伴って，初めて歳出として実現します。そこで，目的別経費分類ごとに充てられた財源の内訳を，図3‐4で確認しましょう。 この図では，目的別の経費項目が歳出額の大きい順に並んでおり，充てられた財源の種別割合が棒グラフで示されています。「一般財源等」は地方税，地方譲与税，地方交付税など，地方自治体自身が使途を決めることのできる財源です。「国庫支出金」は使途が特定された，国からの補助金です。

最も歳出規模の大きい民生費は，一般財源等とともに，国庫支出金によってかなりの程度まかなわれています。これは，福祉サービスの多くが，人々の基礎的な生活条件の保障にかかわることから，国が一定の財源責任を果たすべきとされているためです。他に農林水産業費，労働費，土木費，教育費などでも，国庫支出金の割合が比較的高くなっています。なお，国庫支出金のほとんどは全額補助ではなく定率補助なので，ある事業に対する補助金の補助率が2分の1であれば，残る2分の1は一般財源等によってまかなわれています。

地方債は原則として投資的経費に充当されるので，投資的経費の比重が高い目的別費目において，地方債を財源とする度合いが高くなります。土木費がその典型で，他に消防費，農林水産業費などが挙げられます。

財源の種別における「その他」が突出して大きいのが，商工費と労働費です。商工費の4分の3程度が貸付金の支出であり，その元利返済金が貸付金の財源となっています。労働費については，国の雇用保険制度から，地方自治体が実施主体となる雇用関連事業の財源が移転されています。

図 3 - 4■目的別歳出ごとの充当財源の内訳（都道府県・市町村を合わせた純計，2019 年度決算。（　）内は歳出額，単位：十億円）

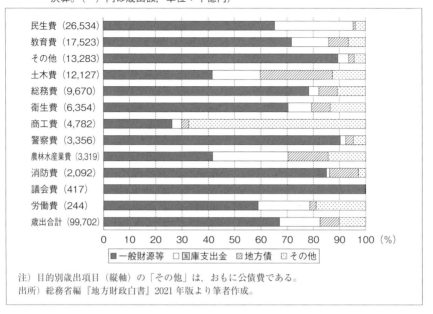

注）目的別歳出項目（縦軸）の「その他」は，おもに公債費である。
出所）総務省編『地方財政白書』2021 年版より筆者作成。

③ 経費論を掘り下げる

　本章で述べてきたことは，経費論の入り口にすぎません。総務省が毎年発表する『地方財政白書』（正式名称は『地方財政の状況』）には，目的別・性質別経費分類を地方自治体の活動の分析に活かすためのヒントがつまっています。また，すべての地方自治体の歳入・歳出の概況は「決算カード」としてウェブ上に公表されており，個別自治体ごとの財政状況をうかがい知ることができます。さらに，各地方自治体が作成する毎年度の予算書・決算書には，地方自治体の歳出の内容が事細かに示されています。それらを用いれば，経費論の地平は大きく広がります。

　ところで，経費面から地方自治体や地域の実情を読み取ろうとすれば，「経費は何を表すのか」という問題に必ず行き当たります。基本的には，「地方自治体が提供する公共サービスは，地域のニーズに応えるものである」ということができます。そのため，高齢化に応じて介護サービスが増えたり，交通量の

増加に応じて道路整備が進んだりします。しかし，現実は複雑であり，複雑さのうちにこそ，掘り下げるべき問題が存在します。

　たとえば，道路整備を進めた結果，大気汚染が生じたり，歩行者や車いすなどの通行が妨げられたりすることがあります。自動車交通の増加に伴う道路整備のニーズに応えたものの，それが良好な地域環境や歩行者の安全というニーズを損なったわけです。あるいは，ある街中の土地を利用する場合に，地方自治体が補助金を出して民間事業者を誘致し，ファッションビルを建てることもできれば，介護や子育てなどの福祉機能を集約した施設を造ることもできます。前者を選べば，ファッションに関心の高い人々を街中に招き入れ，街が活性化するかもしれませんし，後者を選べば，高齢者や子育て中の人々を中心に，とても助かることでしょう。つまり，経費，すなわちお金の使い道は，いかなるニーズを優先するか・後回しにするかという，**政策選択**の結果なのです。

　地方自治体の政策選択のあり方を考える際に意識すべきことを，大きく2点指摘することができます。

　1つは，住民自治の内実です。とくに市町村のように狭域で，住民数も限られる政府単位では，特定の利益集団や地域の有力者たちが地域の政治を支配したり，利益を奪いあったりする状況が少なからずみられます。地域レベルの政治は，住民自治の理念を実現できる可能性とともに，このような危険性をあわせもっているのです。自分が住む地方自治体の首長がどのような出自の人なのか，あるいは誰が議員を務め，政策選択がいかなる主張や事情に左右されているかについて，あなたはどの程度知っているでしょうか。政策選択を少しでも「適切」なものに変え，「地方政府」を地域のニーズに応える「地方自治体」にする力は，1人ひとりの住民の意思と行動からのみ生じうるものです。

　もう1つは，団体自治の内実です。地域レベルの政策選択は，国庫支出金や地方債の発行ルール，地方交付税の配分，さらには法令による定めが絡みあい，国の一定の影響力のもとに置かれています。それは「集権的分散システム」の問題そのものであり，経費面から地方自治体の活動を吟味しようとする際，それが地方歳出の動向に及ぼす作用に目を向けることが大切です。歳出の数字の裏側に，国と地方の政府間財政関係の作用を読み取ったとき，地方分権改革が近年つとに叫ばれてきた理由を知ることができるでしょう。

なお，こうした住民自治と団体自治の問題が絡みつつ，毎年度の政策選択やその評価が行われるのが，地方自治体の予算制度です。それが次章のテーマとなります。

● 演習問題 ●

① 図書館またはウェブ上（http://www.soumu.go.jp/menu_seisaku/hakusyo/index.html）において，総務省の『地方財政白書』を閲覧してみましょう。「4 地方経費の内容」は目的別経費分類，「5 地方経費の構造」は性質別経費分類を用いて，全国的な地方経費の状況を解説しています。読み解くにあたり，本章で得た経費分類に関する知識を，どれだけ活かせるでしょうか。

② 地方自治体の「決算カード」（http://www.soumu.go.jp/iken/zaisei/card.html）に，目的別経費，性質別経費の概況が示されています。あなたが住む地方自治体の経費構造を，隣接する自治体や比較的人口・面積などの条件が似た自治体と比べると，どのような特徴が見出せるでしょうか。

③ 地方自治体は，広報誌や「議会だより」を定期的に発行しており，新聞折り込みなどの形で住民に届けています。最近発行されたそれらを手に取り，あなたが住む地方自治体でいかなる動きがあるのか，何が議会で質問され，回答されたのかを読み取りましょう。あなたがとくに関心を抱くのは，どのようなトピックでしょうか。

● 読書案内 ●

金澤史男［2010］『福祉国家と政府間関係』日本経済評論社
　「第 7 章 日本における政府間事務配分の動向」において，1970 年代から 80 年代にかけての事務配分の変化をていねいに考察したうえで，90 年代に向けての展望を論じています。

神野直彦編著［2004］『地方財政改革（自治体改革 8)』ぎょうせい
　「第 6 章 地方歳出の見通し」（肥沼位昌執筆）が，日本の地方経費の推移やその特質を明快に論じるとともに，地方自治体レベルの財政民主主義の欠如に対する問題提起を行っています。

● 参考文献 ●

重森暁・植田和弘編［2013］『Basic 地方財政論』有斐閣

西尾勝［2007］『地方分権改革』東京大学出版会
宮本憲一・遠藤宏一編著［2006］『セミナー現代地方財政Ⅰ「地域共同社会」
　　再生の政治経済学』勁草書房

（高端　正幸）

第 4 章

予 算 論
地方自治体のお金の使い道はどのように決まるのか

　サークルやクラブなど多数の人々が集まって活動を行う場合，参加者からそれぞれ会費を集め，会の運営をまかなうことはよくあります。ですが，集めた会費を何に使っているのか，その使い方は妥当なのかを確認しなければ，せっかく集まった会費が，一部の管理者によって無駄だと思うようなことに使われてしまうかもしれません。また，会員の話し合いで使い方を決めることとした場合，さまざまな意見が出て，まとまらないかもしれません。会費の金額や集め方についても，さまざまな方法があるでしょう。

　地方自治体が行政サービスを提供する場合にも，似たようなことがいえるでしょう。何千人，何万人もの人々がかかわる地方自治体の財源調達方法や支出について，集合的意思決定を行うことは容易ではありません。地方自治体はさまざまな行政目的に対して財源を割り振り，事務事業を執行しています。それらのなかには，みなさんが「無駄」と思うような事業もあるかもしれません。では，なぜそのように使い道が決められていくのでしょうか。

　地方自治体は租税を徴収し，行政サービスを提供していますが，その決定，執行，監査といった一連の仕組みを予算制度と呼びます。この章では，地方自治体の予算について考えます。

1　予算制度の意義と自治体予算

1.1　財政民主主義と予算

　予算とは，財政収入と財政支出の見積もりを記載したもので，国や地方自治体の活動内容を資金的に裏づけるものです。したがって，予算をみれば，国や地方自治体の活動計画の全体像を知ることができます。表 4-1（66〜67 頁）は，ある市の 2022 年度歳出予算書からごみの焼却場にかかる費用のページを抜粋したものです。この市ではごみの焼却場費として，年間約 37 億 6130.8 万円を予算計上していることがわかります。これは人口 1 人当たり約 2441 円となっています。これだけのコストがかかっていることを知ることで，ごみ減量に取り組もうと考える人も出てくるかもしれません。

　私たちが受け取る行政サービスの内容や，その費用負担について，民主主義社会では，住民を代表する議会において決定が行われます。そして行政には，議会での決定に基づいて，サービスを計画的・効率的に提供する責任があります。行政の責任者である首長は，次年度の活動内容と資金調達の方法について提起し，議会の承認を得なくてはなりません。

　このように，予算とは，次年度における国や地方自治体の活動内容を資金的に裏づけるもので，行政が作成した原案を議会で審議・議決することを通じて，

表4‐1■予算書の例（環境費＞ごみ処理費＞焼却場費の詳細を抜粋）

款	項	目	本年度予算額	前年度予算額	比較	本年度の財源内訳	
						特定財源	一般財源
議会費	……						
総務費	……						
市民文化費	……						
⋮							
環境費	環境管理費	……					
⋮	公害対策費	……					
	ごみ処理費	1 ごみ処理総務費	……				
		2 生活環境普及費	……				
		3 産業廃棄物指導費	……				
		4 焼却場費	3,761,308	3,772,655	−11,347	使用料及び手数料 39,462 財産収入 361,151 諸収入 1,223,688 市債 40,000 計 1,664,301	2,097,007
		5 粗大ごみ処理場費					
		6 廃棄物海面埋立費					
	し尿処理費 施設費						

注）カッコ内の数字は内訳。
出所）川崎市『令和4年度 川崎市一般会計予算』156～157頁。

地方自治体の経済活動である財政の運営をコントロールするという財政民主主義を体現するものなのです。予算は，議会の承認を経て執行されますが，執行が適切であったかどうかについても，事後的に議会で認定することとされています。君主が独裁的に歳入・歳出を決めるのではなく，議会を通じて統制することが，財政民主主義の基本です。そこでは，予算の決定段階における民主的な意思決定過程と，執行段階における合理的・効率的な財政運営の両方が課題となっています。

節		目の説明	
区分	金額		
2 給料	85,681	ごみ焼却費	3,137,247
3 職員手当等	23,216	ごみ焼却費	(2,272,867)
9 旅費	2	放射性物質対策事業費	(166,750)
10 需用費	741,625	焼却場車両整備事業費	(84,829)
11 役務費	3,143	廃棄物軟化対策事業費	(612,801)
12 委託料	2,708,796	資源化処理費	592,701
13 使用料及び賃借料	15,954	資源化処理運営事業費	(576,399)
17 備品購入費	153,106	使用済み乾電池処理事業費	(16,302)
18 負担金補助及び交付金	3,030	環境マネジメントシステム管理事業費	1,105
22 償還金利子及び割引料	3	その他経費	30,255
26 公課費	26,752		

1.2 予算原則論

予算は財政民主主義を体現するものとして重要であると述べましたが，そのためには，予算の決定過程における民主性，執行過程における不正防止や合理性，効率性の確保がめざされます。これは国の予算，地方自治体の予算のいずれについても当てはまるものです。

予算を通じて財政が適正かつ効率的に機能するよう，予算の策定や運営について，そのあるべき姿を定めた原則（**予算原則**）が設けられています。地方自治法では，この予算原則について，①総計予算主義の原則，②単一予算主義の原則，③予算事前議決の原則，④会計年度独立の原則，⑤予算公開の原則，⑥

費目間流用の禁止が規定されています。

①総計予算主義の原則とは，歳入・歳出のすべてを漏らすことなく，予算に記載しなくてはならないという原則です。

②単一予算主義の原則とは，歳入・歳出を記載する予算は1つだけであり，複数の予算をつくらないという原則です。予算に記載されない隠れた財源や，複数予算の並立が認められてしまうと，裏金が横行したり，予算が複雑になるなど，議会を通じた民主的な統制ができなくなる危険性が生じてしまうためです。特別会計の設置は複数予算を認めることになるため，この原則に反することとなります。しかしながら現実には，特定の事業について独立した会計を設けて，そこでの収入と支出の関係を明確に示すことが大切と判断されることがあります。そのため地方自治法では例外的に特別会計を認めています。

③予算事前議決の原則とは，会計年度が始まる前に，予算はあらかじめ議会で議決されなくてはならないという原則です。議会の議決がない場合には，予算を執行することはできません。2013年にアメリカ連邦議会が予算を承認しないまま新年度に入った際には，連邦政府の窓口や図書館・美術館などが業務を執行できなくなり，一時閉鎖となったことがありました。こうした事態を引き起こさないためには，新年度に議会の議決が間にあいそうもない場合には，当面必要な最低限の支出だけを認める暫定予算を議決し，本予算は引き続き審議するという手順を踏むことになります。

④会計年度独立の原則とは，年度の歳出はその年度の歳入でまかなわなければならないという原則です。翌年度以降の財源を当てにした歳出や，複数年度にまたがる歳出計画を盛り込んだ予算は，原則として認められていません。これとあわせて**予算の単年度主義**の原則があります。予算は，会計年度ごとに議会で議決することが定められているのです。現役世代が将来の歳入を当て込んで，複数年度の歳出を先に決めてしまった場合，将来世代は，使途の決定に参加できないまま，先々で租税の支払いだけを求められる恐れがあります。毎年の歳出と歳入のあり方をその都度決めていくことで，人々がその時々の予算の決定に参加できるようにすることが保障されているのです。

⑤予算公開の原則とは，予算に関する情報はすべて住民に公開されなくてはならないとする原則で，財政民主主義の基本となる考え方です。

⑥費目間流用の禁止とは，あらかじめある費目に使うこととされていた予算を，他の費目に充てることは認められないという原則です。これを認めてしまうと，議会における決定が歪められる恐れがあるためです。

このように，予算原則論は，民主的意思決定を通じて，財政を統制するために必要な原則を示したものとなっています。

1.3 地方自治体の予算と国家財政

予算は，行政によって策定され，行政の長が提出した原案を，議会が審議・議決し，議決内容に基づいて行政が執行するものとなっています。地方自治法では，議会における予算決定，決算認定，そして財政状況や予算・決算の内容を住民に公表することを規定しています。それに加えて，住民が議会の議決等に不服がある場合には，住民による監査請求についても規定しています。

ところが，地方自治体の予算は，必ずしも行政，地方議会，そして住民の判断によって決めることができるわけではありません。前章まででみてきたように地方財政は国の財政と密接な関係があり，地方自治体が担う事務のなかには，国が法令でその執行を定めたものも含まれています。もし，議会が予算を議決する際に，これら法令で定められた事業の執行を認めず，その経費が予算案のなかに含まれていない場合，地方自治体の首長は，国の法令に基づいて，その事業にかかわる予算執行を行うことが認められています。また，地方財政法では「国と地方公共団体との財政秩序の確立」について規定しており，地方自治体が独自に税を創設する場合や，地方債を発行する場合にも，国との事前協議や届出等が必要とされています。

前章まででみてきたように，日本の地方財政収入は，国からの財政移転に依存する傾向にあり，また歳出についても，さまざまな分野において，国が法令で定めた事務事業を担うことが法令等で規定されています。つまり，その財政運営については，国の財政運営方針や地方財政計画，そして各分野ごとの法令による規定とは切り離せない関係にあり，予算についても，地方自治体が単独ですべてを決めることが難しい構造になっているのです。

図4-1■予算の一生

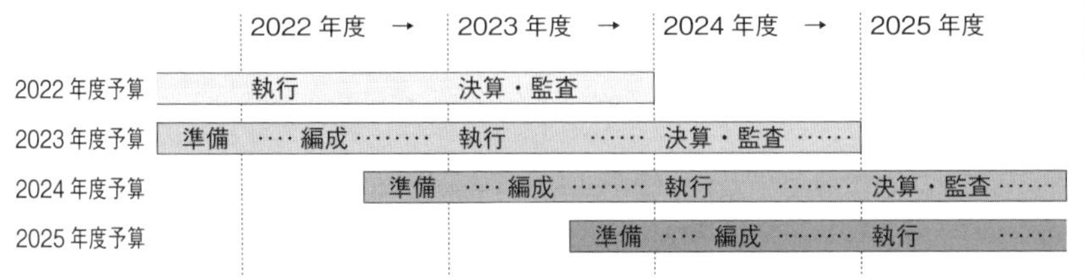

	2022 年度 →	2023 年度 →	2024 年度 →	2025 年度
2022 年度予算	執行	決算・監査		
2023 年度予算	準備 …… 編成 ……	執行 ……	決算・監査 ……	
2024 年度予算		準備 ……編成 ……	執行 ……	決算・監査 ……
2025 年度予算			準備 ……編成 ……	執行 ……

出所）筆者作成。

1.4　予算の一生と予算循環

　予算は単年度主義であると説明しましたが，予算編成や執行に際し，ある年度の予算は，前年度の予算や後年度の予算と関係ないわけではありません。むしろ前後の年度の予算と密接な関係をもちながら，運営が行われています。そのことを理解するために，予算の一生（図4-1）を考えてみましょう。1つの予算が生まれてからその役割を終えるまでには複数年度を要するのですが，これを「予算の一生」ということがあります。たとえば，2023年度に執行される予算は，前年（22年）度のうちに，行政によって原案策定が行われ，議会で審議され，成立が決まり，成立した予算は23年度に執行されます。そして，翌（2024）年度に，これが成立した通り執行されたかどうかが決算ならびに監査で確認され，議会での承認を経てその一生を終えるのです。

　さらに，複数年度にわたる**予算過程**のなかで，各年度の予算はそれぞれが独立して動いているわけではなく，相互に影響しあいながら運営されています。2023年度には，23年度予算が執行されていますが，それと並行して，すでに執行を終えた22年度予算が決算段階に入っており，さらに24年度予算が次年度の執行に向けて編成されています。編成されている次年度予算は，それ以前の年度の予算水準と実績を踏まえながら策定されており，過去の予算が将来の予算に影響を与えているのです。表4-1の焼却場費の予算の例に示されるように，予算書には前年度予算額と当年度予算額，さらにその差額が記載されます。前年度と比較した予算の金額を示すことで，行政運営の変化の有無を確認することができるのです。このように複数年度の予算が並存し，過去の予算が先々の予算に影響を与えつつ運営されていくプロセスを予算循環といいます。

2 地方自治体の予算制度

2.1 予算の種類

　第1章でみたように，地方自治体の会計には一般会計，特別会計などがあり，それぞれの会計について予算が策定されます。地方自治体の予算をみる際には，一般会計だけでなく，特別会計などにまで目配りすることが大切です。一般会計は健全財政であっても，特別会計が巨額の債務を抱えている自治体もあり，一般会計から特別会計への資金の繰り出しが行われることもあるためです。

　また，予算には，前年度末に議会で議決された後，新年度の初めより執行される当初予算と，年度途中で生じた事情により，追加や変更を加えた補正予算があります。国の政策方針が年度途中で変わることや，自然災害などによって年度途中に緊急の財政需要が生じる場合などに，補正予算が組まれます。また，年度途中に首長選挙が実施される場合には，選挙結果によって，自治体の行財政運営のあり方が大きく変わることも想定されることから，当初予算には政策的経費をあまり盛り込まず，必要最低限の義務的経費だけを骨格予算として計上し，首長選挙が終わった後に，補正予算で政策的経費を計上することがあります。このほか，本予算が年度当初に成立する見込みがなく，成立までの間の最低限の必要経費だけを計上した予算のことを暫定予算と呼びます。

2.2 予算の内容

　予算書の目次ともいえる構成についてみてみましょう。予算は，①歳入歳出予算，②継続費，③繰越明許費，④債務負担行為，⑤地方債，⑥一時借入金，⑦経費の流用，の順でまとめられています。

　1番目の歳入歳出予算とは，予算の本体に当たる部分です。歳入歳出の「歳」とは1会計年度を指し，歳入歳出予算とは，1会計年度（通常1年）単位でみた収入と支出の内訳を記載したものです。これをみることで，地方自治体がどのように収入を得て，それをどのように支出するのかを読み取ることができます。前掲の表4-1は，この歳入歳出予算のなかの1項目を抽出したものです。

②継続費，③繰越明許費，④債務負担行為はいずれも，単年度では収入・支出が完結できず，複数年度にまたがる予算を，単年度予算の例外として記述したものです。②継続費とは，ある事業を単年度で実施するのが困難であり，数年度にわたって支出する必要がある場合，その経費の総額と，毎年度の支払額を定めたものです。③繰越明許費とは，単年度で完了する予定だった事業の支出が単年度で終わらない見込みが生じた場合，予算の議決を経て，次年度に繰り越して使用することのできる経費です。たとえば，当初は年度末までに事業を終えられるはずだったにもかかわらず，国からの補助金額の確定が遅れたり，建設業者の数が足りず，入札不成立で受注業者が決まらないまま年度末を迎えることが予想される場合などがあります。こうしたときには，それに要する財源を残し，翌年度に繰り越すのです。④債務負担行為とは，公共事業などの契約だけを年度内に行い，実際の支出は次年度に発生することです。当該年度に実際の支払い（費用）が発生していないことから，債務負担「行為」と呼ばれます。当該年度に財源は必要ではありませんが，翌年度以降に歳出が生じるので，あらかじめ議会の議決を経ておく必要があるとされています。これら（②〜④）はいずれも予算の単年度主義の原則に反するものです。しかしながら，会計年度独立の原則を必ずしも守ることができない現状があることから，制度的に対応する仕組みとして，導入されています。

　⑤地方債と⑥一時借入金は，いずれも借入による財源調達に関する取り扱いです。⑤地方債は複数年度にわたる借入であるのに対し，⑥一時借入金は当該年度内に償還される借入をいいます。財政運営においては収支均衡原則があり，借入による財源調達は認めないという考え方が古くから採用されてきました。これに対し，20世紀以降，公共部門が景気対策などを通じた経済安定化政策を行う必要性から，不況時に公債発行を行って財源を調達し，好況時に挙がった税収でそれを償還するという考え方が財政運営に入るようになりました。また現実的に歳入不足に陥り，借入が不可避となることも起こります。そこで，起債による財源調達については，起債限度額，起債目的，起債方法，利率，償還方法を明記したうえで，必要と認められる場合には議会の決定を経て借入が行われているのです。

　最後に⑦経費の流用についてです。すでに述べたように，予算原則では科目

間の歳出経費の流用は認められていません。ただし，各項の経費の流用については，あらかじめ，その流用について明記されたものにかぎって，議会が認めた場合，流用が認められています。

2.3　予算区分

　実際に，予算はどのような科目に区分されているのでしょうか。歳入については，租税，使用料などの性質別に，「款」に区分され，そのなかをさらに「項」そして「目」へと区分されています。一方の歳出は，目的別に，議会費，総務費，民生費などの「款」に分類され，さらにその内訳が「項」「目」に区分されます。くわえて，その内訳が性質別に 28 種類の「節」に区分されています。先ほどの表 4 - 1 を例にとれば，「款」環境費のなかに複数の「項」（環境管理費，公害対策費，ごみ処理費，し尿処理費，施設費）があり，そのなかの「ごみ処理費」の内訳に，「目」（ごみ処理総務費，生活環境普及費，産業廃棄物指導費，焼却場費，粗大ごみ処理場費，廃棄物海面埋立費）があります。そこからさらに「焼却場費」を取り出し，その詳細が記載されています。

　ただし，議会で議決対象となる予算は「款」「項」のみであり，「目」「節」は予算事項別説明書には記載されていますが，その内訳は執行上の問題であって，議決対象ではなく，執行過程において変更が生じることは認められています。

2.4　予算過程

　先述の通り，予算は，①編成，②審議・議決，③執行，④監査・決算，というプロセスでその一生を送ります。その期間は 3 年近くにも及ぶこととなりますが，この一連の流れを通じてある年度の決算が後年度の予算編成や執行へと作用していくプロセスを，予算循環と呼びます。

（1）予算編成

　地方自治法では，自治体の首長に予算編成権を与えています。ただし，地方公営企業に関する予算は，公営企業の管理者にその権限が与えられています。地方自治体では，首長が掲げた方針に基づいて，各種の施策を実現するための資金的裏づけが，予算に盛り込まれることになります。ところがもう一方で，

表4‐2■ある市における予算編成のスケジュール

7月下旬から10月	予算編成方針の通知
～11月中旬	予算要求書の作成・提出
11月下旬～	財政課等によるヒアリング
12月下旬	財政課査定・復活折衝
1月上旬～	地方財政計画案
1月下旬～	総務部長（財政部長）等査定
2月	首長査定
2月上旬	予算案公表
3月初旬から中旬	議会審議・議決

出所）筆者作成。

地方自治体は，法定受託事務など，国が定めた法律や制度に従って，各種の事務事業を担うことが求められており，国の予算編成方針や地方財政計画を踏まえた予算案の策定が必要となります。自治体には，両方の課題を踏まえた予算編成が求められているのです。

　地方自治体の予算は以下のようなプロセスで原案が策定されます（表4‐2）。まず首長による予算編成方針が示されます。これは首長の政策の方針とともに，財政運営方針を盛り込んだもので，その原案は財政担当部署によって作成されるのが通例です。これが公表されると，部署ごとに，この方針に基づいて見積もりを作成し，予算要求を行います。こうして各部署から提出された予算要求を受けて，財政担当部署が予算査定を行います。多くの場合，初めに各部署の予算要求の集計と財源とを照合し，つぎに個々の予算額の審査を行います。そして審査結果を踏まえて最終的に取りまとめた案を首長に提出します。予算額の審査に際しては，財政担当部署によるヒアリングが行われます。

　こうして取りまとめられた予算原案は，首長が最終的に査定を行い，これが終了すると，各部署に予算額が内示されます。内示を受けた後，復活折衝が行われて，その結果をもとに再査定が行われ，予算書としてまとめられ，議会に提出されます。この間に，国の財政運営や地方財政計画の動向も見定めながら，調整が行われていきます。予算原案は3月初旬までに固められ，議会に提出されます。

　(2) 審議・議決

　当初予算案は前年度の3月初旬までに議会に提出されます。

予算審議の過程では，議会に対する首長の優先的地位が保障されており，これが地方自治体予算の大きな特徴の1つとされています。予算の議決に際し，議会には増減額といった修正が認められています。しかしながら，議会による修正は，**首長の予算編成権**を侵害しない範囲に限るとされています。これは，議会が原案を大幅に修正した場合，行政による予算執行が困難になることを避けるためです。もし，議会が議決した予算について，執行できないものがあると首長が判断した場合には，首長は審議のやり直しを議会に求めることができるとされています。また，国の法令等で地方に義務づけられている経費を議会が減額し，首長が審議のやり直しを求めても議会が応じない場合には，首長は議会の議決に左右されることなく，その経費を当初の原案通り支出できることとされています。議会による予算審議の権限の一部が制限され，首長の予算編成権が優先されているのです。

（3）予算執行

　議会で成立した予算は，会計年度が始まると執行されます。まず，年度当初に予算執行方針が示されます。首長が各事業部署に対し支出負担行為の内容と限度額を示し，この限度額を超えない範囲で，各部署は財政担当部署に対して歳出予算書用見積額を四半期ごとに提出します。これをもとに財政担当部署が調整を行って，各四半期の支出額を決めていきます。

　このように四半期ごとに支出水準を決めるのには理由があります。地方自治体には年度当初に，当該年度に支出する予算の全額に相当する現金が蓄えられているわけではありません。租税は各年度の決められた時期に納付され，また地方交付税の交付額が確定するのは7月下旬です。国庫支出金の交付額も執行過程で少しずつ決まることになり，地方債の発行額も年度途中に決まります。このように，地方自治体では，財政資金が入る時期とその規模を見極めながら，歳出予算の水準を四半期ごとに調整し，短期的であってもできるだけ借入を行わずに運営するよう，工夫を行っているのです。

（4）監査・決算

　予算は会計年度終了とともに執行停止となります。その後，会計管理者による決算の調整が行われます。具体的には執行結果の収支について整理するために，5月末日まで出納整理期間が置かれ，その間に決算調整が行われます。会

計管理者はその後3カ月以内に決算を調整し，首長に提出します。首長はそれを監査委員の審査に付したうえで，議会に提出することとされています。議会では，次の通常予算の審議が行われるまでに認定することとされており，認定後には，知事または総務大臣への報告を行うとともに，決算を住民に公表することとされています。

　決算は本来，予算の執行結果を明らかにすることとあわせて，次年度以降の財政運営のあり方を検討するための指針や参考となるものです。ところが現在の決算制度は，収支の整理が中心となっており，次年度以降の予算にその結果が活用されているとはいえないことが問題とされてきました。また，議会においても，すでに使用した決算を否決しても仕方がないとして，議決ではなく，認定が行われるにとどまっていることが少なくありません。予算の執行状況やその成果について評価を行い，後年度の予算編成に活かしていくための，PDCA（Plan-Do-Check-Action）サイクルによる予算循環づくりが課題とされています。

 3　　地方自治体の予算制度改革

　予算は，地方自治体が行う事業や施策，そしてそれに要する財源調達の方法を決めるという重要な役割を担うものです。しかしながら，予算にはさまざまな課題が残されています。以下では，4つの課題を取り上げます。

3.1　国の財政と地方自治体予算

　第1に，地方自治体の予算と国の財政との関係です。先述の通り，地方自治体の予算は，行政が策定した原案を議会で議決し，それが行政によって執行されることとされています。ところが，実際には，その策定にあたっては，さまざまな国の方針に規定されることとなります。

　すでにみてきたように，地方自治体は生活保護や義務教育など，各種の法定受託事務を担っていますが，これらの事務は国が定めた規定に基づいて実施することが法令で定められています。また，これ以外に地方の自治事務を実施する場合であっても，さまざまな国の関与を受けることがあります。実際に，こ

れらの事務事業を実施する経費について，その一部を国が基準を決めて，国庫支出金や地方交付税により，地方自治体に交付しています。また，毎年の地方財政の運営方針については，国が策定した地方財政計画に基づいて運営されているのです。

　このように，地方自治体が事業を実施する際に，国が事業を決めたり，それに要する財源を手当てしている以上，歳入・歳出の両面で，自治体は国の方針を踏まえつつ，予算原案を策定しなくてはなりません。なかでも，国の予算編成過程で策定される地方財政計画の動向は，地方自治体の予算編成に大きな影響を与えるものとなっています。

　予算が成立し，執行されてからも，地方自治体は国の方針に翻弄されることがあります。たとえば，地方交付税の各自治体への交付額は毎年7月に決定されます。また各地方自治体への国庫支出金の配分額や，地方債発行に当たっての条件確定は，それ以降の決定となっています。さらに，国が景気対策などの必要から年度途中に事業を急遽創設し，地方自治体にその実施を求めることもあります。そのたびに，地方自治体では補正予算を策定するなど，各種の調整を行って対応することを余儀なくされているのです。

　地方自治体が自立した財政運営を行うには，予算過程におけるこうした年度途中の対応を縮減し，複数年度にわたって計画的に事業と財源の見通しを立てながら，財政運営を行っていくことが求められます。他方で，行政の役割は多様化・複雑化しており，国と地方自治体が相互に連携しながら対応を図ることも求められています。地方自治体の財政運営の自立を考えたとき，こうした国の財政との関係をどのように整理することが望ましいかが問われているのです。

3.2　財政運営の効率化と予算過程

　第2に，財政難と人口減少時代に，どのように予算を決めていけばよいかという問題があります。経済が右肩上がりだった時代には，毎年の税収は自然に増加し，国から地方自治体への補助金や地方交付税など財政移転の水準も増大していました。地方自治体は予算編成に際し，前年度実績を基準とした前例踏襲型で，それに一定の比率で上乗せを行い予算配分額を決定する増分主義による財政運営を行うこともできました。新たな財政需要が出てきても，それに対

応できるだけの追加的な財源を確保することも可能でした。ところが1990年代後半以降，財政状況が厳しくなるにつれて，歳出削減が求められることとなりました。予算編成の段階で，どの施策を優先して予算を配分するかという順位づけが行われ，限られた財源のなかで事業を決定するようになりました。また前年度の予算額とは関係なく，1つひとつの事業の必要性を根本から見直すゼロベース予算や，数年単位で期間を設定して予算配分を行い，期限がきたら事業を停止するサンセット方式などが，政策的経費を中心に導入されるようになりました。

　さらに，効率的な行財政運営のためには，民営化と広域化による改革も進められています。予算との関係でいえば，民間セクターによるサービスと公共セクターによるサービスとでコスト比較が行われるようになり，それに先立って，民間で使用している発生主義会計方式による複式簿記の導入が求められるようになりました。地方自治体の予算は，長い間官庁会計方式に基づく現金主義，単式簿記が採られてきました。現金主義とは，現金の流れを確認しながら出入りを記載する方式です。これに対し，発生主義とは，契約が成立し，債務・債権関係が生じたところで記述を行う方式です。また，同時に資産や負債の状況について記述する複式簿記を取り入れた新たな公会計制度の導入を通じて，行政経営の観点が，地方自治体の財政運営に求められるようになっています。

　コスト削減に向けて，上下水道などの公営企業を中心に，個別の地方自治体で事業を行うのではなく，広域的な範囲で連携してサービスを提供する改革も進められています。地域によって住民ニーズに違いがある場合には，自治体が個別にサービスを提供するほうが効率的との考え方もありますが，厳しい財政状況のもとで，複数の市町村の連携・協力や，都道府県を単位として事業規模を拡大し，規模の経済性による効率化に取り組み財政基盤の安定を図ろうとする改革が進められています。その場合には，予算編成においても周辺自治体との連携によって方針を定める必要が生じることから，住民からの距離が遠いところで，事業規模や運営方法などが決定されていくという課題が生じます。

　いっぽう，最近では，財政運営の効率化の視点に加えて，その支出を通じて住民の満足度や幸福度（ウェルビーイング）の達成度を評価できるような予算過程を模索する試みが生まれています。個々の施策や事業の目的と成果を明確

にしたうえで，事業を通じてそれがどの程度達成できたのかを評価しながら行財政運営を行う **EBPM**（Evidence Based Policy Making：指標に基づく政策立案）の導入と活用が各地で模索されるようになりました。

3.3 行財政運営の中長期的展望と予算

第3に，予算の単年度主義をめぐる課題があります。地方自治体は，地域の将来像と行財政運営の方向性を示した**総合計画**を策定しています。総合計画はおおよそ10年先を見据えて策定される基本構想と，それに基づいて5年程度の施策の体系を示した基本計画，さらに具体的な実施計画の3層型で策定されることが一般的です。2011年に地方自治法が改正され，基本構想の策定を義務づける制度は廃止されましたが，今日でも，ほとんどの都道府県・市町村が総合計画を策定しています。

本来，地方自治体の予算は総合計画を踏まえたものとなっているはずですが，実際には予算と総合計画は必ずしも整合的ではありません。総合計画は，各自治体の5年先や10年先の社会資本整備や社会福祉などの姿を提示します。これらの計画を実現するには，複数年度の予算の見通しをもっておくことが必要となります。これに対し，予算は会計年度独立の原則に基づいて，年度ごとに編成を行うこととされています。すなわち，複数年度にまたがる支出を予算計上することは基本的に認められていません。また，自治体が中長期的な財政計画に基づいて予算を編成する難しさもあります。社会経済情勢の変化や国の制度変更などにより，補助金や地方交付税の配分額が変更されれば，地方自治体の行財政運営には大きな影響が生じます。時には，当初の計画や財政見通しそのものを変更せざるをえなくなることも生じるなど，中長期的な財政運営のシナリオを立てることが難しい状況にあるのです。

しかしながら，単年度で場当たり的な予算編成を行ってしまうと，借入の増大や将来の支出への備えが不十分となる恐れもあります。そこで多くの地方自治体では中期財政計画を策定し，5年から10年先の税収や財政支出を推計しています。また推計結果に基づき，財政運営について一定の規律を定めながら，毎年度の予算策定に取り組んでいます。

戦略的な予算編成を行うために，ローリング方式を採用する自治体も出てき

ました。ローリング方式とは，現状と計画のずれを確認し，調整しながら施策
や事業の見直しや部分修正を毎年転がすように行っていく手法です。たとえば
3年先までの施策や事業の目標と達成状況ならびに毎年度の事業費見込額を確
認しながら，次年度予算を編成する自治体もあります。

　実際には，地域の社会経済見通しを明確に示し，総合計画を踏まえた予算編
成を行うことは容易ではありません。総合計画と予算をリンクさせるには，行
政内部における企画部門・財政部門・事業担当部門が連携しながら，計画を策
定し，施策や事業の見直しを図りながら，毎年度の予算編成を行う必要があり
ます。そこでは，各施策や事業を通じてどんな地域をめざすのかというビジョ
ンとゴールを明確にすることも必要です。

　2014年にまち・ひと・しごと創生法が制定され，地方自治体は人口減少・
少子高齢化のもとで，活力ある地域社会の構築に向けて総合戦略を策定するこ
ととされました。人口減少と財政難のもとで，いっそう効率的かつ戦略的な行
財政運営が期待されています。国から地方への安定的な財源保障の必要性とと
もに，地方自治体には，中長期的な行財政運営の見通しを踏まえた予算編成が
求められているのです。

3.4　予算と住民参加

　第4に，予算における住民参加の問題があります。近年，議会での審議・議
決にとどまらず，直接的な住民参加の機会を求める動きもみられるようになっ
ています。こうした**参加型予算**の取り組みを通じて，予算過程に住民の声を直
接反映させるためのさまざまな工夫がみられるようになりました。たとえば，
鳥取県智頭町では，予算編成段階で，住民の意見を聴き，それを原案に反映さ
せる百人委員会制度を設けています。また，鳥取県では，予算編成のプロセス
を県民に公表するために，各部署ごとに作成された予算案について，庁内での
検討段階のどこで調整や改定が図られたのかを情報公開するなど，予算案を策
定する行政職員の意識改革に結びつけるような取り組みも行われていました。

　しかしながら，予算の策定については，多くの課題があります。そもそも予
算書は，行政職員や議会を対象に作成されており，その様式は地方自治法で定
められています。したがって，一部の行政職員にはその内容は理解できても，

一般の住民には非常にわかりづらいものとなっています。住民参加を広げるには，こうしたわかりづらい予算書を，住民にわかりやすい形で記述し，公開する取り組みが求められています。地方自治体のなかには，議会提出用の予算書とは別に，住民を対象とした説明資料を工夫して作成しているところもあります。北海道ニセコ町では，住民向け予算説明資料として「もっと知りたいことしの仕事」という冊子を作成し，毎年住民に配布しています。そこでは，事業の内容や，予算額の根拠がわかりやすく示されています。このほかにも，他の地方自治体との比較により，自分たちの地域の予算の特徴をわかりやすく示すような工夫を行う自治体の例もあります。

　このように，住民に対する予算や財政運営における情報公開は進みつつありますが，予算編成や決算の過程で住民参加の機会を設けているところはまだ多くはありません。間接民主制のもとでは，議会を通じた予算統制が必要であることはいうまでもないことです。しかしながら，地方議会による予算の統制には限界もあります。したがって，執行機関としての行政が，予算編成の段階から住民の意見をくみ上げ，予算に反映できるかどうかが問われています。今後，デジタル化の進展にともない，オンラインで多様な市民の意見を集め，議論を集約し，政策に結びつけ予算への反映を行う地方自治体も登場するなど，参加の手法は多様化していくと考えられます。その際には，当該年度の自治体財政の状況にとどまらず，中長期的視点から，地域の社会経済情勢を踏まえた財政見通しを公表し，その将来のあり方を見据えた，歳出と歳入の方向性を考えていくことが求められているといえるでしょう。

● 演習問題 ●
① 予算の単年度原則に対し，複数年度で事業を行う必要がある場合，地方自治体ではどのような対応を行っているのか調べてみましょう。
② 地方自治体が予算編成を行う際に，住民の意見をどのような形でくみとり，予算に反映させているか，具体的な事例について調べてみましょう。
③ 地方自治体が予算案を策定する際に，国の財政運営からどのような影響を受けているのかを調べてみましょう。

● 読書案内 ●

井手英策［2013］『日本財政 転換の指針』岩波書店（岩波新書）

　予算そのものを取り扱った本ではありませんが，鳥取県智頭町の百人委員会の話を含め，予算過程を含めた財政運営における「参加」について考える手がかりになる一冊です。

定野司［2013］『一番やさしい自治体予算の本』学陽書房

　地方自治体の予算過程や予算制度についてわかりやすく解説されています。予算書の読み方についても説明されており，身近な地方自治体の予算について知りたいと思う人にとって，手がかりになる一冊です。

日本都市センター編［2012］『自治体の予算編成改革──新たな潮流と手法の効果』ぎょうせい

　人口減少，財政難の時代の予算編成の動向について紹介されています。地方自治体の予算編成をの現状と課題をわかりやすく取りまとめた一冊です。

● 参考文献 ●

稲沢克祐［2019］「わが国自治体における予算編成改革に関する考察」『商学論究』関西学院大学，第 66 巻第 4 号，233〜249 頁

神原勝・大矢野修編著［2015］『総合計画の理論と実務──行財政縮小時代の自治体戦略』公人の友社

佐藤徹編著［2021］『エビデンスに基づく自治体政策入門──ロジックモデルの作り方・活かし方』公職研

丹下甲一編［2007］『財政運営システムと予算の新展開』ぎょうせい

日本都市センター編［2012］『自治体の予算編成改革──新たな潮流と手法の効果』ぎょうせい

（沼尾　波子）

第Ⅱ部
地方自治体の収入

第5章
地方自治体の収入構造
どうやって財源を調達するのか

　地方自治体は，サービスを行うための財源をどうやって調達するのでしょうか。政府だから，税金だろうと考えるのが普通です。たしかに地方自治体収入の中心は地方税です。ただし，それがすべてではありません。

　全国の地方自治体が同じ税制をもっていても，十分なサービスを行えない地域もあります。その場合でも，標準的サービスを行う財源が保障されなければなりません。また，国が地方自治体に特定の事業を行わせたい場合，金銭的に支援することもあります。さらに，子どもを保育所に入れる，役所で証明書をもらう，といった個別的なサービスを受ける人に負担を求めることがあります。なお，公共施設を建設するときに中長期的な資金を借り入れることもあります。

Key Questions
□ 地方自治体の収入はどのように分類することができるのでしょうか。
□ 地方自治体の収入は，全体としてどのように推移しているのでしょうか。

Keywords
自主財源　依存財源　一般財源　特定財源　地方税　地方譲与税　地方交付税
国庫支出金　都道府県支出金　地方債　受益者負担

表 5‐1■地方自治体の収入（2019 年度普通会計歳入決算）

（単位：億円，％）

| | 都道府県 | | 市町村 | | 純　　計 | |
	金　額	構成比	金　額	構成比	金　額	構成比
地方税*	207,036	40.7	205,079	33.4	412,115	39.9
地方譲与税	21,848	4.3	4,290	0.7	26,138	2.5
地方特例交付金等	1,558	0.3	3,125	0.5	4,683	0.5
地方交付税	86,313	17.0	81,080	13.2	167,392	16.2
道府県税／市町村税からの交付金	9	0.0	27,131	4.4	–	–
小計（一般財源）	316,763	62.2	320,705	52.2	610,328	59.1
国庫支出金	59,534	11.7	98,810	16.1	158,344	15.3
都道府県支出金	–	–	41,659	6.8	–	–
使用料，手数料*	8,500	1.7	13,191	2.1	21,691	2.1
分担金，負担金*	2,791	0.5	5,962	1.0	5,160	0.5
財産収入*	2,203	0.4	4,138	0.7	6,341	0.6
寄附金*	202	0.0	5,330	0.9	5,531	0.5
繰入金*	15,036	3.0	22,512	3.7	37,548	3.6
繰越金*	13,999	2.7	17,063	2.8	31,061	3.0
諸収入*	34,103	6.7	20,741	3.4	47,749	4.6
地方債	56,009	11.0	52,948	8.6	108,705	10.5
特別区財政調整交付金	–	–	10,992	1.8	–	–
合計	509,140	100.0	614,051	100.0	1,032,459	100.0
うち自主財源（*印）	283,869	55.8	294,016	47.9	567,196	54.9

注）「国庫支出金」には，交通安全対策特別交付金および国有提供施設等所在市町村助成交付金
を含む。
出所）総務省編『地方財政白書』2021 年版，資料編・第 10 表より筆者作成。

 1　地方自治体収入の分類

　地方自治体の 2019 年度普通会計歳入を示したのが表 5‐1 です。地方自治体
の収入は，①誰が徴収するのか，②使途があらかじめ決められているか，とい
う 2 つの視点から分類することができます。

1.1　自主財源と依存財源
　地方自治体が自ら徴収する財源が**自主財源**です。そこには，地方税だけでな
く，保育料・公営住宅家賃などの使用料，戸籍関係の証明書・自動車運転免許

表5‐2■地方自治体収入の分類（おもな収入項目のみ）

	一般財源	特定財源
自主財源	地方税	使用料, 手数料, 分担金, 負担金
依存財源	地方交付税, 地方譲与税	国庫支出金, 都道府県支出金, 地方債

出所）筆者作成。

などの手数料, 下水道などの分担金, 複数団体の共同事業に伴う負担金, 公有財産の売却もしくは貸与による財産収入, 個人・法人からの寄附金, 他会計・基金からの繰入金, 前年度からの繰越金, 融資の返済金および競馬・競輪収入などからなる諸収入が含まれます。2019年度, 自主財源は56.7兆円と, 収入の54.9%を占めています。

それに対して, 国の意思（市町村の場合は都道府県の意思も含む）により定められた金額を配分されたり, 割り当てられたりする財源を**依存財源**といいます。具体的には, 地方交付税, 地方譲与税, 地方特例交付金等, 国庫支出金, 都道府県支出金, 道府県税／市町村税からの交付金および地方債があります。

地方自治体の自律性を高めるために自主財源比率を高めることが望まれます。

1.2　一般財源と特定財源

収入のうち, 地方自治体の判断でどのような経費にも充当できるものを**一般財源**といいます。地方税, 地方交付税, 地方譲与税が代表的な一般財源ですが, 地方特例交付金等と道府県税／市町村税からの交付金も含まれます。2019年度, これらの合計は61.0兆円であり, 歳入の59.1%にあたります。

それに対して, 使途が具体的な事務・事業の経費に限定されているものを**特定財源**といいます。具体的には, 国庫支出金, 都道府県支出金, 使用料・手数料, 分担金・負担金, 地方債などがこれにあたります。ただし, 特定財源の一部が一般財源に振り替えられて, 使途を問わずに支出されることもあります。

一般財源の比率を高めれば, 地方財政運営の自主性を強めることができます。

自主財源／依存財源と一般財源／特定財源を組み合わせておもな収入項目を分類したのが表5‐2です。なお, 地方税には「目的税」（都市計画税など）もあります。しかし, それは具体的な事業の経費に充てることを義務づけられて

いないので，一般財源の枠に入れて考えることができます。

 2 　地方自治体収入の概要

2.1　地　方　税

　地方税は，地方自治体がサービス経費の財源として，自ら住民などに負担を求めるために，強制力をもって徴収する税金（租税）です。地方税は自主財源かつ一般財源であるため，地方財政の自主性を高めるために最もふさわしい財源です。

　地方税は収入の約4割を占めており，量的にみても自主財源の中心であり，かつ一般財源の中心です。地方税について，詳しくは第6章で述べます。

2.2　地方譲与税

　地方譲与税は，本来は地方税であるものを，徴税の便宜などを考慮して，いったん国税として徴収し，それを地方自治体に客観的基準で配分するものです。現在，表5-3に示したように7つの地方譲与税があります。そのうち地方揮発油譲与税，石油ガス譲与税および自動車重量譲与税は，従来は予算において道路整備に充てることを義務づける道路特定財源でした。しかし「使途が決まった税収が入ってくると無駄な道路建設を助長する」との批判が強まり，2009年から一般財源化されて，使途制限がなくなっています。

　2022年度現在，使途制限があるのは航空機燃料譲与税と森林環境譲与税です。そのうち森林環境譲与税は2019年度に導入されましたが，当面その財源は交付税及び譲与税配付金特別会計の借入金（19年度）もしくは地方公共団体金融機構の公庫債権金利変動準備金の活用（20年度以降）によりまかなわれています。国が森林環境税を課税するのは2024年度からの予定ですが，その課税は市区町村が個人住民税均等割と併せて1人年額1000円を徴収して国庫に払い込む仕組みをとります。

　ただし，第6章でふれるように，森林保全などの地域環境対策のために道府県民税均等割などの超過課税が独自に行われる例がみられるなかで，それと競合する形で，国税として負担が逆進的な新税を導入するとともに，その賦課徴

表 5‒3■地方譲与税制度の概要（2022 年度現在）

名称	財源となる国税	譲与先	譲与基準	使途
地方揮発油譲与税	地方揮発油税収入額の全額	都道府県（58/100）市町村（42/100）	［都道府県］ 　一般国道・高速自動車国道・都道府県道の延長（1/2）・面積（1/2） ［市町村］ 　市町村道の延長（1/2）・面積（1/2）	制限なし
石油ガス譲与税	石油ガス税収入額の1/2	都道府県・政令市	一般国道・高速自動車国道・都道府県道の延長（1/2）・面積（1/2）	制限なし
自動車重量譲与税	自動車重量税収入額の431/1000	市区町村（407/431）都道府県（24/431）	［市区町村］ 　市区町村道の延長（1/2）・面積（1/2） ［都道府県］ 　自家用乗用車（登録車）の保有台数	制限なし
航空機燃料譲与税	航空機燃料税収入額の4/13	空港関係団体 ・市町村（4/5） ・都道府県（1/5）	［市町村・都道府県共通］ 着陸料収入額（1/2）・騒音世帯数（1/2）	騒音による障害の防止，空港対策
特別とん譲与税	特別とん税収入額の全額	開港所在市町村（東京都を含む）	開港へ入港した外国貿易船の特別とん税収入相当額	制限なし
特別法人事業譲与税	特別法人事業税収入額の全額	都道府県	人口（ただし，財源超過団体に対する剰余制限がある）	制限なし
森林環境譲与税	森林環境税収入相当額（課税は2024年度から）	市区町村（22/25）都道府県（3/25）	［市区町村・都道府県共通］ 私有林人工林面積（5/10）・林業就業者数（2/10）・人口（3/10）	森林整備・その促進および市町村の支援など

出所）筆者作成。

収事務を地方自治体に負わせる点には問題があります。

2.3　地方交付税

　地方交付税は，国税のうちいくつかの税目の一定割合を原資として，地方税・地方譲与税だけでは一般財源が不足する地方自治体に交付する制度です。

　地方交付税は，依存財源ですが，地方自治体が共有する固有財源であり，地方自治体が標準的サービス（ナショナル・スタンダード）を行うことができるように財源保障を行うと同時に，財政力格差を是正する一般財源として重要な財政調整制度です。地方交付税について，詳しくは第7章で述べます。

2.4 その他の一般財源

国の所得税には，住宅ローンの年末残高の 0.4～1.0% を税額から控除する住宅借入金等特別控除制度がありますが，控除額が所得税額を超える分は個人住民税額から控除できます。その際，地方収入の減少を避けるために国が交付するのが地方特例交付金等です。

道府県税である道府県民税利子割・配当割・株式等譲渡所得割・分離所得割，法人事業税，地方消費税，ゴルフ場利用税，自動車税環境性能割および軽油引取税は，税額の一部が市町村に交付されます。反対に，市町村たばこ税の一部は都道府県に交付されます。

2.5 国庫支出金・都道府県支出金

国から地方自治体へ，使途を限定して交付されるのが**国庫支出金**です。これは依存財源かつ特定財源です。国庫支出金には，①国と地方自治体が共同責任を負う事務について交付される「負担金」，②国が地方自治体に特定の事務を奨励するための「補助金」，③国の事務を代行してもらう「委託費」があります。国庫支出金について，詳しくは第 8 章で述べます。

市町村の場合，**都道府県支出金**もあります。これには，国が都道府県を経由して交付するものと，都道府県が独自の判断で交付するものがあります。

2.6 地方債

地方自治体が年度を超えて借り入れる債務が**地方債**です。これは長期間使われる施設などの建設事業費に充てられます。これを建設地方債の原則といいます。地方債を発行する場合，都道府県・政令指定都市は国と，一般市町村は都道府県と，それぞれ協議する必要があるので，地方債は依存財源かつ特定財源といえます。ただし，地方財政計画上の財源不足を補うために発行される臨時財政対策債は一般財源とみなされます。地方債について，詳しくは第 9 章で述べます。

2.7 受益者負担的な収入

地方自治体のサービスのなかには，受益者を特定できる場合もあります。そ

の際，経費の一部について**受益者負担**的な制度が設けられることがあります。

第1に，公営住宅，保育所，高等学校などを利用する使用料があります。利用者の経済状況に応じて使用料を段階的に設定することもあります。

第2に，特定の者の利益を図る，免許・検査などを行うための料金が手数料です。具体的には戸籍手数料，自動車運転免許手数料などがあります。

第3に，地方自治体が一部の者のために行う事業の費用について，受益者から徴収するのが分担金です。都市計画・下水道などの事業分担金があります。

第4に，複数の地方自治体が共同負担すべき事業を実施する場合，事業を実施する側が相手側から徴収するのが負担金です。

これら受益者負担的な収入を合わせても，収入に占める割合は約3%です。

2.8　その他の収入

繰入金は，他会計からの資金移動および基金の取り崩しによる収入です。

繰越金は，前年度に生じた剰余金がその年度に繰り越されてくるものです。

財産収入は，地方自治体が所有する財産の売却収入や運用益からなります。

諸収入は，地方自治体が行う融資事業による元利収入，競馬・競輪などの収益事業収入，他団体の事業を請け負う場合の受託事業収入などです。

その他，個人や団体からの寄附金収入もあります。

 3　地方自治体収入の推移

地方自治体収入の対国内総生産（GDP）比を示したのが図5‐1です。1970年代以降，地方自治体の収入は拡大して対GDP比17〜20%前後で推移していますが，収入の中心は常に地方税です。また，80年代後半以降，政府間財源移転のうち一般財源である地方交付税が，特定財源である国庫支出金を上回るようになりましたが，近年は両者がほぼ同規模です。さらに，景気後退期に地方債の発行が増える傾向がみられます。

図5‐1■地方自治体収入の対 GDP 比

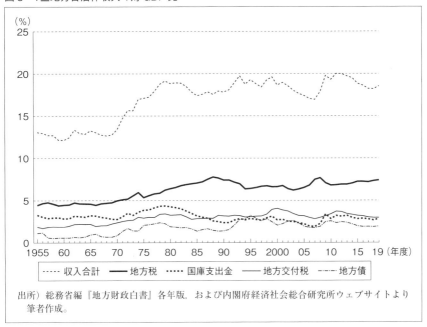

出所）総務省編『地方財政白書』各年版，および内閣府経済社会総合研究所ウェブサイトより
筆者作成。

● 演習問題 ●
① 地方自治体は自主財源の増大と一般財源の増大のどちらを重視すべきでしょうか。
② 市町村が行っている家庭ごみ収集は，有料・無料のどちらがよいでしょうか。

● 読書案内 ●
池上岳彦 [2004]『分権化と地方財政』岩波書店
　公共部門の基軸となる「分権的福祉政府」の財政構造を論じています。
神野直彦編著 [2000]『分権型税財政制度を創る──使え‼ 自主財源』ぎょうせい
　「歳入の自治」を重視した分権型の地方財政収入制度のあり方を論じています。

● **参考文献** ●

青木宗明編著［2021］『国税・森林環境税──問題だらけの増税』公人の友社

池上岳彦［2004］『分権化と地方財政』岩波書店

自治省財政局編［1996］『地方財政のしくみとその運営の実態』地方財務協会

神野直彦編著［2004］『地方財政改革（自治体改革 8）』ぎょうせい

吉田震太郎［1987］「地方財政を考える」佐藤進・高橋誠編『地方財政読本〔第3版〕』東洋経済新報社

（池上 岳彦）

第6章
地 方 税
最も重要な自主財源

　私たちには「納税の義務」（日本国憲法第30条）があります。しかし，そもそも私たちはなぜ税金（租税）を納めなければならないのでしょうか。

　私たちは1人で生きているわけではなく，社会において多種多様な関係を結んでいます。第2章で述べたように，社会システム，政治システムおよび経済システムを維持するためのサービスを展開し，社会を持続可能なシステムとして統合するのが財政の役割です。そして，サービスの現物給付と現金給付を行うための経費をまかなうのに必要な財源として，政治システムが強制的に，かつ個別的な見返りなしに，すなわち無償で，経済システムから調達するものが租税です。したがって，租税において最も重要なのは**財源調達機能**です。

　ただし，租税政策そのものが政策手段として用いられることがあります。

　第1に，租税を通じて所得・資産の再分配が行われます。所得税と相続税・贈与税においては所得・資産のうち高額の部分に高い税率が適用される超過累進税率が導入されます。それにより高所得者と資産家の税負担率が高まり，それが国民に広く行き渡るサービスの財源に充てられれば，それは再分配効果をもちます。

　第2に，租税が経済の安定に貢献することがあります。景気が悪くなれば税収は減少します。景気対策として減税が行われれば消費が刺激されます。それにより投資のチャンスが増えれば，景気回復が促進されます。ただし，財政収支は悪化するので，財政危機の懸念が生じれば景気対策は制約されます。

第3に，租税が特定の目的で，つまり目的税として賦課されることもあります。たとえば日本では，市町村が区画整理・街路整備などの都市計画事業を行う場合，その区域内の土地・家屋に都市計画税が課されます。

第4に，環境もしくは健康にマイナスの影響を及ぼす行為に課税して価格を上昇させ，消費を抑制することがあります。たとえば日本では，地球温暖化対策として石油石炭税を増税し，化石燃料の消費を抑制しようとしています。

第5に，研究開発投資への特別償却，寄附金の税額控除といった減税措置があります。それらは「隠れた補助金」もしくは「租税支出」（tax expenditure）と呼ばれますが，補助金にみえないために既得権化しやすいという問題があります。

租税をこのようなものとしてとらえた場合，地方自治体の最も重要な自主財源である地方税にはどのような特徴があるのでしょうか。

Key Questions
- □ なぜ私たちは地方税を納めなければならないのでしょうか。
- □ 地方税制度はどのような原則に基づいて組み立てられているのでしょうか。
- □ 地方税の税目にはどのようなものがあるのでしょうか。
- □ 国は地方税についてどのような規制を行っているのでしょうか。

Keywords
財源調達機能　公平　応能原則　応益原則（応益性）　水平的公平　垂直的公平
効率　簡素　地方税原則　課税自主権　住民税　事業税　地方消費税
固定資産税　環境関連税

 1　国民・住民からみた租税

国民・住民が「納税の義務」を負うといっても，予算および税制の内容は，民主的手続きにより変更することができます。国民・住民はむしろ財政制度の主人公です。日本では，国の税法だけでなく，地方税制の大要を定める地方税法も国会で決定されます。ただし，個々の地方自治体の税制は税条例として地

方議会で決定されます。国会議員，地方議会議員および地方自治体の首長の活動を国民・住民が評価して，財政民主主義を機能させることが重要です。

　なお，税務訴訟は「納税者 vs. 課税庁」の形をとりますが，「納税者」というのは国民・住民の一面にすぎません。課税庁の背後には「公共サービスの受益者」としての国民・住民がいて，租税が集められるのを待っているのです。国民・住民と課税庁が本質的に対立しているわけではありません。

② 租 税 原 則

　税制は，十分な財源調達機能を備えたうえで，租税負担配分上の原則を満たすことを求められます。また，地方税には独自の原則もあります。

2.1 公　　平

　税制において，**公平**（equity）は最も重要な原則です。そこには経済的な能力に応じた税負担を求める**応能原則**と，公共サービスの便益に応じた税負担を求める**応益原則**という2つの考え方があります。現代税制は応能原則を基本とします。ただし後に述べるように，地方税については応益原則も重視されます。

　応能原則のもとで，租税負担能力（担税力）を表すのは所得および資産です。そこで，超過累進税率をもつ所得税と相続税・贈与税が典型的な税目になります。

　公平には「同じ担税力の人に同額の納税を求める」**水平的公平**と「担税力の高い人に高い負担率で納税を求める」**垂直的公平**があります。

　水平的公平は，特定の所得・資産を優遇せずに課税ベースを拡大する総合課税制度に適合します。また，脱税およびタックスヘイヴンなどを使った租税回避が横行するのを防ぎ，税制に対する信頼を確保することが重要です。

　垂直的公平は，所得税や相続税・贈与税の超過累進税率を用いることにより，所得・資産を再分配して，人々の生存権を保障し，社会の安定を維持します。

2.2 効　　率

　税制には，**効率**（efficiency）という原則もあります。市場機構が適切に機能

している場合，経済活動に影響を与えにくい中立的な課税が効率的だとされます。消費課税については，課税しても消費が減りにくい生活必需品に課税するのが効率的です。しかし，生活必需品への支出が所得に占める割合は低所得者のほうが高いので，課税は逆進性をもち，垂直的公平に反しています。

　それに対して，市場取引を放置すると環境・健康に負荷を与える場合，経済への介入が効率を高めます。たとえば，化石燃料，酒，たばこに消費税を賦課し，価格を引き上げて消費を抑制することは，有効な環境政策や保健政策です。

2.3　簡　　素
　税制は国民・住民が理解できるものであってはじめて，納得して納税し，また税制への参加意識を高めることができます。税制を**簡素**にすることは財政民主主義の基盤です。とくに租税特別措置のような「隠れた補助金」の透明化と整理が重要です。税制を簡素化すれば，納税コストを減らすこともできます。

2.4　地方税原則
　地方税には国税と共通する一般原則に加えて，独自の**地方税原則**があります。
（1）応　益　性
　公平な税制を考える場合，地方税においては，サービスによる受益を推定できる物，行為，その他の事実を課税物件として賦課する**応益性**，すなわち応益原則が重視されます。たとえば，道路，治安，消防，保健などのサービスによって居住と事業の環境が整備されれば，その地域では不動産などの価格と事業業績が上昇します。したがって，保有資産に対する固定資産税および事業規模に応じた事業税（とくに外形標準課税）は応益課税の典型です。

　また，住民は生活道路，ごみ処理といった地域の共同作業と教育，保育，福祉，保健，環境といった相互扶助を地方自治体に行ってもらい，代わりに住民税を納めます。後に述べるように，住民税は応益原則を満たしています。
（2）普　遍　性
　特定の地域にしかないものを地方税の課税物件にすると，税収の地域間格差が著しくなります。むしろ地方税は，課税物件が不動産・消費活動のように広く分布し，税源の地域間格差すなわち偏在度が小さい，という意味で普遍性を

もつことが望ましいのです。地方消費税，固定資産税，事業税（外形標準課税），個人住民税，自動車税などは普遍性を備えています。

（3）安 定 性

地方自治体のサービスを安定的に供給するには，地方税も景気に左右されにくい，すなわち安定性をもつことが望ましいのです。地方消費税，固定資産税，事業税（外形標準課税），個人住民税，自動車税などは，安定性も備えています。

（4）負担分任性

地方税が地域社会の会費的な性格をもつことを負担分任性といいます。その例として住民税均等割がありますが，税率を引き上げると逆進性が強まる，という問題があります。

（5）自 主 性

自治体は法定税について地方税法に定められた標準税率を上回る超過課税を行う，法定任意税もしくは法定外税を創設するという形で**課税自主権**を発揮します。すなわち，地方税には一定の自主性があります。

③ 国税と地方税の税源配分

3.1 租税負担の国際比較

表6-1に示すように，税制の中軸は個人所得税であり，それを法人所得税，資産課税，消費課税が補完しています。なお，社会保障負担が近年急増していますが，社会保障負担はその逆進性が問題とされています。

租税・社会保障負担の対GDP比は，北欧諸国，フランス，イタリアが4割台，ドイツ，カナダ，イギリスが3割台，日本，アメリカが3割もしくはそれ以下です。日本の負担は，先進国のなかでは相対的に軽く，金額でみると9カ国のうち最小です。とくに個人所得税と一般消費税の規模が小さいといえます。

日本の地方税は，イギリス，イタリア，フランスより大規模ですが，カナダ，ドイツ，アメリカといった連邦制国家の州税・地方税およびデンマーク，スウェーデンといった北欧諸国の地方税よりは小規模です。州税・地方税が大規模な国は個人所得税の割合が大きいといえますが，連邦制国家では一般消費税も相当の割合を占めています。

表6‐1■租税・社会保障負担の国際比較（2019年）

(1) 一般政府

	対GDP比 （％）	個人 所得税	法人 所得税	一般 消費税	個別 消費税	資産 課税	社会保 障負担	雇用者	雇用主	人口1人 当たり額 （米ドル）
日 本	[25] 31.4	5.9	3.8	4.1	2.1	2.6	12.9	5.7	6.0	12,815
アメリカ	[32] 25.0	10.3	1.3	2.0	2.3	2.9	6.1	2.7	3.0	16,253
カナダ	[21] 33.8	12.2	4.2	4.7	3.0	3.9	4.7	1.9	2.6	15,660
イギリス	[23] 32.7	9.0	2.3	7.0	3.7	4.1	6.5	2.5	3.7	13,863
ドイツ	[12] 38.6	10.6	2.0	7.0	3.2	1.1	14.6	6.3	6.9	18,069
フランス	[2] 44.9	9.3	2.2	7.9	4.4	3.9	14.8	3.6	10.1	18,221
イタリア	[6] 42.4	11.0	2.0	6.2	5.8	2.4	13.3	2.5	8.9	14,236
スウェーデン	[3] 42.8	12.3	3.0	9.1	3.0	0.9	9.2	2.5	6.6	22,253
デンマーク	[1] 46.6	24.3	3.1	9.3	4.8	2.0	0.0	0.0	0.0	27,858

(2) うち州・地方政府

	対GDP比 （％）	個人 所得税	法人 所得税	一般 消費税	個別 消費税	資産 課税	社会保 障負担	雇用者	雇用主
日 本	7.4	2.4	1.4	0.9	0.7	2.0			
アメリカ	8.8	2.1	0.3	2.0	1.5	2.6			
カナダ	16.7	4.8	1.6	2.9	2.1	3.9	0.6	0.1	0.6
イギリス	1.7					1.7			
ドイツ	12.5	6.0	1.4	3.6	0.4	1.1			
フランス	6.1	0.0	0.0	0.8	1.4	3.0			
イタリア	4.8	0.9	0.2		1.5	1.0			
スウェーデン	15.2	14.8				0.4			
デンマーク	12.0	10.7				1.3			

注）［ ］内は，OECD加盟38カ国のなかで数値の高いものから数えた順位。
出所）OECD, *Revenue Statistics 1965-2020*, December 2021, pp. 87-162, 289-326 より筆者作成。

3.2 税源配分論と税制改革の展開

（1）戦　　前

現代につながる国税と地方税の税源配分論の嚆矢は，ドイツ・プロイセン王国で1891〜93年に行われた税制改革です（当時の財務相の名前をとって「ミーケルの改革」と呼ばれます）。この改革では，所得税が州税の中軸となり，財産税がそれを補完する租税体系がとられ，地租と営業税が地方税に移譲されました。

日本でも1922年，臨時財政経済調査会が財産税創設と地租・営業税の地方移譲を答申しましたが，この提案は実現しませんでした。しかし，戦時体制下

の1940年税制改革では，所得税中心の税制が確立するとともに，地租・営業税および家屋税は徴収地域の地方団体に配分される還付税となりました。また地域間の財政力格差を是正する財政調整制度として配付税が導入されました。還付税と配付税は，合わせて地方分与税と呼ばれました。

(2) 戦　　後

敗戦後，税制の抜本的改革のために来日したシャウプ使節団が1949年に発表したシャウプ勧告は，包括的所得税原則，法人擬制説，資産課税強化，間接税整理などを提唱しました。また地方税については，道府県税*は附加価値税を，市町村税**は住民税と不動産税を，それぞれ中軸とするよう勧告しました。さらに，国庫補助負担金の削減，地方債規制の緩和，地方団体の財政需要と課税力の差額を補填する地方財政平衡交付金の創設も勧告しました。50年度にはシャウプ勧告を反映した税制が成立しました。しかし，独立回復後は資本所得と企業投資の優遇税制が次々と導入され，附加価値税も実施されないまま廃止されました。

その後，住民税は道府県にも導入され，道府県税は道府県民税と事業税を，市町村税は市町村民税と固定資産税を中軸とする地方税体系が確立しました。

消費税の税率が1997年に3%から4%へ引き上げられた際，税率1%分の地方消費税が導入されて，国税と地方税を合わせた税率は5%になりました。また2003年，資本金1億円超の法人について，法人事業税の一部に外形標準課税（付加価値割，資本割）が導入されました。

第8章でふれるように，「国から地方へ」を唱えた小泉純一郎内閣は，2004〜06年度，国庫補助負担金の削減，所得税から個人住民税への税源移譲，地方交付税の削減を同時に行う「三位一体の改革」を行いました。ただし，この改革は地方交付税の削減幅が大きかったため，地方財源の拡充には結びつきませんでした。

> *，**地方税法により，東京都には道府県税の規定が，23特別区には市町村税の規定が，それぞれ適用されます。ただし，本来の市町村税のうち都税となっているもの（固定資産税，都市計画税，法人市民税など）があります。

3.3　地方税の推移

第5章の図5-1でみたように，地方税の対GDP比は4%台から7%台へ

図6‐1■地方税の構成比

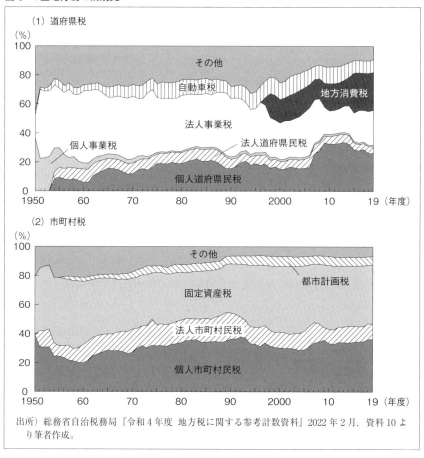

(1) 道府県税

(2) 市町村税

出所) 総務省自治税務局『令和4年度 地方税に関する参考計数資料』2022年2月，資料10より筆者作成。

と上昇しています。その内訳を示した図6‐1をみると，道府県税は事業税（とくに法人事業税）が中心でしたが，個人道府県民税の比重が徐々に高まり，上で述べた地方消費税の導入と「三位一体の改革」を受けて，道府県民税を中軸とし，事業税および地方消費税がそれを補完する体系になっています。

　市町村税は固定資産税が中心でしたが，市町村民税の比重が高まりました。ただし，1990年代以降の不況下で市町村民税が停滞したのに対して，固定資産税は安定しており，資産保有税が半分を占める構造は変わっていません。

3.4 税源配分の現状

所得課税，消費課税および資産課税のウェイトを確認してみます。表6-2に示すように，2022年度当初予算および地方財政計画の時点で広義の所得課税は国税の5割を超えており，租税全体でも所得課税は5割を占めています。

国税のうち所得課税（所得税，法人税など）が54.1％を占め，消費税がそれに続きます。地方税（41.2兆円）は税収合計（111.3兆円）の37.1％を占めます。そのうち道府県税は所得課税（道府県民税所得割・法人税割，法人事業税所得割など）が47.4％を占め，地方消費税が続きます。市町村税は，資産保有税（固定資産税，都市計画税）が48.8％，所得課税（市町村民税所得割・法人税割）が41.2％を占めます。

以下，おもな税目について説明します。

 4 住 民 税

4.1 個人住民税

（1）個人住民税の性格

住民は，自分が住んでいる都道府県と市町村に**住民税**を納めます。「住民がもつ選挙権は1人1票だから，住民税も全員同額だ」と考えてしまいそうですが，そうではありません。個人住民税には1人当たり同額の均等割もありますが，その中心は所得に比例する所得割です。どうしてでしょうか。

住民は，自分の力だけで生活しているわけではありません。むしろ住民は，周りの人たちと協力して，生活道路，ごみ処理といった共同作業としてのまちづくり，そして教育，保健，福祉といった相互扶助としての対人社会サービス（第12章参照）を担う責任があります。しかし，住民の多くは，そのようなサービスの専門家ではありません。2.4で述べたように，「素人」である住民よりも地方自治体がサービスを行うほうが効率的です。その代わりに住民は住民税を納めます。

まちづくりと対人社会サービスを地方自治体に委任すれば，住民はその作業に自ら参加すれば得られなかった時間，すなわち所得を得る機会を得ます。その受益は所得に比例するので，個人住民税所得割は応益原則を満たします。

表 6 - 2■日本の租税収入（2022 年度当初）

2022 年度国の当初予算		2022 年度　地方	
		道府県税	
所得税*	203,820	**普通税**	
法人税*	133,360	個人道府県民税	48,916
相続税	26,190	（うち 均等割）	（643）
消費税	215,730	（　　所得割*）	（43,992）
酒税	11,280	（　　利子割*）	（267）
たばこ税	9,340	（　　配当割*）	（1,614）
揮発油税	20,790	（　　株式等譲渡所得割*）	（2,400）
石油ガス税	50	法人道府県民税	3,426
航空機燃料税	340	（うち 均等割）	（1,463）
石油石炭税	6,600	（　　法人税割*）	（1,963）
電源開発促進税	3,130	個人事業税*	2,258
自動車重量税	3,850	法人事業税*	43,912
国際観光旅客税	90	不動産取得税	3,911
関税	8,250	地方消費税	59,167
とん税	90	自動車税	16,765
印紙収入	9,440	軽油引取税	9,307
小　計（一般会計）	652,350	道府県たばこ税	1,446
地方法人税*	17,127	ゴルフ場利用税	407
地方揮発油税	2,225	鉱区税	3
石油ガス税（譲与）	50	固定資産税（特例分等）	51
航空機燃料税（譲与）	152		
自動車重量税（譲与）	2,916	**目的税**	
特別とん税	113	狩猟税	7
特別法人事業税*	20,044		
小　計（交付税及び譲与税配付金特別会計）	42,627	東日本大震災による減免等	△ 56
たばこ特別税（国債整理基金特別会計）	1,126		
復興特別所得税*（東日本大震災復興特別会計）	4,280		
合　計	700,383	合　計	189,520
うち所得課税（*印）	378,631	うち所得課税（*印）	89,819
（構成比）	（54.1%）	（構成比）	（47.4%）

国税・地方税合計 1,112,688　　うち所得課税［＊印］

注）　1　本表において，各税目が所得課税かどうかは筆者の判断による。
　　　2　特別法人事業税には電気・ガス・保険業の収入割にあたるものも含まれるが，本表ではす
　　　3　法人事業税については，狭義の所得課税に加えて，大規模法人の付加価値割と電気・ガス
　　　　　課税として取り扱い，税収の 85% にあたる 37,325 億円を所得税とみなす（2020 年度決算
　　　　　円〔85%〕が広義の所得課税であった）。
出所）　財務省主税局「令和 4 年度 租税及び印紙収入予算の説明」2022 年 1 月，3 頁，総務省「令
　　　　込額」2022 年 1 月 28 日，6〜8 頁，「第 1 回地方法人課税に関する検討会」（総務省内）2022 年
　　　　り筆者作成。

（単位：億円）	
財政計画	
市町村税	
普通税	
個人市町村民税	82,494
（うち　均等割）	(1,928)
（　　　所得割*）	(80,566)
法人市町村民税	15,863
（うち　均等割）	(4,536)
（　　　法人税割*）	(11,327)
固定資産税	95,087
（うち　土地）	(35,524)
（　　　家屋）	(40,895)
（　　　償却資産）	(17,779)
（　　　交付金）	(889)
特別土地保有税	1
軽自動車税	2,943
市町村たばこ税	8,819
鉱産税	18
目的税	
入湯税	158
事業所税	3,913
都市計画税	13,570
水利地益税等	0
東日本大震災による減免等	△ 256
合　計	222,785
うち所得課税（*印）	91,893
（構成比）	(41.2%)
560,343（構成比 50.4%）	

べて所得課税とみなす。
・保険業の収入割を含めて広義の所得
では、税収 39,372 億円のうち 33,413 億

和 4 年度 地方団体の歳入歳出総額の見
8 月 2 日、配付資料（資料 1）、3 頁よ

（2）現 行 制 度

　現行制度（2022 年度現在。以下，同様）を確認しましょう。個人住民税の大部分を占める所得割は，図 6 - 2 に示すように，①収入から必要経費もしくは給与所得控除を差し引いて求めた所得を合算して総所得金額を算出する，②総所得金額から所得控除を差し引いて課税総所得金額を求める，③課税総所得金額に税率（標準税率は市町村民税 6%，道府県民税 4%*）を適用する，④税額控除を行う，という計算で税額が決まります。この仕組みは所得税と共通です。

　＊　2017 年度税制改正において，県費負担教職員の給与負担事務が道府県から政令指定都市に移譲されたことに伴い，所得割の税率 2% に当たる税源移譲が行われました。政令指定都市に住所がある者については，2018 年度分から所得割の標準税率は市民税 8%，道府県民税 2% になっています。

　個人住民税所得割の仕組みは所得税と共通する部分が多いのですが，所得税がその年の所得に課税されるのに対して，個人住民税は前年の所得に課税されます。また，所得控除などの金額にも相違があります。たとえば，所得税の人的控除は基礎控除が最高 48 万円，一般の配偶者控除が最高 38 万円，一般の扶養控除が 38 万円，特定の（19 歳以上 23 歳未満）扶養控除が 63 万円ですが，個人住民税所得割の場合，それぞれ最高 43 万円，最高 33 万円，33 万円，45 万円です。

　所得割は個人のあらゆる所得を把握して

図6‐2■個人住民税所得割の計算

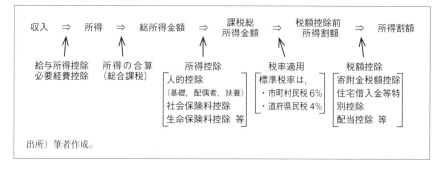

出所）筆者作成。

総合的に課税することが望ましいのですが，利子・配当および株式等譲渡所得については，道府県民税として税率5%の分離課税（利子割，配当割，株式等譲渡所得割）があります。そこから徴収費相当額として税収の1%を差し引いた額の5分の3は市町村に交付されます。

　また，均等割の標準税率は，市町村民税3000円，道府県民税1000円です。ただし，東日本大震災の発生を受けて，地方自治体の防災対策を強化するために，2014〜23年度分の均等割は年額1000円（市町村500円，道府県500円）引き上げられています。さらに，均等割といっても，所得が一定額以下の人には賦課されないことになっているので，それは文字通りの「人頭税」ではありません。なお，上乗せ分がなくなる2024年度からは，それに代わって，第5章で述べたように，国税である森林環境税（年額1000円）が賦課され，その徴収事務を市町村が担うことになっています。

4.2　法人住民税

（1）法人住民税の性格

　法人も，立地している都道府県と市町村に住民税を納めます。「なぜ法人は選挙権もないのに住民税を納めなければならないのか」を考えてみましょう。

　法人住民税には，法人税割と均等割があります。法人税割は，法人への出資者が負担する個人住民税所得割の一部を，法人所得が発生した地域の地方自治体が課税する源泉地課税です。これは，個人所得課税を「前取り」の形で補完するものです。また，法人住民税の均等割は，地域構成員である法人が，個人

表6‐3■法人住民税法人税割と「地方法人税」の税率

	2014年9月以前	2014年10月〜19年9月	2019年10月以降
法人市町村民税法人税割 標準税率（制限税率）	12.3% （14.7%）	9.7% （12.1%）	6.0% （8.4%）
法人道府県民税法人税割 標準税率（制限税率）	5.0% （6.0%）	3.2% （4.2%）	1.0% （2.0%）
地方法人税［国税］	−	4.4%	10.3%

注）表に示した年月は，事業年度の開始時点を示す。
出所）総務省自治税務局『令和4年度 地方税に関する参考計数資料』2022年2月．78〜81，
　136〜139頁より筆者作成。

と同様に，公共サービスの経費を広く分かちあって負担するという性格を備え
ています。

(2) 現行制度

　法人税割は，法人税納付額を課税標準として課税されます。その標準税率は，
2014年9月までは，市町村民税が12.3%，道府県民税が5.0%でした。

　ところが「地方法人課税の偏在是正」と称して，表6‐3に示すように，
2014年10月以降，法人税割の標準税率が引き下げられ，消費税率が6.3で述
べるように10%（国・地方合計）へ引き上げられる際，再度の引き下げが行わ
れました。2022年現在の標準税率は，市町村民税6.0%，道府県民税1.0%で
す。それに対して，国は課税標準を法人税額とする「地方法人税」（2022年現
在の税率は法人税割10.3%）を創設しており，法人税割の減収分を国税として吸
収しています。地方法人税の税収はすべて地方交付税（第7章参照）の原資に
組み入れられます。

　しかし，これは地方自治体の自主財源を削減する措置であり，「歳入の自治」
を縮小させています。課税ベースとなる経済力の分布に対応しない税収配分が
行われて「税源」と「税の行き先」に食い違いが生じているのは，自主財源と
しての地方税と財政調整制度とを混同したものといえます。

　法人税割の超過課税は頻繁に行われています。標準税率引き下げに伴って課
税自主権が縮小されないように，制限税率も超過課税分の税率上限（市町村民
税2.4%，道府県民税1.0%）を維持するように変化します。

法人の事業規模には大きな差があるので，均等割の標準税率（年額）は，従業員数と資本金等の金額により区分されており，市町村民税は従業者数50人以下の場合5万〜41万円，50人超の場合12万〜300万円です。道府県民税は資本金等の金額により2万〜80万円に区分されています。

　なお，法人が複数の地方自治体において活動している場合，法人住民税の税収は従業者の数を基準として地方自治体間で分割されます。

5　事業税

5.1　事業税の性格

　事業者は，立地している都道府県に**事業税**を納めます。「住民税に加えて事業税が課されるのは二重課税ではないか」という疑問をもつ人もいるかもしれませんが，そうではありません。事業税と住民税は課税の趣旨が異なります。

　企業の生産活動によって新たに加わる価値を付加価値といいます。付加価値は「①企業で生産される，②家計に所得（給与・利子・賃貸料・配当など）として分配される，③消費として支出される」の順で，国民経済のなかを循環します。

　企業は，道路・空港・港湾・水道，治安・消防，人材の基礎形成を担う教育，従業者世帯の生活を支える介護・医療・保育などの形で展開される地方自治体サービスの受益者です。したがって，事業活動の規模に応じて賦課される事業税は，付加価値が生産される「原産地」で課税される応益課税なのです。

　法人企業の場合，都道府県によるサービスの便益を法人の利害関係者（stakeholder），すなわち株主・債権者・従業者・消費者などが享受する，ともいえます。それらの人々は必ずしも事業所所在地に住んでいるとはかぎりません。とくに大都市の場合，企業が集積しているために，昼間は従業者・消費者などが大量に流入して地方自治体サービスを享受します。そこで，法人に課税することにより利害関係者に間接的に負担を求める，という面があります。

5.2　現行制度

　現行制度においては，個人・法人の別，業種，資本規模により，事業税の課

税ベースと税率はさまざまです。

（1）個人事業税

個人事業税は，課税業種を列挙して所得課税します。標準税率は，物品販売業，飲食店業，金銭貸付業，不動産売買業，不動産貸付業，製造業，問屋業，運送業，旅館業，医業，薬剤師業，税理士業，公認会計士業，弁護士業，理容業，美容業，コンサルタント業，印刷製版業などは5％，畜産業，水産業および薪炭製造業は4％，あんま・マッサージ・鍼灸柔道整復業などは3％です。

（2）法人事業税

法人のうち，電気供給業・ガス供給業，生命保険業および損害保険業は，原則としてその収入に課税されます。表6-4に示したように，現在の標準税率は1.0％です。ただし，電力供給業の一部には2020年10月以降，ガス供給業の一部には2022年10月以降，付加価値割，資本割および所得割も導入されています。

その他，すなわち普通法人に関する現行制度を確認すると，①資本金1億円超の法人への課税は，所得割（標準税率1.0％），付加価値割（標準税率1.2％）および資本割（標準税率0.5％）が合計されます。これらのうち，付加価値割と資本割は外形標準課税と呼ばれます。②その他の法人は所得課税（標準税率3.5～7.0％）です。

制限税率は，資本金1億円超の法人に対する所得割は標準税率の1.7倍，その他は標準税率の1.2倍です。

法人の事務所などが複数の地方自治体にある場合，法人事業税の税収は，(a) 製造業については従業者の数，(b) 非製造業と小売電気事業については2分の1は従業者の数，2分の1は事業所等の数，(c) 送配電事業については4分の3は電線の電力容量，4分の1は固定資産価額，(d) 発電・特定卸供給事業については4分の3は発電所用の固定資産価額，4分の1は固定資産価額，(e) ガス供給業・倉庫業については固定資産価額，(f) 鉄道・軌道事業については軌道の延長km数をそれぞれ基準として，地方自治体間で分割されます。

なお，林業，鉱物掘採業，農業は個人・法人とも非課税です。また，社会福祉法人，宗教法人，学校法人などの事業（収益事業を除く）も非課税です。

表 6‑4■法人事業税の標準税率

			2004 年 4 月 〜08 年 9 月	2008 年 10 月 〜14 年 9 月	2014 年 10 月 〜15 年 3 月
収入課税法人		収入割	1.3%	0.7%	0.9%
所得課税法人	資本金1億円超	所得割	3.8〜7.2%	1.5〜2.9%	2.2〜4.3%
		付加価値割	0.48%		
		資本割	0.2%		
	その他	所得割	5.0〜9.6%	2.7〜5.3%	3.4〜6.7%

			2015 年 4 月 〜16 年 3 月	2016 年 4 月 〜19 年 9 月	2019 年 10 月 〜22 年 9 月	2022 年 10 月 以降
収入課税法人		収入割	0.9%		1.0%*	
所得課税法人	資本金1億円超	所得割	1.6〜3.1%	0.3〜0.7%	0.4〜1.0%	1.0%
		付加価値割	0.72%	1.2%		
		資本割	0.3%	0.5%		
	その他	所得割	3.4〜6.7%		3.5〜7.0%	

注）1 　表に示した年月は，事業年度の開始時点を示す。
　　2 　収入課税法人のうち，
　　　（a）電気供給業（送配電事業），ガス供給業（導管事業），保険業は「収入割 1.0%」。
　　　（b）2020 年 10 月以降に開始する事業年度から，電気供給業（小売電気事業，発電事業等）は，
　　　　・資本金 1 億円超の場合「収入割 0.75%，付加価値割 0.37%，資本割 0.15%」，
　　　　・その他の場合「収入割 0.75%，所得割 1.85%」。
　　　（c）2022 年 10 月以降に開始する事業年度から，ガス供給業のうち，
　　　　・一般ガス導管事業・特定ガス導管事業は「収入割 1.0%」，
　　　　・特定ガス供給業は「収入割 0.48%，付加価値割 0.77%，資本割 0.32%」，
　　　　・その他の事業は，資本金 1 億円超の場合「付加価値割 1.2%，資本割 0.5%，所得割 1.0%」，その他の法人，公益法人，投資法人等の場合「所得割 3.5〜7.0%」。
　　3 　特別法人（協同組合，医療法人など）の記載は省略した。
出所）総務省自治税務局『令和 4 年度 地方税に関する参考計数資料』2022 年 2 月，84〜89 頁より筆者作成。

（3）最近の動向

「地域間の財政力格差の縮小」

　2008 年度，「地域間の財政力格差の縮小」と称して，税体系の抜本的改革が行われるまでの暫定措置として，法人事業税の一部が分離されました。これは，①法人事業税の収入割と所得割の税率を引き下げる，②減税分を地方法人特別税という国税の形で吸収する，③その税収を地方法人特別譲与税として，都道府県へ，2 分の 1 を人口に応じて，2 分の 1 を従業者数に応じて譲与する，と

いう措置です。ただし，この措置は，消費税率が 10% に引き上げられる際に地方法人税の拡大と引き換えに廃止される予定でした。

ところが実際には，地域間の財政力格差拡大に対処するためとして，2019 年度税制改正により，いったん復元する法人事業税の一部（約 3 割）を再度分離して特別法人事業税*という国税に転換し，その全額を地方譲与税として都道府県に人口に応じて譲与する特別法人事業税・譲与税制度が，恒久措置として創設されました。その際，不交付団体については，譲与額が最大 75% 削減されることになりました。

> * 特別法人事業税（国税）の税率は，①資本金 1 億円超の普通法人については所得割税額の 260%（所得割税率 2.6% 相当），②資本金 1 億円以下の普通法人などについては所得割税額の 37%（所得割税率 2.59% 相当），③収入金額課税を適用される法人のうち，(a) 電気供給業（送配電事業），ガス供給業（導管事業），保険業については収入割税額の 30%（収入割税率 0.3% 相当），(b) 電気供給業（小売電気事業，発電事業など）については収入割税額の 40%（収入割税率 0.3% 相当），(c) ガス供給業（特定ガス供給業）については収入割税額の 62.5%（収入割税率 0.3% 相当）です。

この一連の措置は，地方法人税と同様に，地方税を縮小して「歳入の自治」を狭めています。経済力の分布に対応しない税収配分が行われて，自主財源としての性格が失われているのです。

外形標準課税の拡大

外形標準課税は，2003 年度税制改正によって，04 年 4 月に導入された制度です。2015 年度以降，法人所得に対する実効税率を引き下げるために，資本金 1 億円超の普通法人に対する法人事業税について，所得割の税率が引き下げられると同時に，外形標準課税が拡大されています。

表 6 - 4 に示したように，2015 年 4 月，所得割の税率が「2.2～4.3% ➡1.6～3.1%」（地方法人特別税を含めれば 3.8～7.2% →3.1～6.0%）と引き下げられました。その代わり，付加価値割は「0.48% →0.72%」，資本割は「0.2% →0.3%」と，税率が引き上げられました。さらに，2016 年 4 月，所得割の税率が「1.6～3.1% →0.3～0.7%」（地方法人特別税を含めれば 3.1～6.0% →1.9～3.6%）と引き下げられました。その代わり，付加価値割は「0.72% →1.2%」，資本割は「0.3% →0.5%」と，税率が引き上げられました。

これにより，資本金 1 億円超の普通法人の法人事業税における外形標準課税の割合は「2014 年度以前 8 分の 2→15 年度 8 分の 3→16 年度 8 分の 5」と高ま

りました。とくに付加価値割の拡大は，付加価値が生産される「原産地」における応益課税という事業税の趣旨に適合しています。

6 地方消費税

6.1 地方消費税の性格

みなさんは国の消費税と都道府県の**地方消費税**を負担しています。ただし「税率10%の消費税は負担しているけれども，地方消費税なんて聞いたことがない」という人もいるでしょう。たしかに，レシートをみても「消費税等」「外税」「内税」といった記載があるだけですが，実はこれは消費税と地方消費税を合わせたものです。ほぼ毎日負担しているのになじみがない地方消費税とは，どのようなものでしょうか。

私たちは，小売業者だけが税務署に「10%分」を納めるのだろうと考えがちですが，そうではありません。製造業者も，卸売業者も，すなわちあらゆる取引段階の事業者が納税義務者になります。図6-3にあるように，それぞれの事業者は，売上にかかる税額から仕入にかかる税額を控除して，差額を納税します。消費税・地方消費税は，各取引段階で販売価格に上乗せされますが，最終的に負担するのは消費者だと想定されています。売上から仕入を差し引いたものが付加価値なので，この仕組みは消費型付加価値税と呼ばれます。

消費者は，財・サービスを購入するために所得を支出する時点で消費税・地方消費税を負担します。また地方消費税は，購入地で安全・交通・環境などの地方自治体サービスを受けることに対する応益課税という性格ももっています。

ただし，消費税・地方消費税には問題もあります。高所得者は，自分が得た所得のうちかなりの部分を貯蓄しますが，低所得者は余裕がないために所得の大部分を消費に充てます。そのため，消費税・地方消費税の所得に対する負担率は低所得者のほうが高い，という意味で逆進性があります。ただし，所得税・個人住民税には，所得を完全には捕捉しにくいという問題があります。そこで，消費税・地方消費税が，所得税・個人住民税を補完しているのです。

図6‐3■消費税・地方消費税の仕組み（合計税率10％の場合）

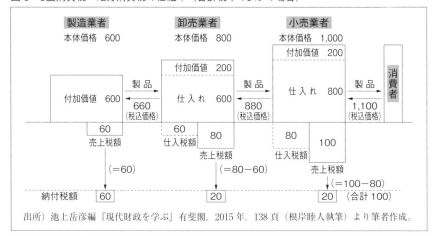

出所）池上岳彦編『現代財政を学ぶ』有斐閣，2015年，138頁（根岸睦人執筆）より筆者作成。

6.2 現行制度

（1）基本的仕組み

　事業者は，売上税額から仕入税額を控除して（これを仕入税額控除といいます），その差額を納税します。消費税の税率は7.8％です。地方消費税は，消費税額を課税標準とする税率78分の22の付加税ですが，実質的には地方消費税率は2.2％です。両者を合わせて「税率10％の消費税」にみえるのです。

　消費税と地方消費税の徴収は一元化されています。①国の税務署と税関が消費税と地方消費税を合わせて徴収し，地方消費税を各地域の都道府県に払い込みます。②税収を最終消費地に帰属させるために，財・サービスの小売統計（小売年間販売額〔商業統計〕とサービス業対個人事業収入額〔経済センサス活動調査〕の合算額。ウェイト50％）および人口（国勢調査。ウェイト50％）に応じて，都道府県間で清算を行います。③各都道府県において，清算後の税収の半額のうち，(a) 従来の税額は，市町村に人口（国勢調査。ウェイト50％），従業員数（経済センサス基礎調査。ウェイト50％）に応じて交付されます。(b) 2014年4月以降の増税による市町村への交付金は人口（国勢調査）のみに応じて配分されます。

（2）例外措置

　現実にはすべての事業者が上で述べた仕組みで納税するわけではありません。

前々年（度）の課税売上高が 1000 万円以下であれば，免税事業者として納税が免除されます。ただし，免税事業者が税額分を上乗せして販売しても競争上不利にならないので，利益を増やすことが可能です。その場合「益税」が発生します。

課税売上高 5000 万円以下の事業者について，売上高に「みなし仕入率」（事業種類により 40〜90％）を乗じて仕入高を計算する簡易課税制度もあります。この仕入高が実際の仕入高より多ければ，納税額は減り，「益税」が生じます。

さらに，消費ではなく所有権の移転にすぎない取引，たとえば土地，有価証券などの譲渡は非課税取引とされます。また，社会政策的な配慮から，社会保険診療，社会福祉事業，学校の授業料なども非課税取引とされています。

ただし，免税事業者取引と非課税取引は仕入税額控除を行えません。そのため，仕入れの際，その金額に含まれていた消費税を販売価格に上乗せできなければ，その事業者が消費税・地方消費税を実質的に負担します。また，大企業に商品を納入する中小企業が，売上税額分を価格に上乗せできずに実質的に負担することもあります。これらは「損税」といえます。

6.3 税率引き上げ

「社会保障と税の一体改革」のため，図 6-4 に示したように，2014 年 4 月，消費税の税率は 4％ から 6.3％ へ，地方消費税の税率は 1％ から 1.7％ へ，それぞれ引き上げられました。さらに 2019 年 10 月，税率は再び引き上げられて，6.2（1）で述べた通り，消費税の税率は 7.8％，地方消費税の実質税率は 2.2％ となり，国税と地方税を合わせた税率は 10％ になりました。また，消費税の一部は地方交付税の原資とされるので，それも地方財源とみることができます。

なお，消費税・地方消費税の増税分は「社会保障 4 経費」（年金，医療，介護および少子化対策）などに充てる社会保障目的財源とされています。しかし，社会保障の受給と消費税・地方消費税の負担との間に特別な受益者負担の関係はありません。仮に「社会保障関係費をすべて消費税でまかなう」ルールをつくってしまうと，社会保障関係費の増大に応じて自動的に消費税の税率が引き上げられます。しかし，所得課税・資産課税からの税収を社会保障に充てては

図6‐4■消費税の税率引き上げ

	「社会保障と税の一体改革」前		2014年4月〜19年9月		2019年10月以降
・国の消費税率 （地方交付税を除く）	4% (2.82%)	⇒ ⇒	6.3% (4.9%)	⇒ ⇒	7.8% (6.28%)
・地方消費税（税率換算） （地方交付税を加える）	1% (2.18%)	⇒ ⇒	1.7% (3.1%)	⇒ ⇒	2.2% (3.72%)
［参考］消費税の交付税率	29.5%	⇒	22.3%	⇒	19.5%

注）税率引上幅は，国3.8％：地方1.2％（地方交付税を含めれば，国3.46％：地方1.54％）。
出所）筆者作成。

いけない理由はありません。したがって，消費税は目的税にはなじみません。

消費税の逆進性を緩和するためとして，2019年10月の消費税・地方消費税率引き上げと同時に，飲食料品（酒類・外食を除く）および一部の新聞について軽減税率8％（国6.24％，地方1.76％）が導入されました。

しかし，軽減税率には，望ましい食生活もしくは文化的活動を奨励する意味はあるものの，高所得者にも恩恵を及ぼすために，逆進性緩和の効果は乏しいのです。とくに，軽減税率による減収を，国民に広く便益が及ぶサービスもしくは社会保障給付の削減で補填すれば，低所得者の負担が増えてしまう事態になりかねません。また，税率を複数化すれば消費行動に対する中立性が失われ，非効率的です。さらに，対象品目の線引きをめぐる業界団体の圧力活動と法解釈上の争いを助長し，納税者と課税庁の事務コストが増大します。

 7 **固定資産税**

7.1　固定資産税の性格

土地などの所有者は，それが所在する市町村に固定資産税を納めます。そこで「住民ではない人も，資産があるだけで税を納めるのですか」という疑問に答える必要があります。

2.4でみたように，地方税では，地方自治体サービスによる受益を推定できる物件に対して課税するという意味での応益性が重視されます。とくに，市町

村が提供する道路，消防，保健・衛生，保育などのサービスによって，そこが住みやすい，また事業に有利な地域になれば，資産価格が上昇するので，その所有者はサービスの受益者です。そこで**固定資産税**は応益性の原則に適うのです。

　また，不動産は全国に存在するために普遍性をもちます。さらに，資産価格は所得と比較すれば安定的ですし，地価の大幅な変動に対しては税負担の激変を緩和する調整措置を導入することもできます。したがって，固定資産税は地方税に適した税目といえます。

7.2　現行制度

　固定資産税は，土地・家屋および償却資産の所有者に，資産価格に応じて課税され，標準税率は1.4％です。土地・家屋は3年に1度，評価替えが行われます。

　①土地の評価額は，公示地価の7割を目途として，均衡化が図られてきました。ただし，表6‐5に示したように，住宅用地・商業地等・農地とも課税標準は評価額より低くなります。たとえば，小規模住宅用地（200m² 以下の部分）は評価額の6分の1，一般住宅用地（200m² を超える部分）は評価額の3分の1が，それぞれ課税標準上限額です。また，税額の急増を緩和する負担調整措置として，課税標準額は前年度課税標準額に課税標準上限額の5％を乗じた額を加えたものにとどめられています。②家屋は「再建築価格」の形で評価されます。新築住宅は，税額が一定期間2分の1に減額されます。これは特例措置ですが，何度も延長されています。③償却資産は，耐用年数と減価率に従って減価償却を行う形で価格が決定されます。

　なお，都市計画事業もしくは土地区画整理事業を行う市町村は，その財源に充てる目的税として都市計画税を賦課することができます。都市計画税は都市計画区域内の土地・家屋に賦課され，税率は各団体が決定しますが，上限つまり制限税率0.3％があります。2022年4月現在，644団体が都市計画税を賦課していますが，そのうち51％にあたる329団体は制限税率0.3％を採用しています。

　都市計画税の場合，小規模住宅用地は評価額の3分の1が，一般住宅用地は

表 6‐5■固定資産税における課税標準決定方法の概要

①土地（3年に1度，評価替えが行われる）

○土地の評価額は，公示地価の7割を目途として，均衡化が図られる。
○評価方法の特例
  ・課税標準の上限額は，小規模住宅用地（200 m² 以下の部分）は評価額の6分の1，一般住宅用地（200 m² を超える部分）は評価額の3分の1。また税額急増を緩和する負担調整のため，課税標準額は前年度課税標準額に課税標準上限額の5% を乗じた額を加えたものとする。
  （例）小規模住宅用地で評価額1800万円の場合，課税標準上限額は300万円。前年度課税標準270万円ならば今年度は285万円（＝270万円＋300万円×0.05）。
  ・商業地等の宅地は評価額の70% が課税標準上限額。負担調整措置として，課税標準額は前年度課税標準額に評価額の5% を乗じる。ただし現在，課税標準額の評価額に対する負担水準が60% 以上の場合，課税標準額は前年度額に据え置いている。
  ・一般市街化区域農地と特定市街化区域農地（3大都市圏の市街化区域農地）の課税標準上限額は評価額の3分の1。また税額急増を緩和する負担調整措置がとられる。

②家屋（3年に1度，評価替えが行われる）

○家屋は「再建築価格」（いま建築すればいくらかかるか）の形で評価される。
○新築住宅は3年間，床面積120 m² までの税額を2分の1に減額（3階建以上の耐火構造住宅等は5年間）。「長期優良住宅」の減額は5年間もしくは7年間。

③償却資産

○償却資産は，構築物，機械・装置，船舶，航空機，車両および運搬具，工具・器具，備品。耐用年数と減価率により減価償却が行われる形で価格が決定される。

出所）筆者作成。

評価額の3分の2が，それぞれ課税標準上限額です。これは固定資産税の評価額の2倍です。また，家屋について，都市計画税には新築住宅の税額半減措置はありません。

　固定資産税は，市町村民税（住民税）と並んで，市町村の基幹税です。表6‐2に示したように，2022年度地方財政計画では，固定資産税が市町村税の43% を占めており，都市計画税と合わせると49% とほぼ半分に達します。

　なお，都道府県が賦課する不動産取得税は，取得した不動産の固定資産評価額を課税標準としており，税率は土地および住宅が3%，住宅以外の家屋が4% です。ただし，住宅・宅地などについて課税標準の減額措置があります。

8 環境関連税

8.1 課税の論理

環境問題が深刻になっている現在，税制においても環境の視点が重視されています。「地球温暖化は世界的問題なので，環境税は国の政策だ」と思われるかもしれませんが，地方税においても環境の視点は重要です。

環境関連税は，環境に負荷を与えるものに課税して，財源を調達すると同時に消費を抑制するものです。環境関連税はおもに自動車および燃料に課されます。自動車を保有し，利用している者は一定の経済力をもつと推定できます。そのうえ，日本では化石燃料による CO_2 排出規模が大きいことも考慮すれば，車体課税と燃料課税は今後も財源調達と環境対策の両面からみて重要です。

とくに地方自治体は，山林・里山・都市緑化などの森林吸収源対策および省エネルギー・資源リサイクルなどの環境対策を担っています。また，車体課税，燃料課税は税源の偏在度が小さい点でも，地方税に適しています。

8.2 現 行 制 度

(1) 車 体 課 税

車体課税の主たる目的は財源調達ですが，環境の視点が加味されています。

自動車取得税は都道府県の道路特定財源でしたが，2009 年に一般財源へ転換されました。納税義務者は自動車取得者，課税標準は自動車取得価額であり，税率は自家用自動車が 3%，営業用自動車・軽自動車が 2% でした。また「エコカー減税」として，CO_2 排出が少ない自動車には減免措置がありました。

2019 年 10 月，自動車取得税は廃止されましたが，「税制のグリーン化」機能を強化しつつ地方税減収を回避するために，自動車取得時に燃費性能に応じて課税する制度に転換されました。自動車の取得者には，通常の取得価額を課税標準とする自動車税環境性能割が税率 0~3.0% で賦課されます。軽自動車の取得者には，通常の取得価額を課税標準とする軽自動車税環境性能割が税率 0~2.0% で賦課されます。

自動車税種別割は自動車所有者に対する道府県の普通税です。税率は種別と

排気量によって異なります。たとえば 1500 cc 超 2000 cc 以下の自家用乗用車の標準税率は年 3 万 6000 円（制限税率は標準税率の 1.5 倍）です。また「自動車税のグリーン化特例」として，排出ガスと燃費の性能に優れた自動車は新車新規登録した翌年度の税率を軽減しますが，一定年数を経過した自動車の税率は高くなります。なお，電気自動車と燃料電池自動車は，排気量 1000cc 以下の最低税率で課税されています。

軽自動車税種別割は市町村の普通税です。納税義務者は軽自動車などの所有者であり，税率は種別により決まります。たとえば四輪の自家用の乗用軽自動車の標準税率は年 1 万 800 円（制限税率は標準税率の 1.5 倍）です。また「軽自動車税のグリーン化特例」として，排出ガスと燃費の性能に優れた軽自動車は新車を購入した翌年度の税率を軽減しますが，逆に 13 年経過すると税率は高くなります。

現行の「種別割」は自動車を所有している事実に担税力を見出す財産税的な性格をもっていますが，それに加えて道路損傷負担金的な性格をもつといわれます。さらに，自動車の走行は，交通事故の危険など，住民の生活を圧迫するので，地方自治体がそれに対処するサービスの財源負担を自動車所有者に求めるという面もあります。ただし，排気量基準は内燃機関車（ガソリン車など）であることを前提としているため，電気自動車・燃料電池自動車などの割合が増大した場合，税収は減少します。そこで，財源調達機能を支える観点からも，重量基準もしくは走行距離基準への転換を進めることが検討課題となります。

なお，自動車重量税は新車登録時および車検時に課される国税ですが，第 5 章でふれた通り，税収の一部は自動車重量譲与税として市区町村・都道府県へ譲与されます。

（2）燃 料 課 税

軽油引取税は，元売業者または特約業者から軽油を引き取る者に対する道府県税です。税率は 1kℓ 当たり 3 万 2100 円（一定税率）です。政令指定都市のある道府県は，税収の 90% を，道府県と政令指定都市がそれぞれ管理する一般国道・道府県道の面積などにより按分し，政令指定都市に交付します。また，軽油引取税は道路特定財源でしたが，2009 年に一般財源化されました。

また，国税である地方揮発油税の全額および石油ガス税の 2 分の 1 は，第 5

章でふれた通り，地方譲与税という形で地方財源となっています。なお，国は「地球温暖化対策のための課税の特例」として石油石炭税を増税し，化石燃料の消費を抑制しようとしていますが，その税率はCO_2排出量1トン当たり289円であり，カーボンプライシングに取り組む国のなかではきわめて低いものです。また，この税収は，現時点では地方自治体の財源にはなっていません。

9 課税自主権

9.1 課税自主権の趣旨

2.4（5）で述べたように，地方自治体には課税自主権があります。「地方税の税率を自分の所だけ高くしたり，独自の地方税をつくったりしたら，住民も企業も逃げてしまう」と考える人もいるでしょうが，そうとはかぎりません。現実に，税目および税率について，ある程度の相違はみられます。

　地方自治体は，地方税法に定められた税目を標準税率で賦課するだけではありません。地方自治体は，独自に行うサービスの財源を調達する，あるいは政策目的を実現するために，超過課税，法定任意税の賦課，法定外税の創設など，さまざまな形で課税自主権を発揮することができます。

　ただし，主要な税源は法定税とされ，国税とバランスをとる税源配分が行われているので，課税自主権で大幅な増収を図ることは容易ではありません。

9.2 法定税の税率自主権と法定任意税

　法定税の多くについて，地方自治体は地方税法に定められた標準税率を上回る税率を設定する超過課税を行って，税率自主権を発揮することができます。2019年度における超過課税の状況を示したのが表6-6です。超過課税の収入は7050億円ですが，これは地方税収入の1.7％にあたります。

　道府県税の超過課税収入は3354億円です。そのうち法人事業税と法人道府県民税法人税割がそれぞれ1000億円を超えています。とくに法人税割については46都道府県が超過課税を行っています。さらに，森林保全など地域環境対策の財源を確保する趣旨で道府県民税均等割などを超過課税する例もみられます。市町村税の超過課税収入は3696億円です。法人市町村民税法人税割に

表6‐6■超過課税の状況（2019年度）

（単位：百万円）

道府県税				市町村税			
		団体数	収入額			団体数	収入額
個人道府県民税	均等割	37	24,879	個人市町村民税	均等割	4	1,998
	所得割	1	2,766		所得割	2	52
法人道府県民税	均等割	35	10,213	法人市町村民税	均等割	378	16,553
	法人税割	46	131,818		法人税割	984	314,946
法人事業税		8	165,728	固定資産税		152	35,539
				軽自動車税		15	310
				鉱産税		9	7
				入湯税		4	187
合　計			335,403	合　計			369,592

注）「法人市町村民税法人税割」は東京都が徴収した市町村税相当額（125,343百万円）を含む。
出所）総務省編『地方財政白書』2021年版, 資料編・第15表より筆者作成。

ついては過半数の市町村が超過課税を行っており，その収入額は超過課税による収入額の8割以上を占めます。なお，固定資産税についても1割近くの市町村が超過課税を行っています。

　地方税法に規定がありつつも，課税するかどうかを地方自治体がそれぞれ決定する目的税が法定任意税です。そのおもな税目は，国民健康保険税と，7.2で述べた都市計画税です。国民健康保険税には税率の定めがなく，課税すべき総額を，所得割，資産割，被保険者均等割および世帯別平等割のうちいくつかを組み合わせて賦課します。

　税率設定の自主権における「減税の自由」をどう評価すべきでしょうか。標準税率未満の税率をとる地方自治体は，地方債を発行する際に総務大臣または都道府県知事の許可が必要です。2022年度現在，2団体（1市，1町）が住民税所得割・個人均等割の税率を，標準税率未満にしています。ただしそこには，地方自治体が将来の住民に負担を残す地方債を発行しながら独自の減税を行うのは責任ある財政運営といえるか，という問題があります。

9.3　法定外税

　地方税法は，法定税以外に，法定外税を賦課することを認めています。2019年度における法定外税の合計額は670億円ですが，これは地方税収全体の0.2

表6‐7■法定外税の状況（2019年度）

(1) 法定外普通税

（単位：百万円）

道府県税	団体数	収入額	市町村税	団体数	収入額
石油価格調整税	1	1,007	狭小住戸集合住宅税	1	472
核燃料税	10	24,732	砂利採取税	1	6
核燃料物質等取扱税	1	19,414	別荘等所有税	1	530
核燃料等取扱税	1	1,232	歴史と文化の環境税	1	79
			使用済核燃料税	2	815
			空港連絡橋利用税	1	433
合　計		46,385	合　計		2,334

(2) 法定外目的税

（単位：百万円）

道府県税	団体数	収入額	市町村税	団体数	収入額
産業廃棄物税	21	4,725	使用済核燃料税	2	991
宿泊税	2	3,945	遊漁税	1	8
産業廃棄物処理税	1	618	環境未来税	1	783
産業廃棄物埋立税	1	650	環境協力税等	4	30
産業廃棄物処分場税	1	9	開発事業等緑化負担税	1	82
乗鞍環境保全税	1	11	宿泊税	3	5,147
産業廃棄物減量税	1	177			
循環資源利用促進税	1	867			
資源循環促進税	1	280			
合　計		11,283	合　計		7,041

出所）総務省編『地方財政白書』2021年版，資料編・第13表および第14表より筆者作成。

％にすぎません。その内訳を示したのが表6‐7です。

　法定外普通税は20件あり，税収総額は487億円ですが，そのうち道府県税が464億円，市町村税が23億円です。道府県税の大部分は核燃料関連税です。

　法定外目的税は42件あり，税収総額は183億円ですが，道府県税が113億円，市町村税が70億円です。道府県税の過半が産業廃棄物関連税，市町村税の過半が宿泊税です。

　地方自治体が法定外税を創設する場合，総務大臣と事前協議してその同意を得ることが必要です。協議において，①国税または他の地方税と課税標準が同じで，かつ住民の負担が著しく過重となる場合，②地方自治体間の物流に重大な障害を与える場合，③その他，国の経済施策に照らして適当でない場合，の

いずれかに該当しないかぎり，総務大臣は同意しなければなりません。

❖さらに学ぶ人のために：「ふるさと納税」について

　2008年から「ふるさと納税」と称する特殊な寄附金控除が導入されています。これは，地方自治体（「ふるさと」という語に実質的な意味はなく，寄附先はどこでもよい）に寄附をすると，一定の「上限」までの寄附額のうち2000円を超える部分の全額が，所得税と個人住民税から控除される措置です。上限は住民税所得割納税額の2割なので，所得が高い者ほど控除を受けられる上限も高くなります。

　本来，住民税は，居住する地方自治体が行うサービスの受益に応じて負担すべきです。他の地方自治体への寄附は個人の意思であり，それは居住地自治体への納税義務を減じるものではありません。居住地自治体の自主財源を減少させる制度を国が設けたことは，地方自治の原則に反するうえ，応益性の原則つまり受益と負担の関係を歪めます。なお，税収が減った居住地自治体が地方交付税の交付団体である場合，減収額の75%は地方交付税で補填されます。

　特産品などの「返礼品」も流行しています。寄附を受けた地方自治体が寄附者に2000円相当を超える返礼品を贈れば，寄附者は税の控除と合わせて，寄附する前よりも資産が増えて「利得」が生じ，逆に地方税収入は全体として減ってしまいます。寄附金獲得を目的とする返礼品競争が問題視されるようになると，2019年度税制改正により，返礼品を地場産品に限り，返礼割合を3割以下にするなどの基準に適合する地方自治体を総務大臣が指定する制度に変更されました。しかし，制度の本質が変わったわけではありません。

　たとえば，給与年収500万円の夫婦2人世帯が上限額4万9000円を寄附し，その3割つまり1万4700円相当の返礼品を受ければ，4万7000円の控除を加えて，差し引き1万2700円の「利得」が生じます。それに対して，同じ世帯構成で年収2000万円の場合，上限額56万9000円を寄附し，その3割すなわち17万700円相当の返礼品を受ければ，56万7000円の控除を加えて，差し引き16万8700円の「利得」が生じます。高所得世帯ほど「利得」は多いのです。逆に，住民税を納めていない低所得者は，そもそも「利得」とは無縁です。

このように，「ふるさと納税」は所得格差を拡大させます。

さらに 2016 年，企業版「ふるさと納税」が導入されました。これは，国が認定した「地方創生」事業に取り組む地方自治体に企業が寄附を行う場合，通常の損金算入に加えて法人税・法人住民税および法人事業税の一部を税額控除する措置です。ただし，3 大都市圏の普通交付税不交付団体への寄附は，この措置の対象外です。

企業が立地しない地域への税収移転は受益と負担の関係を歪めるうえ，国の認定により地方税の納付先が影響を受けることは，個人版・法人版を問わず，地方自治の原則に適合しません。

そもそも，「返礼品」に示されるような私的財を提供することは，地方自治体の役割ではありません。また，国の政策として「ふるさと」を定義し，その地域への「応援」を促進するのであれば，そのコストは自ら負う，つまり国税である所得税の寄附金税額控除の範囲内での措置にとどめるべきです。しかし現実には，国が居住地自治体の自主財源を減少させるとともに，地方交付税にも負担を負わせています。

むしろ，文字通りの「ふるさと」も含めて全国で標準的サービスの財源を保障し，地方自治体間の財政力格差を是正する地方交付税（第 7 章参照）こそが，一般財源不足を補填し，地域づくりを財政面から支える制度なのです。

● 演習問題 ●

① 地方自治体のサービスを支えるために地方税の増税が必要になるとすれば，どの税目を増税すべきでしょうか。もしくは新たに導入すべき税目があるでしょうか。

② 地方選挙権は住民だけがもつのに，他の地域に住む地主，家主，観光客もしくは企業も固定資産税，地方消費税，事業税などを負担することがあります。このことについてどう考えますか。

③ あなたが住む市町村・都道府県には，超過課税，法定外税などの課税自主権を活用している例がありますか。あれば，具体的な税目およびその理由について調べてみましょう。

● 文献案内 ●

池上岳彦編著［2004］『地方税制改革〔自治体改革 7〕』ぎょうせい
　地方分権時代における地方税制改革のあり方を検討した共同研究です。
佐藤進・伊東弘文［1995］『入門租税論〔改訂版〕』三嶺書房
　租税の原則および日本の税制に関する理解を深めるための基本文献であり，
　地方税に関する教科書としても好適です。

● 参考文献 ●

池上岳彦編著［2004］『地方税制改革〔自治体改革 7〕』ぎょうせい
池上岳彦［2020］「『ふるさと納税』に代わる施策」『税』第 75 巻第 9 号，89〜
　94 頁
佐藤進・伊東弘文［1995］『入門租税論〔改訂版〕』三嶺書房
地方財務協会編［2008］『地方税制の現状とその運営の実態』地方財務協会
東京都税制調査会『東京都税制調査会報告』各年度版（2021 年度版までは
　『東京都税制調査会答申』）

（池上　岳彦）

第7章
地方交付税
地方財源保障のかなめ

　先の第2章や第5章でもふれたように，地方交付税制度（以下，地方交付税
とします）は，国による都道府県・市町村への政府間財源移転のなかでも，地
方財政調整機能を果たす，使途が限定されない一般補助金です。それは，どの
地域においても地方公共サービスが一定程度確保されるよう地方財源を支えて
います。地方財政が重要な役割を果たす日本において，地方交付税抜きに公共
部門は機能しえないといっても過言ではありません。

　しかし，近年，地方交付税に対する批判も少なくありません。たとえば，地
方交付税が都市部を冷遇し，地方部（人口の少ない地域）に過度な利益を与え
ている，という主張がみられます。地方自治体の歳入総額に占める地方交付税
の割合は，一般的に人口規模の小さい自治体ほど高くなります。また，地方交
付税（地方交付税交付金）の財源は，全国の人々が負担する国税の一部です。
そのため，歳入総額に占める地方交付税の割合が高いほど，その自治体の地方
公共サービスが，住民自らの地方税負担より，むしろ全国の人々の負担によっ
てまかなわれることとなります。いきおい，「地方交付税によって，人口の少
ない地域の住民ほど，全国の人々の税負担によって，過剰に手厚い公共サービ
スを受けているのではないか」という批判がなされるわけです。

　関連して，「地方交付税は，地方自治体レベルの受益と負担の対応を弱め，
自治体財政の効率性を損ねている」という主張もあります。公共サービスの拡
充を望むなら，そのための追加的な租税負担が必要となりますし，反対に，租

税負担の軽減を望むなら，公共サービスの削減を受け入れなければなりません。このような負担と受益の対応を意識しつつ，公共サービスの内容や水準を国民・住民が共同決定することは，財政の観点からみた民主主義的政策決定の基本です。

ところが，ある自治体が受け取る地方交付税は，その自治体の住民に限らず，全国の人々の租税負担によるものですから，負担に対する住民の意識を希薄化し，過大な地方公共サービスを要求する傾向を生みかねません。自治体行政担当者の側でも，提供すべき地方公共サービスの丁寧な検討を怠り，必要性の低い支出を温存させるかもしれません。こうして地方交付税が地方公共サービスの「無駄」を助長し，財政支出の効率性を損ねている，という批判もみられます。

これらの批判は，果たして妥当なものでしょうか。地方交付税という制度の詳細やその背景にある考え方について理解を深めれば，これらの批判がやや単純にすぎることがわかると同時に，地方交付税について真に問われるべき論点もみえてくることでしょう。

Key Questions

□ 財政調整制度はなぜ必要なのでしょうか。また，どのような仕組みがありうるのでしょうか。

□ 日本の財政調整制度である地方交付税は，どのような特徴を有しているのでしょうか。

□ 今日の地方交付税をめぐり，問われるべき論点は何でしょうか。

Keywords

（垂直的・水平的）財政不均衡　財源保障機能　財政力格差是正機能
（マクロの・ミクロの）財源保障　基準財政需要額　基準財政収入額
地方財政対策

1 財政調整制度とは

1.1 財政調整制度はなぜ必要か

第1章でみたように，日本のみならず，ほとんどの欧米主要国に，国（中央政府）から地方政府へと交付される，使途が限定されない一般補助金が存在します。それらは通常，地方政府の財政力を調整する機能を有しているため，財政調整制度と総称されます。

財政調整制度が必要とされる理由は，2つの財政不均衡の存在に求められます。第1に，**垂直的財政不均衡**です（図7-1）。中央政府も地方政府も，一方では割り当てられた権限に基づく公共サービスの支出（あるいは支出を生み出す「財政需要」）があり，他方では税収（あるいは各種の国税あるいは地方税の課税によって期待される税収の規模としての「課税力」）があります。しかし通常，税源は中央政府に集中し，地方政府はその支出をまかなうに足りる税源を有しません。その理由として，国家としての一体性を確保するために中央政府に税源を集中させてきたという歴史的事情のみならず，中央政府の一元的な徴税によるほうが効率的である場合が少なくないという点も挙げられます。結果として生じる垂直的財政不均衡を是正するために，中央政府から地方政府への政府間財源移転が必要となります。

なお，政府間財源移転には財源の使途が定められた特定補助金（第8章参照）もありますが，地方政府の自己決定権を尊重する観点から，地方交付税のような使途が限定されない一般補助金はとりわけ重要です。

第2に，地方政府間の**水平的財政不均衡**が存在します。水平的不均衡は，課税力や財政需要の地域間格差が生み出します。複数の地方政府が同じ地方税を同じ税率で課しても，地域ごとに所得や消費，資産などの水準は異なるため，税収を確保する力，すなわち課税力の格差が生じます。

しかも，公共サービスに対するニーズや公共サービス供給にかかる費用にも，地方政府間で無視できない差が存在し，それらが個別の地方政府の財政需要を左右します。高齢化率や三世代同居率の高低により高齢者介護サービスのニーズは左右されますし，子どもが多ければ子ども・子育て支援のニーズは高くな

図7-1■垂直的不均衡の解消

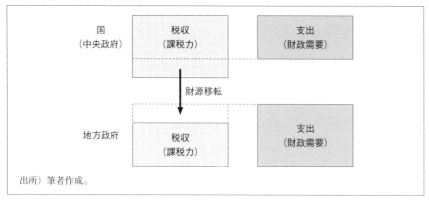

出所）筆者作成。

ります。人口密集地域では，インフラ（道路など）の補修や都市計画，衛生面（ごみ収集など）のニーズが高いでしょう。このように，地方政府の公共サービスが満たすべきニーズの種類や大きさは，地域の諸条件によって異なります。くわえて，同量の公共サービスを実現するためにかかる費用にも地域差があります。たとえば，寒冷地では，公共施設の暖房費がかさみます。また，子どもたちが通学可能な範囲に小学校を設置しようとすれば，人口密集地域よりも過疎地域において，児童1人当たりの小学校の設置・運営費用は高くなります。

このように，地方政府ごとに課税力も財政需要も多様である場合に，財政調整制度が存在しないと，何が起こるでしょうか。地方政府が公共サービス供給に果たす役割が限定的であれば，深刻な問題は生じないでしょう。しかし，現代の地方政府は，福祉や教育といった対人社会サービスをはじめ，人々の基礎的なニーズを満たす重要な公共サービスの担い手です。課税力が財政需要に満たない地方政府には，そういった重要な公共サービスの削減が強いられます。それでもなお，財政需要を満たそうとすれば，課税力に乏しい地方政府では地方税率を引き上げるほかありません。他の地域と同等の地方公共サービスを実現するために，より高い地方税負担を強いられるわけです。財政調整制度は，基礎的かつ重要な地方公共サービスの供給水準や，それを維持するための地方税の負担水準に，地域間で不当な格差が生じることを防ぐために，水平的財政不均衡を是正するための一般補助金なのです。

1.2 財政調整制度の類型

今日では，多くの先進諸国のみならず発展途上国においても，財政調整制度が存在します。それらを，「何を調整するのか」という観点から分類すると，

① 課税力格差のみを調整する

② 課税力格差と財政需要格差を別個に調整する

③ 課税力と財政需要の両方を算定し，両者のギャップを補填する

という3つの類型に整理することが可能です。

ある地方政府における財源の十分さ（財政力）は，住民1人当たりの課税ベースの大きさ（課税力）と，住民1人当たりの公共サービスニーズの充足に要する支出の大きさ（財政需要）という2者のバランスによって決まります。このうち，財政需要はさらに，公共サービスの住民1人当たり必要供給量を左右するニーズ要因（地域ごとの住民の多寡や年齢構成，失業率など）と，1人当たり必要供給量を実現するために要する支出額を左右するコスト要因（物価水準，人口密度，地理・気候条件など）という2要因によって決まります。ニーズ要因・コスト要因に地域的な差異が存在するかぎり，課税力の格差のみに着目して財源を分配する上記①より，財政需要も勘案する②または③のほうが，地方政府の財政力を調整する方法としては優れていることになります。

②と③は，課税力と財政需要の両面を考慮する点で共通するものの，その具体的方法が異なります。②については，課税力格差の調整と財政需要の格差の調整が別個に行われている場合もあれば（ドイツ，フランス，イギリスなど），課税力格差の調整に，財政需要の格差を加味する方式もあります（スウェーデンなど）。それに対し，③は，個々の地方政府について，課税力と財政需要とを一定の方法により算出し，そのギャップの大きさに応じて財源を地方政府に配分するもので，財政調整制度としては最も整った形式であるといえます。日本の地方交付税やオーストラリアの州間財政調整がこの方式をとっています。

ミクロの財源保障——個別自治体への配分額の算定

2.1 地方交付税とは

地方交付税は，国税の一定割合（交付税率。2022年度現在は，所得税・法人税

の 33.1％，酒税の 50％，消費税の 19.53％，地方法人税の全額）を財源として，国から地方自治体に対して財源移転を行う，垂直的財政調整の制度です。また，それは地方自治体に法律上当然に帰属する財源であるという意味で，国が地方に代わって国税として徴収する地方財源，すなわち地方の固有財源であるとされています。また，地方交付税として地方自治体に配分される財源は，地方自治体が地方税によって確保する財源と同様に，国が使途を限定することなく，地方自治体が自主的な判断により使用できる一般財源です。このように，地方交付税が，国と地方の関係において固有財源であり，かつ地方自治体にとっての一般財源であることは，「地方自治の本旨の実現に資するとともに，地方団体の独立性を強化する」（地方交付税法第 1 条）という，地方交付税の根本的な目的規定に即したものです。

　地方交付税は，国から地方への財源の移転により，地方自治体の財源の保障（**財源保障機能**）と，地方自治体間の財政力格差の是正（**財政力格差是正機能**，もしくは財源調整機能）とを図ります。このうち財源保障機能は，地方自治体の財源が全国的な総額として保障されること（**マクロの財源保障**）と，個々の地方自治体において必要な財源が保障されること（**ミクロの財源保障**）という，2 つの側面を含みます。以下では，まず「ミクロの財源保障」，すなわち個別の地方自治体に対する地方交付税の配分額の決定方法を説明し，その次に次節で「マクロの財源保障」のあり方をみることとします。

2.2　「ミクロの財源保障」の基本

　地方交付税には，いわばその本体にあたる普通交付税（総額の 94％）と，普通交付税の算定に反映されない特別の財政需要（災害によるものなど）に対応する特別交付税（総額の 6％）があります。特別交付税も重要なのですが，ここでは，普通交付税の個別団体への配分額の決定方法を概説します。

　地方自治体ごとの普通交付税の配分額は，

$$\boxed{基準財政需要額} - \boxed{基準財政収入額} = \boxed{財源不足額}（交付基準額）$$

（標準的な財政需要）（標準的な財政収入）　　　　　　≒普通交付税配分額

と計算されます。つまり，ある地方自治体への普通交付税の配分額は，その団

体の財政需要に対する財政収入の不足額です（最終的な微調整があるため，実際の配分額は財源不足額とは少々異なります）。基準財政収入額が基準財政需要額を上回る地方自治体，すなわち，上の式で財源不足額が生じない団体は，普通交付税の配分を受けません（不交付団体）。なお，配分を受けない不交付団体の数は，非常に限られています（2021年度は47都道府県中1団体〔東京都〕，1718市町村中53団体）。

　以下では，基準財政需要額と基準財政収入額の算定ルールをみることで，地方交付税による「ミクロの財源保障」の基本的な性格を確認します。

2.3　基準財政需要額の算定

　ある年度における個別の地方自治体の基準財政需要額は，その団体の財政支出の実績（決算額）や，その年度に支出を予定する額（予算額）といった，支出の実額ではありません。もしそうであれば，地方自治体がむやみに支出を拡大しても，そのための財源が常に地方交付税額の増大によってカバーされてしまいます。基準財政需要額は，個々の地方自治体の区域における経済的・社会的・地理的諸条件を踏まえ，自治体が合理的かつ妥当な水準の公共サービスを担うために必要な一般財源の額を，次のような方法で算定します。

　まず，道府県と市町村のそれぞれに，道路橋りょう費，小学校費などの算定項目が立てられています（表7-1）。算定項目のうち「個別算定経費」は，国による地方自治体への義務づけや基準づけが比較的強い事務・事業であり，それらの財政需要を測る指標としての測定単位（道路面積，教職員数など）が個別に設定されています。「包括算定経費」は，国による義務づけ・基準づけが弱い事務・事業の財政需要を，人口・面積を測定単位として一括して算定するもので，大規模インフラを除く投資的経費や，経常経費のうち地方自治体の内部管理経費などが相当します。

　市町村分の小学校費を例にとりましょう。表7-1にある通り，測定単位は「児童数」「学級数」「学校数」ですから，児童数，学級数，学校数の多少によって財政需要が測られます。そして，その算定のためには，児童1人当たり，1学級当たり，1学校当たりといった単位当たりの費用を定める必要があります。それが単位費用です（ただし，基準財政需要額は，一般財源で対応すべき財政

表7-1■算定項目と測定単位（2016年度）

【道府県分】
1 個別算定経費

項　目		測定単位
警察費		警察職員数
土木費	道路橋りょう費	道路の面積
		道路の延長
	河川費	河川の延長
	港湾費	係留施設の延長（港湾）
		外郭施設の延長（港湾）
		係留施設の延長（漁港）
		外郭施設の延長（漁港）
	その他の土木費	人口
教育費	小学校費	教職員数
	中学校費	教職員数
	高等学校費	教職員数
		生徒数
	特別支援学校費	教職員数
		学級数
	その他の教育費	人口
		公立大学等学生数
		私立学校等生徒数
厚生労働費	生活保護費	町村部人口
	社会福祉費	人口
	衛生費	人口
	高齢者保健福祉費	65歳以上人口
		75歳以上人口
	労働費	人口
産業経済費	農業行政費	農家数
	林野行政費	公有以外の林野の面積
		公有林野の面積
	水産行政費	水産業者数
	商工行政費	人口
総務費	徴税費	世帯数
	恩給費	恩給受給権者数
	地域振興費	人口
地域の元気創造事業費		人口

【市町村分】
1 個別算定経費

項　目		測定単位
消防費		人口
土木費	道路橋りょう費	道路の面積
		道路の延長
	港湾費	係留施設の延長（港湾）
		外郭施設の延長（港湾）
		係留施設の延長（漁港）
		外郭施設の延長（漁港）
	都市計画費	都市計画区域における人口
	公園費	人口
		都市公園の面積
	下水道費	人口
	その他の土木費	人口
教育費	小学校費	児童数
		学級数
		学校数
	中学校費	生徒数
		学級数
		学校数
	高等学校費	教職員数
		生徒数
	その他の教育費	人口
		幼稚園等の小学校就学前子どもの数
厚生費	生活保護費	市部人口
	社会福祉費	人口
	保健衛生費	人口
	高齢者保健福祉費	65歳以上人口
		75歳以上人口
	清掃費	人口
産業経済費	農業行政費	農家数
	林野水産行政費	林業及び水産業の従業者数
	商工行政費	人口

人口減少等特別対策事業費	人口
地域社会再生事業費	人口
地域デジタル社会推進費	人口

総務費	徴税費	世帯数
	戸籍住民基本台帳費	戸籍数
		世帯数
	地域振興費	人口
		面積
	地域の元気創造事業費	人口
	人口減少等特別対策事業費	人口
	地域社会再生事業費	人口
	地域デジタル社会推進費	人口

2　包括算定経費

測定単位
人口
面積

2　包括算定経費

測定単位
人口
面積

出所）地方交付税制度研究会編［2022］『令和4年度 地方交付税のあらまし』地方財務協会。

需要なので，国庫負担金などの特定財源で手当てされる部分は差し引かれています）。2022年度では，児童1人当たり4万5000円，1学級当たり89万3000円，1学校当たり1157万3000円と単位費用が定められています。

　そして，ある市の小学校費の基準財政需要額を算出するために，これらの単位費用に測定単位の数（その市における児童数・学級数・学校数）を掛け合わせます。ただし，その市が少人数学級に力を入れているため学級数が多くても，国の法律に定められた学級編制の標準に基づく学級数が用いられます。

　しかし，これだけでは，その市の小学校運営に要する標準的な財源を適切に把握したことになりません。というのも，単位費用は，人口・面積・自然的条件・地理的条件などが平均的である団体（「標準団体」）を想定して，一律に設定されています。しかし，寒冷地においては，暖房費や暖房設備の更新費が通常よりかかります。また，教職員の標準的給与には，地域間の物価差に基づく差がつけられています。人口の多寡や増減状況も，行政費用に差を生むでしょう。このように，標準団体を基準とする単位費用ではとらえられない費用差を，基準財政需要額に反映させるために，各種の補正係数が存在します（表7-2）。これらの補正係数が，算定項目，測定単位の性格に応じて適用されるのです。

補正の種類	概　要	適用の例
種別補正	測定単位に種別（たとえば港湾費〔係留施設の延長〕について，「国際戦略港湾」「重要港湾」といった港湾の種別）がある場合，種別により単位当たり費用（係留施設１ｍ当たりの維持管理経費等）に差があるものについて，費用差に応じ測定単位の数値を補正するもの。	港湾費（港湾の種別による経費の差）
段階補正	人口・面積など測定単位が２倍になったからといって，行政経費も２倍になるとはかぎらない。とくに人口が多くなるほど「規模の経済」が働くため，測定単位当たりの行政経費が割安になる傾向がある。 この費用差を反映させているのが，段階補正である。	包括算定経費（人口規模による段階ごとの経費の差）
密度補正	人口密度の大小に応じて行政経費が割高・割安になる状況（たとえば人口 10 万人ごとに保健所を設ける場合，人口密度の高い東京都より人口密度の低い北海道のほうが広大な面積を受け持つこととなり，経費が割高になる）を反映させるための補正。 人口密度の他に，道路面積当たりの自動車交通量の多少や，測定単位（65 歳以上人口）当たりの介護サービス受給者数といった，特定の経費の多少に影響する指標を「密度」ととらえ，それらが生む費用差を反映させる補正もある。	消防費（人口密度〔面積〕に応じた経費の差） 高齢者保健福祉費（65 歳以上人口）（介護給付費負担金等に係る経費の差）
態容補正	都市化の程度，行政権能の差（政令指定都市と一般の市），公共施設の整備状況等，地方団体ごとの「態容」が財政需要に与える影響を算定に反映ししようとする補正。 つぎのように分類されている。 普通態容補正 ─ 行政質量差によるもの ─ 都市化の度合いによるもの／隔遠の度合いによるもの／農林業地域の度合いによるもの 給与差によるもの 行政権能差によるもの 経常態容補正 投資態容補正 ─ 投資補正／事業費補正 ─ 当該年度の事業量によるもの／元利償還金によるもの	消防費（消防力の水準〔行政質量〕差） 地域振興費（人口）（給与差） 保健衛生費（保健所設置市とその他の市との行政権能差） 道路橋りょう費（未整備延長比率等による経費の必要度の差） 小・中学校費（学校教育施設等整備事業債の元利償還金）
寒冷補正	寒冷・積雪地域における特別の増加経費を算定するもの。給与差・寒冷度・積雪度を区別して補正を行っている。	小・中学校寒冷地手当・暖房費・除雪経費の差
数値急増補正/数値急減補正	数値急増による増加財政需要（たとえば人口が急増すれば社会福祉施設等を早急に整備しなければならない）や，数値が急減しても行政規模は一挙に減らせないことによる行政経費の割高化を反映するもの。	地域振興費（人口）高齢者保健福祉費（65 歳以上/75 歳以上人口）農業行政費（農家数）

| 財政力補正 | 地方債の元利償還金を算入する際に，標準財政収入額に対する比率が大きい団体について算入率を引き上げるもの。 | 災害復旧費 |
| 合併補正 | 特定の時期に合併した市町村について，合併直後に必要となる経費等を割増算入するための補正（すでに廃止され経過措置として残存）。 | 地域振興費（人口） |

出所）地方交付税制度研究会編［2016］『平成 28 年度 地方交付税のあらまし』地方財務協会，一部省略。

　以上をまとめておきましょう。ある地方自治体における基準財政需要額は，個々の算定項目について，

$$\boxed{単位費用} \times \boxed{測定単位} \times \boxed{補正係数}$$

を計算し，すべての算定項目のそれを合算したものになります。算定項目ごとに測定単位の設定も単位費用の算定根拠も異なるなど，実際の基準財政需要額の算定メカニズムはきわめて複雑ですが，ポイントは以上の通りです。

　重要なのは，基準財政需要額は，標準的な水準の公共サービスを提供した場合に必要となる一般財源の額の推計であって，各地方自治体の実際の支出ではない，ということです。それは，基準財政需要額の算定が客観性と合理性を保つことを意味します。なお，その際，ニーズ要因やコスト要因（1.2 参照）を適切に把握する必要が生じます。それを，算定項目ごとに，人員数，賃金，施設規模，民間委託料など「合理的かつ妥当な水準の公共サービス」を構成する諸要素にまで掘り下げて，国の法令などによる義務づけ・基準づけや平均的な地方自治体における支出の推移などを参照しつつ，綿密に算定する点に，基準財政需要額算定の特徴があります。

　もちろん，細かく算定すればよいとは限りません。単位費用の大きさ，測定単位のとり方，補正係数の掛け方などが，適切な財源保障を実現しているか否かが常に検証される必要がありますし，事情の異なる 1700 以上の地方自治体の財政運営がそれに左右される以上，地方自治体の立場からは異論が絶えず出てきます。地方自治体は地方交付税の運用に関する意見を総務大臣に提出することができ（2000 年度から制度化），2022 年度には 458 件の意見が提出されています。

2.4 基準財政収入額の算定

　基準財政収入額は，標準的な地方税収入をベースとして算定されます。基準財政需要額の場合と同様に，それは地方自治体の実際の地方税収入ではありません。基準財政収入額は，次の式のように算定されます。

$$\boxed{標準的な地方税収入} \times \boxed{75/100} + \boxed{地方譲与税等}$$
$$\quad\quad（標準税収入）\quad\quad\quad（算入率）$$

　基準財政収入額に含まれるのは，地方税のうち法定普通税のすべてと，地方譲与税および交付金等です。これらが標準的な地方税収入を構成します。法定外普通税や法定外目的税，および都市計画税をはじめ法定目的税の多くが基準財政収入額から除外されます。

　税率は，住民税のように標準税率が定められた税目については標準税率が用いられます。超過税率や軽減税率を採用している地方自治体も同様です。これは，超過税率を採用して税収の確保に努めても，軽減税率を採用して税収が減少しても，それらが基準財政収入額を左右しないようにするためです。つまり，基準財政収入額は，個々の地方自治体の課税努力に影響されず，標準的な地方税収入をとらえるものです。

　そして，上の式にあるように，基準財政収入額のうち，地方税（および地方税に相当するもの）については，標準的な収入に「算入率」（2022 年度現在は道府県・市町村ともに 75/100）を掛けたものが基準財政収入額となります。言い換えると，標準的な地方税収入の 25% は，基準財政収入額から外されます。この基準財政収入額から外される地方税収入を「留保財源」と呼びます。

　算入率が存在し，留保財源が設けられている理由は，おもに 2 つあります。第 1 に，基準財政需要額が，財源保障すべき財政需要をとらえ切れているとは限りません。そのため，地方自治体の財源に一定の余裕（留保財源）をもたせる必要があります。第 2 に，地方自治体が自らの税収を増やそうとする意欲を，地方交付税が妨げないようにするという意図があります。

　第 2 の点について，図 7−2 を用いて解説を加えておきます。まず，基準財政需要額は，n 年も n＋1 年も 100 億円で不変であったとします。すでに述べた通り，地方交付税の額は，基準財政需要額と基準財政収入額の差額となります。そのうえで，「交付団体 A」のケースを考えます。n 年に標準税収入が 40

図7‑2■ある地方自治体における基準財政需要額と基準財政収入額の関係

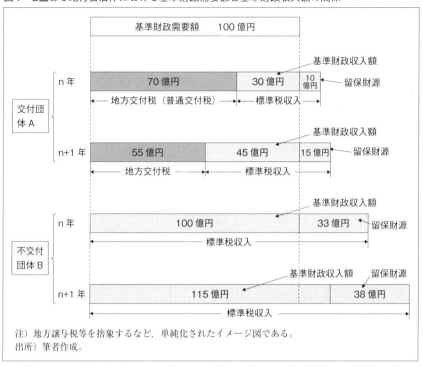

注）地方譲与税等を捨象するなど，単純化されたイメージ図である。
出所）筆者作成。

億円でしたが，地域人口の増加や所得・資産価格の向上により，n＋1年には標準税収入が60億円に増加しました。このとき，もし標準税収入のすべてが基準財政収入額に組み込まれていれば，税収が増加しても，同額（20億円）の地方交付税が減少し，標準税収入と地方交付税を合わせた一般財源はまったく増えないことになってしまいます。

　しかし，図7‑2の「交付団体A」が示すように，標準税収入の75/100だけが基準財政収入額に組み込まれ，残る25/100が留保財源として基準財政収入額から除かれれば，標準税収入が20億円増加したとき，標準税収入と地方交付税を合わせた一般財源も5億円増加します。つまり，人口，所得，資産などの伸長（課税ベースの増加）によって税収が豊富になると，基準財政収入額が増加するため地方交付税は減少しますが，留保財源の存在によって，基準財政収入額の増加度合い（地方交付税の減少度合い）が税収の増加度合いより（留保財源の分だけ）小さくなる結果，総額としての一般財源は増えるわけです。

基準財政収入額の算定においては，こうした留保財源の存在に加え，（すでに述べた通り）法定外税の課税や超過税率・軽減税率の採用の影響を標準税収入から除外することにより，地方自治体の自主的な税収増加努力を妨げないよう配慮がなされています。

2.5　財源保障機能と財政力格差是正機能の関係

　いまみた個別地方自治体に対する地方交付税配分額の算定（ミクロの財源保障）の基本的な仕組みを念頭に置きつつ，地方交付税に期待されている財源保障機能と財政力格差是正機能（財源調整機能）との関係について考えてみましょう。

　政府，もしくは地方交付税の運用を司る総務省は，財源保障機能と財政力格差是正機能とは「一体不可分の関係」にあるとしています。標準的な公共サービス供給を行う場合の財政需要（基準財政需要額）に標準的な地方税収入（基準財政収入額）が満たない分が地方交付税として配分され，すべての地方自治体に対し，標準的な財政需要を満たしうる一般財源の保障が図られます。こうして財源保障機能が発揮される結果，財政力格差，すなわち財政需要に対する課税力の不足も調整されます。それが，財源保障機能と財政力格差是正機能が「一体不可分の関係」にあるということの意味です。

　しかし，2つの機能が常に同時に満たされるとはかぎりません。そのことを，前出の図7‑2を用いて確認しましょう。先ほどと異なり，図表中の下半分にある「不交付団体B」のケースも視野に入れます。「不交付団体B」においては，n年の時点で基準財政需要額を基準財政収入額が満たしている（ともに100億円）ため，地方交付税の配分を受けていません。この「不交付団体B」で，n＋1年に，20億円の地方税収入（標準税収入）の増加が見込まれるとします。すると，「不交付団体B」の一般財源総額（地方税収入プラス地方交付税額，つまり図表中の収入全体）は，地方税収入の20億円増加分そのまま増加します。

　しかし，上述のように，「交付団体A」では，同じく地方税収入が20億円増加しても，その増加分の4分の1にあたる5億円，つまり留保財源の増加分しか一般財源総額は増えず，4分の3は地方交付税の減少により相殺されます。

したがって，好景気などにより地方税収入が全国的に増加する局面においては，交付団体と不交付団体の間の財政力格差が拡大してしまうのです。

このように，基準財政需要額を一定とした場合，地方税収入の全国的増加局面においては，地方交付税が財源保障機能を果たしても，財政力格差是正機能は発揮されません。したがって，財政需要（基準財政需要額）と課税力（基準財政収入額）のギャップを埋めるという，制度の骨格部分において，直接的に意図されているのは財源保障機能であるということができます。

③ マクロの財源保障——地方財政計画と地方交付税総額の決定

3.1 総額決定をめぐるなぞ

ところで，地方交付税をめぐっては，個別地方自治体への地方交付税の配分による「ミクロの財源保障」のみならず，地方自治体の財源を全国的な総額として保障する「マクロの財源保障」も重要です。必要な総額が確保されなければ，すべての地方自治体の一般財源を保障することは不可能だからです。

「マクロの財源保障」の要は，地方財政計画です。その概要と策定プロセスは第2章で紹介されているので，それを確認してください。地方財政計画は，地方交付税法の定めによって内閣が作成し，国会への提出と一般への公表が義務づけられている，翌年度の地方財政（普通会計）全体の歳入歳出総額の見込みとその内訳を示す書類です。

ただし，それは単なる見込みではなく，国が意図する，地方財政に対する「マクロの財源保障」の全体像を表すものです。というのも，地方財政計画の歳入には，すべての地方財源，すなわち地方税，国庫支出金，地方債，そして地方交付税が盛り込まれ，かつそれは歳入と歳出が一致するように作成されます。つまり，地方財政計画は，翌年度の地方財政全体で見込まれる歳出に対し，地方交付税を含めた各種の財源によって歳入が十分に確保されるという見通しを，国の責任において立てるものです。

地方交付税の総額は地方財政計画の策定を通じて決定されます。しかし，ここまで本章を読み進めた読者は，これに疑問を感じるかもしれません。第1に，地方交付税の財源は，国税の一定割合（交付税率）で定められています（2.1

図7‐3■地方交付税の総額決定をめぐる疑問

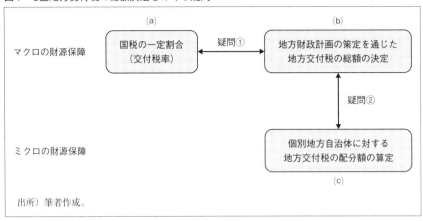

出所）筆者作成。

参照）。であれば，地方交付税の総額は，交付税率によって自動的に決まるのではないでしょうか。あるいは第2に，「ミクロの財源保障」において，個々の地方自治体への地方交付税配分額は，基準財政需要額と基準財政収入額の差額として決まります。であれば，地方交付税の総額は，「ミクロの財源保障」で決まる個々の自治体への配分額を足し合わせた全国合計で決まるのではないでしょうか。

　地方交付税の総額決定に関する2つの疑問を図7‐3で表せば，1つめは(a)と(b)の関係，2つめは(b)と(c)の関係についての疑問となります。

3.2　地方財政対策と地方交付税総額の決定

　1つめの疑問をひもときましょう。そもそも，図7‐3の(a)と(b)の額が自然に一致することは，ほぼありえません。(a)は国税の一定割合なので，対象となる国税の税収の動向により決まる一方，(b)は地方財政計画による地方自治体総体の歳入・歳出の見積もりによって決まります。国の税収が順調に伸びていれば，(a)が豊富となり，(b)を十分にまかなう額となるかもしれません（実際に，高度経済成長期や1980年代後半のバブル期にはそうでした）が，近年は常に(b)に対して(a)が不足する状況が続いています。これは，マクロの地方財源不足と呼ぶことができます。

　マクロの地方財源不足への対応は，地方財政計画を策定するプロセスにおい

て決まります（それを**地方財政対策**と呼びます）。著しい財源不足が継続的にみられる場合にとるべき対応として，地方交付税法は，地方行財政制度の改正と，交付税率の変更とを定めています（第6条3第2項）。このうち後者，すなわち交付税率の変更が，本来とるべき方法だとされています。交付税率を引き上げて，国税のうち地方交付税の財源とする割合を高めることにより，(a)を増やして財源不足を解消する方法です。

　しかし，近年の地方財政対策において，交付税率の引き上げはほとんどなされていません（2015年度に一度実施されています。また，国の税制改正や地方分権改革に応じた変更は行われています）。その最大の原因は，国の財政事情の悪化です。交付税率を引き上げれば，国税収入のうち地方交付税の財源に回る分が増え，国が自らの歳出に充てうる財源が減ってしまいます。しかも，交付税率は，「地方の固有財源」たる地方交付税の財源を定める重要な意味をもつため，いったん引き上げれば簡単に引き下げることは困難です。そのため，国の財政事情を重視する財務省などにとって，交付税率の引き上げは，容易には認めがたいことなのです。

　かといって，地方歳出を過少に見積もったり，地方税収の伸びを過大に見込むなど，地方財政の実情から乖離した地方財政計画を策定し，地方交付税の総額を圧縮すれば，国の地方財政に対する財源保障責任が問われてしまいます。そこで常態化したのが，交付税率の引き上げ以外の手段で，マクロの地方財源不足の解消を図るというパターンです。

　その方法を，図7-4に即して解説します。まず，「一般会計加算（既往法定分）」は，国の一般会計からの繰出によって地方交付税財源に加算するものです。地方交付税法の附則に基づくため，既往法定分と呼ばれます。

　つぎに，「財源対策債」は，投資的経費に対する地方債の起債充当率（第9章参照）の，臨時的な引き上げ分に相当する地方債です。それは地方自治体の債務となりますが，元利償還金の負担は，次年度以降の基準財政需要額に算入されます（発行実績に応じた算入：50％，単位費用（公債費）の追加：50％）。つまり，いったん地方債を発行することで地方自治体が肩代わりし，その債務返済の負担を後年度の地方交付税で手当てすることで，後年度の地方交付税を地方自治体がいわば「前借り」するのが財源対策債です。財源対策債が初めて発

図7-4■地方財政対策における財源不足の補塡と「折半ルール」の基本的な姿

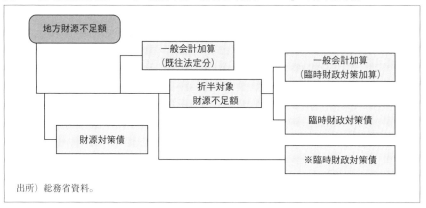

出所）総務省資料。

　行されたのは1976年度のことです。

　以上の2つの手法を用いてもなお残る財源不足が，「折半ルール」により対応されます（折半対象財源不足額）。「折半ルール」は，1978年度に初めて自治（現・総務）・大蔵（現・財務）両大臣間の覚書で規定され，その後も再確認を重ねて今に至ります。かつては，国の交付税及び譲与税配付金特別会計（交付税特別会計）による借入とその償還を通じて「折半ルール」が機能していましたが，2001年度以降は，臨時財政対策債（以下，臨財債とします）が活用されています。具体的には，折半対象財源不足額のうち半分が，国債発行による国の一般会計からの加算により手当てされます（臨時財政対策加算）。残る半分は地方自治体全体の負担となりますが，それは「基準財政需要額を臨財債に振り替える」という形をとります。

　臨財債は，地方自治体が発行します。地方財政計画において，臨財債の発行可能額が定められ，その分，基準財政需要額（≒地方交付税の総額）が圧縮されます。その代わりに，個別の地方自治体が発行した臨財債の元利償還負担の全額が，後年度の地方交付税の基準財政需要額に算入されます。つまり，先ほどの財源対策債と同様に，地方債の発行によって地方交付税の財源不足を地方自治体が肩代わりし，その債務返済の負担を後年度の地方交付税で手当てします。ただし，財源対策債は投資的経費に対する地方債発行（建設地方債）である一方，臨財債は経常的経費に対する地方債発行，すなわち特例地方債（赤字

地方債）である点が異なります。

なお，図7-4の右下に，折半対象から外れた臨財債もあります（※印）。これはおもに，すでに発行された臨財債の元利償還に充てるための同債の発行，つまり借り換えを目的とした臨財債です。これを折半対象に含めてしまうと「折半したものを再び折半する」こととなるため，外れているのです。

要約すると，国の負担による財源不足の穴埋めは，国の一般会計からの加算という形をとり，地方の負担によるそれは，財源対策債や臨財債を活用した後年度の地方交付税の「前借り」の形をとるわけです。なお，現実には，その他の臨時的な手段も絡めつつ，地方財政対策における財源不足の解消が図られていますが，その詳細はここでは割愛します。

3.3 「マクロの財源保障」と「ミクロの財源保障」の関係

つぎに，2つめの疑問，すなわち，「地方財政計画の策定を通じて決まる地方交付税総額」（図7-3の(b)）と，「個々の地方自治体への地方交付税配分額をすべて足し合わせた額」（同図の(c)）の関係を取り上げます。言い換えれば，これは「マクロの財源保障」と「ミクロの財源保障」の関係です。

地方財政計画は，予算案と同時に国会に提出されるので，通常は前年度の1月までに作成されます。それに対し，個々の地方自治体への地方交付税の配分額が確定するのは，年度に入った後の7月です。図7-3に従えば，地方交付税の総額が(b)によって決まった後に(c)が決まるわけです。

この点は非常に重要です。個々の地方自治体の基準財政需要額と基準財政収入額を綿密に算出するより前に地方交付税の総額が決まってしまうなら，それは地方財政の実情を適切に反映したものでありうるのでしょうか。

結論から述べれば，(b)は(c)と無関係に決まるわけではない，ということになります。(b)にかかわる地方財政計画は，国の予算編成と並行して練り上げられます。まず8月に，総務省は，「地方財政収支の仮試算」を作成し，次年度のすべての地方歳入・歳出の見積もりを財務省に対して示します。それは，いわば地方財政計画の8月時点での案であり，地方交付税の要求額もそこに含まれています。その後，年末あるいは1月の予算案の決定までの期間に，総務省と財務省，およびその他の省との間の折衝を通じて，地方財政計画の全体像が練

り上げられます。

それに対し，(c)にかかわる基準財政需要額の算定に用いる単位費用などの見直し作業が本格化するのは，地方財政計画の詳細が固まってくる年明け頃のことです。見直しの結果は，地方交付税法の改正法案に盛り込まれ，予算案と同時（1月末頃）に国会に提出されます。さらに，4月を過ぎてから総務省令により補正係数の内容が定まり，個々の地方自治体への地方交付税の配分額が決まります。

ただし，上述の8月に始まる一連の過程においては，その後の地方交付税配分額の算定に不合理を生むような大幅な地方財政計画の圧縮が起きないよう留意されます。そうでなければ，地方財政に対する国の財源保障責任が問われるからです。だからこそ，地方財政計画の策定においては，各省の国庫補助負担金の予算要求額や地方行政に対する国の法令に基づく義務づけの変更，前年度までの地方歳入・歳出の実績などを織り込んで，次年度の地方歳入・歳出が綿密に推計されます。

つまり，制度運営の実際において，地方財政計画を根拠として決まる地方交付税総額と，地方交付税の配分額算定とは，表裏一体となって正当性が問われます。そのかぎりにおいて，前者は後者と密接な関係を取り結んでいるわけです。

4　地方交付税の課題と今後

4.1　国の政策意図と地方交付税

地方交付税の制度と特質についてある程度理解すると，本章の冒頭で紹介したような地方交付税批判が単純にすぎることがわかると思います。とはいえ，地方交付税がさまざまな課題を抱えていることもまた事実です。

まず，不況による国税収入の減少や，時の政権の歳出抑制方針が鮮明である時期にはとくに，国の予算編成過程における地方交付税の総額確保が困難となります。国の財政赤字が拡大した1990年代半ば以降，地方交付税批判が繰り広げられた結果，基準財政需要額の算定項目の見直しや補正係数の整理・縮減が実現し，とくに2002年度から07年度にかけて，地方交付税総額の削減と財

源保障機能および財政力格差是正機能の後退が進みました。地方交付税が国の一般会計歳出の大きな項目である以上，時の政権が歳出抑制を強く意図する場合には，地方交付税にも削減圧力がかかります。

　また，国の制度・政策変更（たとえば公立学校の学級編成や教職員定数に関する標準法の改正，新たな子育て支援事業の創設，国庫負担金の負担率の変更，国から地方への事務の移譲など）や地方公務員の定員あるいは給与水準に関する国の方針が地方歳入・歳出に及ぼす影響は，比較的明確な根拠によって地方交付税の総額および配分額算定に反映されます。それに対し，地方行政の現場でしか実感されないような，地域経済・社会の状況変化に伴う公共ニーズ（財政需要）の変化を的確に反映させることは，容易ではありません。

　それゆえに，地方交付税の配分を受ける地方自治体側からみればとくに，毎年度の地方交付税の運用が，地域の実情より，むしろ国の政策意図をくみ取ったものに映ります。そのため，地方交付税が，国が地方財政を誘導する手段と化している，という批判は絶えません。

　とくに，国庫補助金（第8章）や地方債（第9章）と地方交付税が一体的に運用される点については，かねてより批判が向けられてきました。国庫補助金は，国が地方自治体に対してある事業の実施を奨励する性格を有しますが，それに伴う地方負担分（補助率5割の補助事業であれば，残りの5割分が地方負担）をまかなう地方財源がなければ，地方自治体は補助事業を遂行することができません。しかし，地方負担分は地方財政計画の歳出に確実に盛り込まれ，基準財政需要額にも組み込まれて，財源が保障されます。つまり，国庫補助金による地方自治体に対する政策的誘導は，地方交付税による財源保障があってこそ効果を発揮したといえ，その意味で，地方交付税は「集権的分散システム」（第1章，第2章参照）を機能させる不可欠なピースでした。もっともそれは，地方交付税そのものの問題ではなく，むしろ国庫補助金の過剰な活用が生んだ問題だというべきかもしれません。

　また，事業費補正（表7-2）により，地方債の元利償還費の負担を地方交付税で措置（基準財政需要に算入）することが，しばしば批判の的となっています。ただし，事業費が多額にのぼり，後年度の元利償還負担が大きくなる投資的事業の実施を地方自治体に期待するかぎり，その財源を保障することは必要

となります。

　問題とすべきは，その濫用です。日米構造協議を受けて国の公共投資（イン
フラ・施設整備）拡大方針が明確となった1980年代末から90年代にかけて，
公共投資の実施を地方自治体に促すため，元利償還費の基準財政需要額への算
入が大幅に拡充されましたが，結果として，必要性の薄い事業が無原則に行わ
れる傾向が生じました。この時期の事業費補正の活用のされ方が批判を受ける
のは当然ですが，実際には，事業費補正の意義を全否定するような論調が，
1990年代から2000年代にかけて強まりました。

　以上を総括すれば，客観的・合理的に地方自治体の財政需要と課税力を測り，
財源保障と財政力格差是正を図るという，地方交付税の本来的な趣旨を大切に
しないと，地方交付税制度が過度の批判にさらされてしまうということを，歴
史は物語っているといえるでしょう。

4.2　「マクロの財源保障」における財源不足と対応策

　地方財政計画上，交付税率で決まる地方交付税財源が不足する状況（「マク
ロの財源保障」における財源不足）が定着したのは，1975年以降のことです。
1980年代末には，バブル景気による国税・地方税の大幅増収によって財源不
足額が1兆円を切りましたが，90年代以降は巨額に膨れ上がりました。それ
に対処する地方財政対策において，本来なされるべき交付税率の引き上げがな
かなか実現せず，代わりにさまざまな手段により財源補塡がなされていること
は，3.2で説明した通りです。

　2000年度以降の動向を，図7−5で確認しましょう。まず地方財政計画の総
額の伸び率（点線の折れ線）をみると，2012年度までかなり抑制されてきたこ
とがわかります。こうした明確な抑制基調は，それ以前の地方財政計画になか
ったことです。ところがこの時期に，地方財政計画の総額に対する財源不足額
の割合（実線の折れ線）は，景気回復局面には低下するものの，ほぼ毎年度10
％を超えており，2010年度には過去最高の22.2％に達しました。つまり，地
方財政計画の総額は抑えられているのに，景気後退期には財源不足額が膨れ上
がり，景気回復期にも解消されるには至らないという状態なのです。

　図7−5の棒グラフは，財源不足を補塡するおもな手段を示しています。臨

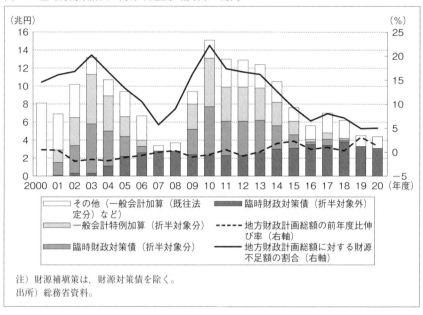

図7‐5■地方財政計画と財源不足額，補填策の動向

注）財源補填策は，財源対策債を除く。
出所）総務省資料。

財債が「折半ルール」における地方負担分をまかなうようになったのは，2001年度以降のことです（3.2参照）。国による地方財源保障のための財源の不足を，地方が国と折半して埋め合わせるという「折半ルール」そのものも本来は問題とすべきですが，ここでは，その地方負担分を手当てする臨財債の性格について考えておきたいと思います。なぜなら，それが2000年度以降の地方財政対策において重要な手段となっていることは，図7‐5でも明らかだからです。

　臨財債の発行は，地方自治体に地方債を発行させて地方交付税総額を圧縮するかわりに，元利償還費を後年度の地方交付税でカバーするという「後年度の地方交付税の前借り」です。通常，このような手法は，景気の悪化により地方交付税財源の不足が生じる時期に「前借り」をし，後の景気回復期にそれを相殺する，「年度間調整」であると説明されています。また，臨財債導入以前の「交付税特別会計での借入」という手法も，同様の性格を帯びていました。しかし，1970年代半ば以来の長期にわたり，「前借り」が恒久的に重ねられていることは，「年度間調整」の主旨を逸脱しています。しかも，1990年代以降の日本経済には低成長が定着しており，将来の好景気を前提とする「年度間調

整」は通用しがたくなっています。

　くわえて，臨財債のなかでもとくに，「折半対象外」の臨財債についてふれておく必要があります。図7-5の通り，「折半対象外」臨財債は増加基調にあり，2016年度では「折半対象」臨財債が2700億円であるのに対し，「折半対象外」臨財債は3兆5000億円にのぼっています。とくに，税収増などによって財源不足額が縮小する局面（2007年度，08年度や14年度以降）では，「折半対象外」臨財債の存在が際立つこととなっています。

　「折半対象外」の臨財債は，償還期限が来る臨財債の基準財政需要額への算入を，臨財債の借り換えによって繰り延べするものです。つまり，「前借り」した地方交付税の「前借り」期間を延長することで，地方交付税による財源保障の正常な実現を先送りし，地方交付税の総額を圧縮しているわけです。

　このような「折半対象外」での臨財債の発行は，未償還の臨財債が残るかぎり継続が可能ですし，借り換えなので，原則として地方負担が増加するわけでもありません。ただし，「マクロの財源保障」を実現する手段としては，かなり変則的であるため，望ましいものとはいいがたいでしょう。さらに「折半対象」の臨財債は，「折半ルール」により同額の国の一般会計からの臨時加算を必ず伴いますが，「折半対象外」臨財債はそうではありません。しかも，それは「折半対象外」の一般会計加算を節減する効果も有しています。このように，「折半対象外」臨財債は，国が一般会計加算によって「マクロの財源保障」の責任を果たす必要性を薄めるものであるといえます。

　こうした現状は，交付税率の引き上げによる地方交付税財源の確保という，本来とるべき手段が避けられてきたという問題を，改めて問い直す必要性を示しています。

4.3　地方交付税の重要性と根本課題

　地方財源を保障し財政力格差を是正する地方交付税の役割が，地方自治を財源面から支えるために不可欠であることは，間違いありません。また，合理的かつ妥当な行政運営を仮定し，地方自治体の財政需要と課税力を測り，そのギャップに着目して財源を保障するという現行の枠組みを抜本的に変えることは，現実的に必要性も可能性も低いといえます。くわえて，地方分権改革の一環と

して 2000 年代に進められた「三位一体の改革」では，所得税（国税）から個人住民税（道府県・市町村税）への税源移譲や国庫補助負担金の廃止・縮減により，地方財政運営の自主性の向上が図られました。そうした流れは，地方自治体の一般財源を保障する地方交付税の役割をさらに高めています。

　このような，地方分権を支える「地方の固有財源」という地方交付税の位置づけを踏まえて，最後に大きな今後の課題を 1 つ挙げておきます。

　それは，地方交付税制度の運用に対して，地方自治体の参加を保障することです。上述の通り，「ミクロの財源保障」すなわち地方交付税の個別地方自治体への配分額算定は，もっぱら総務省が行います（測定単位や単位費用は国会で議決されますが，国会審議ではほとんど吟味されません）。また，「マクロの財源保障」すなわち地方財政計画の策定は，国レベルの予算編成過程という，地方自治体や一般市民にとってきわめて不透明なプロセスです。なお，「三位一体の改革」に伴い「国と地方の協議の場」が創設されましたが，そもそも意思決定の場ではないうえに，協議の場としても形骸化しています。そこで，地方交付税の運用に深くかかわる総務省，財務省などと地方自治体の代表とが対等な立場で参加し，マクロ・ミクロ両面の地方交付税の運用に関する協議・決定を行う，合議体を創設することが考えられます。

　そこには，大きく 2 つの意義が込められています。1 つには，地方交付税の制度設計や毎年度の運用に対する，地方財政の実情のより適切な反映が期待されます。ただし，現状では，地方交付税のあり方について，大都市は大都市の利益，小規模町村は小規模町村の利益というように，地方自治体同士の利害の相違が強調されがちです。それが変わらなければ，地方自治体の代表が意思決定に参加しても，地方交付税の改善よりむしろ意思決定の混乱を招くことが想像されます。

　そこで重要なのが，もう 1 つの意義です。それは，地方交付税は国からの「お恵み」ではなく「地方の固有財源」であり，地方自治体が主体的に運用するものだ，という地方自治体の意識の向上です。現状では，総務省が地方自治体の諸事情をくみ取り，折り合いをつけつつ，予算編成における調整まで取り仕切ることで，地方交付税の運用が図られています。それが地方自治体の主体性を薄めた結果，地方間での利害の争いに陥ったり，地方財源の増額を国に要

求するばかりの姿勢につながっている面があります。たとえば，学校のクラス
でも，先生が調整と決定をするとわかっていれば，生徒たちは個々ばらばらの
要求を主張しがちとなりますが，生徒自身が調整・決定する必要があれば，共
通解を見出すための話し合いが深まるのが普通でしょう。

　今後の地方交付税は，地方自治を支える「地方の固有財源」として，地方分
権の時代に合わせて成熟していく必要があります。地方自治体自身が，地方財
政が充足すべき住民ニーズは何か，そして地方交付税が財源保障すべき部分は
何なのか，といった根本を自ら問い直し，個別の事情や利害を超えて地方財政
と地方交付税のあるべき姿を熟議すること，そして，その結果が地方交付税の
制度改善や毎年度の運用に反映されていくことが，何より不可欠ではないでし
ょうか。それは，「地方交付税をどうするか」という問題以前の，「どうするか
を誰がいかにして決めるのか」，という部分にかかわる根本課題です。

❖ さらに学ぶ人のために：制度の沿革からみた「マクロの財源保障」

　地方交付税の総額が，交付税率で決まる地方交付税財源の額や個別地方自治
体への配分額の全国合計額ではなく，地方財政計画によって決まるという現行
の運用実態は，地方交付税制度の成立に至るまでの，戦時期および戦後直後の
歴史的経験の産物であるといえます。

　1940 年に創設された地方分与税制度は，還付税と配付税（後に地方分与税，
さらに地方配付税に改編）に分かれており，うち後者が比較的簡素な財政調整
制度でした。ただし，その総額は，国税の所得税，法人税などの一定割合とさ
れ，それが地方財源保障のために十分であるか否かは問われませんでした。し
かも，戦時の混乱や終戦直後の激しいインフレのもとで，その割合は毎年度変
更され，総額は著しく安定性を欠きました。とくに 1949 年度には，厳格な均
衡予算方針（ドッジ・ライン）により財源が大幅に削減され，財政調整制度と
しての信頼性が根底から揺らぐ事態となりました。

　これを受けて，シャウプ勧告の内容に基づき 1950 年に新設された地方財政
平衡交付金制度のもとでは，基準財政需要額と基準財政収入額とを綿密に算定
し，その差分を地方自治体に交付する方法が導入されるとともに，それを積み

上げた全国合計額で総額を決定することとなりました。その意図は，総額の決定根拠を基準財政需要額と基準財政収入額の算定結果に求めることによって，地方財政に対する財源保障を実現することにありました。

ところが，地方財政平衡交付金の総額決定は難航を極めました。まず，予算編成に間にあうように積み上げ算定を行うことが技術的に困難でした。また，大蔵省主導の予算編成過程において，地方税収入の過大見積もりや地方歳出の過少見積もりが重ねられました。結局，財源保障機能を強めたはずの地方財政平衡交付金制度のもとで，1950年代前半の地方財政はむしろ困窮を極めたのです。

これらの経験を踏まえ，1954年度に導入された地方交付税においては，まず地方配付税のように主要国税収入の一定割合を地方交付税財源として法定しつつ，「地方の固有財源」としての地方交付税の意義を確認し，安易な交付税率の引き下げに歯止めをかけました。また，配分額の算定（ミクロの財源保障）については，地方財政平衡交付金で導入された財政需要と課税力を綿密に算出する方式を受け継ぎました。しかし，総額の決定は，交付税率でも配分額の積み上げでもなく，国の地方に対するマクロの財源保障責任の表現としての地方財政計画で決定するという，事実上の運用が定着します。

なお，マクロの財源保障の要としての地方財政計画の位置づけは，地方財政計画の歳入と歳出を必ず一致させることが通例となって，明確となりました。それは，地方交付税の導入から間もない1955年度の予算編成において，歳入が歳出に満たない地方財政計画を自治庁（現・総務省）が国会に提出しようとしたところ，大蔵省（現・財務省）などが反発して撤回されて以来のことです。

● 演習問題 ●
① 本章の冒頭に示した，「地方交付税によって，人口の少ない地域の住民ほど，全国の人々の税負担によって，過剰に手厚い公共サービスを受けているのではないか」という批判について，あなたはどう考えますか。
② 本章の冒頭に示した，「地方交付税は，自治体レベルの受益と負担の対応を弱め，自治体財政の効率性を損ねている」という批判について，あなたはどう考えますか。

③ インターネットで，地方交付税のあり方に関する信頼できる論評（新聞記事，専門家の論説，政府の資料など）を収集し，吟味して，地方交付税をめぐる議論のおもな論点，および見解の異なりを整理してみましょう。

● 文献案内 ●

小西砂千夫［2018］『基本から学ぶ地方財政〔新版〕』学陽書房
　「マクロの財源保障」と「ミクロの財源保障」の両面について，平易かつ詳細な解説により，正確な制度理解をうながすテキスト。

神野直彦・池上岳彦編［2003］『地方交付税 何が問題か──財政調整制度の歴史と国際比較』東洋経済新報社
　日本における地方財政調整制度の歴史と，ドイツ・フランス・スウェーデンなど主要国との国際比較の視点から，地方交付税のあり方を論じています。

石原信雄［2016］『新地方財政調整制度論〔改訂版〕』ぎょうせい
　総務省（旧・自治省）官僚の手による，地方交付税制度の変遷と現状，およびそれらの意味や背景に関する解説の決定版。

● 参考文献 ●

石原信雄［2016］『新地方財政調整制度論〔改訂版〕』ぎょうせい

小西砂千夫［2018］『基本から学ぶ地方財政〔新版〕』学陽書房

神野直彦・池上岳彦編［2003］『地方交付税 何が問題か──財政調整制度の歴史と国際比較』東洋経済新報社

地方交付税制度研究会編［2022］『令和4年度 地方交付税制度のあらまし』地方財務協会

Shah, A.［2006］ *A Practitioner's Guide to Intergovernmental Fiscal Transfers*, World Bank Policy Research Working Paper 4039.

（高端 正幸）

第8章
国庫支出金
中央省庁による地方のコントロール

　みなさんの住む町で，中心市街地にある広場を賑わいのある空間にするために，図書館やカフェを併設した建物を整備する計画が持ち上がったとしましょう。みなさんはそこにどんな機能がほしいと考えますか。バンドの練習ができる小スタジオ，サークル活動ができるスペース，カフェ，コンビニなど希望はさまざまでしょう。ところが，施設整備には費用がかかります。もし，会議室や保育所であれば国から補助金がもらえるが，図書館やスタジオを整備する場合には，自分たちが地元で負担する地方税などでまかなわなくてはならないとしたらどうでしょうか。自分たちの限られた財源でつくりたい施設を整備するでしょうか。それとも，国から補助金をもらうことを優先し，図書館やスタジオの整備をあきらめますか。

　前章まででみてきたように，地方自治体の財政収入は，租税などの自主財源だけでまかなわれているわけではありません。地方自治体は国からさまざまな依存財源を受け取っています。この章では，そのなかでも，国が使途を特定して地方自治体に交付する国庫支出金について取り上げます。

　国から地方自治体に補助金が交付されることにより，自治体は限られた自主財源しかなくとも事業を実施できるようになります。その反面で，国庫支出金の多くは，国がその使途をあらかじめ厳格に定めていることから，地方自治体が地域の実情に即した事業を実施することが難しくなることがあります。「国が資金を出すが，口も出す」という国庫支出金制度の意義と課題について考え

てみましょう。

Key Questions
☐ 国が地方自治体に交付する補助金にはどのようなものがあるでしょうか。ま
　た国が地方自治体に補助金を交付する意義はどこにあるでしょうか。
☐ 国から各地方自治体に交付される補助金の額はどのように決められているの
　でしょうか。

Keywords
一般補助金　特定（目的）補助金　一般財源化　地方負担の原則　国庫負担金
国庫補助金　国庫委託金　三位一体の改革　社会保障と税の一体改革
地方分権改革　超過負担　一括交付金　箇所付け

1　補助金制度

1.1　補助金とは何か

　補助金とは，ある主体が他の主体の事業や活動を支援・推進する目的で，資
金を支出するものです。地方財政制度のなかで，補助金という用語は，国から
地方自治体への補助金のほか，自治体が地域団体（町内会・自治会，商店街な
ど）や民間企業，NPO などに対して支出する補助金など，さまざまなものを
含んでいます。この章では，国から地方自治体への財政移転としての補助金で
ある国庫支出金に着目します。

　一般に，補助金にはその使途があらかじめ特定されることのない**一般補助金**
と，使い道があらかじめ決められた**特定（目的）補助金**の2つがあります。第
5章でみたように，日本には国から地方への財政移転を支える2つの大きな仕
組みとして，地方交付税と国庫支出金がありますが，大括りにいえば，地方交
付税は一般補助金，国庫支出金は特定補助金にあたります。

　特定補助金は，使途が特定されていることから，地方自治体にとって使い勝
手が必ずしもよい制度ではありません。使途の範囲が決められているため，そ
の範囲のなかで使い道を考えなくてはならないという不自由さがあります。

他方で，地方自治体が，国の決めた基準やルールに従って事業を推進することを選択して，特定補助金を受ければ，その分だけ一般財源を支出せずとも事業を実施できます。すなわち国庫支出金は，国が決めたやり方で地方自治体が特定の事業を実施することを後押しする制度といえるでしょう。国の各省庁では，全国の地方自治体で事業を一定の基準に沿って推進してもらおうと，国庫支出金を交付することを考えるのです。反対に，国がある事業に対する特定補助金を廃止して**一般財源化**した結果，各地の地方自治体で，その事業の縮小が起こった例もあります。

　補助金は，交付額の決め方によって定額補助金と定率補助金に区分することもできます。定額補助金とは，決められた額を補助するものであり，定率補助金とは，事業費全体の一定の比率で補助を行うものです。

1.2　国・地方の負担区分原則と補助金

　では，そもそも，地方自治体の行政サービスにかかる費用を国が負担することについて，どのように考えればよいでしょうか。日本では，地方自治体が事務を行うために要する経費は自治体自らが負担するという**地方負担の原則**が法律で定められています（地方財政法第9条）。ただし，この規定には例外が設けられており，国が費用の全額または一部を負担する場合についての規定があります。

　具体的に国が負担する場合の規定をみていきましょう。地方財政法では「地方公共団体が法令に基づいて実施しなければならない事務であって，国と地方公共団体相互の利害に関係がある事務のうち，その円滑な運営を期するためには，なお，国が進んで経費を負担する必要がある」もの（第10条），「地方公共団体が国民経済に適合するように総合的に樹立された計画に従って実施しなければならない法律又は政令で定める土木その他の建設事業に要する」経費（第10条の2），「地方公共団体が実施しなければならない法律又は政令で定める災害に係る事務で，地方税法又は地方交付税法によってはその財政需要に適合した財源を得ることが困難なものを行うために要する」経費（第10条の3）については，国の負担が認められています。ただし，専ら国の利害に関係のある事務を行うために要する国政選挙や国勢調査などの事務経費については，

「地方公共団体は，その経費を負担する義務を負わない」（第10条の4）とされています。そして，国と地方の両方で経費を負担する事業に関する経費負担割合は，関連する法律や政令で定めることとされています（第11条）。このほかにも「国は，その施策を行うため特別の必要があると認めるとき又は地方公共団体の財政上特別の必要があると認めるときに限り，当該地方公共団体に対して，補助金を交付することができる」（第16条）と定めた規定があり，国が地方自治体に対して特定の事業実施を奨励する場合に，補助金を出すことが認められています。

　市町村が受け取る補助金には，国庫支出金以外に，都道府県支出金があります。これには，国がいったん都道府県に対して支出した国庫支出金の一部が市町村に交付されるものと，都道府県が独自に市町村に対して支出しているものがあります。

1.3　補助金の補助負担方式

　図8-1は地方自治体が実施する義務教育関連の補助事業における負担枠組みを示しています。図中の「国」に当たる部分が，国から地方自治体に交付される補助金でまかなわれます。各省庁が交付した補助金を活用して地方自治体が事業を実施する場合，その費用の負担区分は事業ごとに定められています。地方自治体が事業を推進するには，図8-1の通り，補助金以外に一般財源（地方税・地方交付税等）を確保したり，地方債を発行して借入により財源を調達する必要があります。これは地方自治体の裏負担と呼ばれており，その必要額は地方交付税の基準財政需要額に算入され，財源保障の対象とされています。このように，日本では補助金の多くが定率補助であり，地方自治体では補助金のほか，一般財源や起債による財源調達を通じて事業を実施しているのです。

　また，1つの施策に対して，複数の補助金が支出されていることもしばしばあります。実際に義務教育を例にとって考えてみましょう。

　日本では小・中学校で計9年間の初等・中等教育を受けることが法律で義務づけられています。そこで，全国どこでも標準的な教育を受けることができるよう，国が地方自治体に対して国庫支出金を支給し，義務教育にかかる財政負担を担っています。公立小学校・中学校の教員は，都道府県および政令指定都

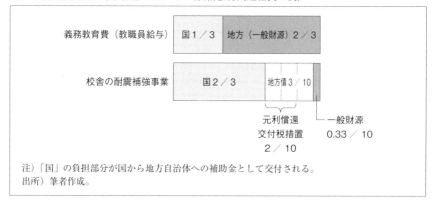

図8-1■補助事業の費用負担スキーム（義務教育関連経費の例）

義務教育費（教職員給与）　国1／3　地方（一般財源）2／3

校舎の耐震補強事業　国2／3　地方債3／10

元利償還　──一般財源
交付税措置　0.33／10
2／10

注）「国」の負担部分が国から地方自治体への補助金として交付される。
出所）筆者作成。

市によって雇用されていますが，それら人件費は，国が3分の1を負担し，都道府県および政令指定都市が残りの3分の2を負担する原則となっています。また小学校・中学校の校舎や体育館などの施設・設備は市町村が整備するのですが，その整備費は，国が2分の1ないし3分の1を補助し，市町村が残りの2分の1ないし3分の2を負担することとされています。このほか，教科書の費用は全額が国の負担でまかなわれています。このように国が義務教育に要する経費について一定の負担を行う理由の1つは，全国どこの地域であっても一定水準の教育を受けられるよう，国が責任をもつという考え方にあります。そこには，国の補助が得られず，教員確保や施設整備が難しく，十分な教育機会を確保できない地域への対応を図ろうとする長年の取り組みがありました（第10章参照）。

② 国庫支出金制度

今日の日本における国庫支出金の状況についてみていくことにしましょう。

2.1　国庫支出金の分類

国庫支出金は，**国庫負担金**，**国庫補助金**，**国庫委託金**の3つに区分されます。国庫負担金とは，国と地方自治体が共同で責任をもつ事務事業に対して，経費負担区分を定めて義務的に負担するものを指します。具体的には義務教育費国

庫負担金，生活保護費国庫負担金などがあります。国庫補助金とは，国が特定の事務事業を奨励したり，財政援助のために地方自治体に支出するもので，国が任意に支出する資金をいいます。国庫委託金とは，本来，国が実施すべき事務を，便宜上，地方自治体に委託する場合に交付される資金をいいます。具体的には国政選挙にかかる費用や国勢調査にかかる費用に対する委託金があります。

2.2 国庫支出金の流れ

図8-2は，国から地方自治体への財政移転の流れを示したものです。いったん国に入った国税収入等（Ⓐ）のうち，一般行政経費として各省庁に配分された予算（Ⓑ）の一部は，それぞれの省庁が，政策を推進する目的で，自ら支出を行うだけでなく，地方自治体に国庫支出金として補助金・負担金を支出（Ⓒ）しています。他方で，地方自治体が標準的な行政サービスを担うために必要とされる財源は，国の一般会計から地方財政関係費として，交付税及び譲与税配付金特別会計（交付税特会）に支出（Ⓓ）され，そこから各自治体に地方交付税交付金（Ⓔ），地方特例交付金（Ⓖ）として交付されます。ただし，地方法人税は直接交付税特会に繰り入れられ，そこから支出（Ⓓ）されます。また，揮発油税等の収入も地方譲与税譲与金（Ⓕ）として譲与されます。

この図からわかるように，国庫支出金は，財務省から予算を配分された国の各事業官庁が，事業を推進するために地方自治体に使途を限定した補助金として交付するものなのです。補助金が各省庁の「ひも付き」といわれるのはこのような理由によります。一定の資金の交付を通じて，各省庁の政策意図を地方自治体に徹底してもらうのです。

2.3 国庫支出金の推移と構成

実際の国庫支出金の規模と構成についてみていきましょう。図8-3は全国の地方自治体の歳入額とそれに占める国庫支出金割合の推移を示しています。この図からわかるように，地方自治体の歳入に占める国庫支出金割合は，1970年代後半まで2割強を占めていましたが，80年代を通じて大きく減少していきます。1990年代にいったん15％程度に落ち着きますが，その後2000年代

図 8 - 2 ■国から地方への財政移転の流れ

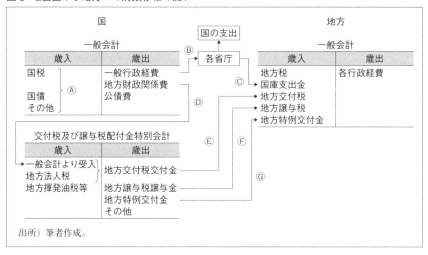

出所）筆者作成。

図 8 - 3 ■地方の歳入決算額ならびに歳入に占める国庫支出金割合の推移

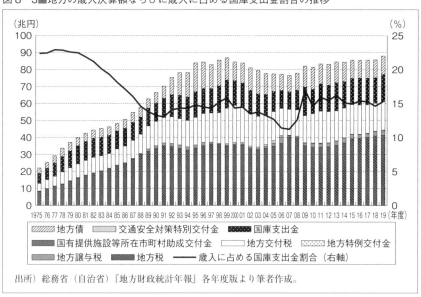

出所）総務省（自治省）『地方財政統計年報』各年度版より筆者作成。

に入ると，再びその割合が低下していきます。その値は 2009 年度に再び上昇しますが，10 年度以降は 14〜16% 程度の水準で，今日に至っています。

表 8 - 1 は，2019 年度の国庫支出金の項目とその規模を都道府県，市町村，純計でそれぞれ示しています。純計額をみると，国庫支出金のうち最も規模が

表 8‐1■国庫支出金の項目とその規模

（単位：百万円，%）

区　　分	2019 年度					
	都道府県		市町村		純計額	
義務教育費負担金	1,256,722	21.1	273,242	2.8	1,529,964	9.7
生活保護費負担金	136,586	2.3	2,601,269	26.3	2,737,855	17.3
児童保護費等負担金	114,360	1.9	1,235,390	12.5	1,349,750	8.5
障害者自立支援給付費等負担金	77,434	1.3	1,305,712	13.2	1,383,146	8.7
私立高等学校等経常費助成費補助金	96,693	1.6	–		96,693	0.6
児童手当等交付金	–		1,314,145	13.3	1,314,145	8.3
公立高等学校授業料不徴収交付金	28	0.0	3	0.0	32	0.0
高等学校等就学支援金交付金	348,005	5.8	–		348,005	2.2
普通建設事業費支出金	1,277,709	21.5	703,988	7.1	1,981,697	12.5
災害復旧事業費支出金	383,287	6.4	170,724	1.7	554,012	3.5
失業対策事業費支出金	–		25	0.0	25	0.0
委託金	128,641	2.2	88,458	0.9	217,100	1.4
普通建設事業	6,224	0.1	4,217	0.0	10,441	0.1
災害復旧事業	92	0.0	2,202	0.0	2,295	0.0
その他	122,325	2.1	82,039	0.9	204,364	1.3
財政補給金	817	0.0	3,982	0.0	4,799	0.0
国有提供施設等所在市町村助成交付金	34	0.0	36,506	0.4	36,540	0.2
交通安全対策特別交付金	28,245	0.5	20,703	0.2	48,948	0.3
電源立地地域対策交付金	86,197	1.4	29,363	0.3	115,560	0.7
特定防衛施設周辺整備調整交付金	–		21,054	0.2	21,054	0.1
石油貯蔵施設立地対策等交付金	5,052	0.1	–		5,052	0.0
社会資本整備総合交付金	1,039,785	17.5	733,670	7.4	1,773,455	11.2
地方創生関係交付金	36,749	0.6	44,203	0.4	80,952	0.5
東日本大震災復興交付金	26,897	0.5	72,630	0.7	99,527	0.6
その他	910,188	15.3	1,225,884	12.5	2,136,069	13.7
合　計	5,953,429	100.0	9,880,951	100.0	15,834,380	100.0

出所）総務省『地方財政白書』2021 年度版より筆者作成。

大きいのは生活保護費（国庫）負担金で約 2.74 兆円（総額の 17.3%）であり，これに次いで，普通建設事業費（国庫）支出金 1.98 兆円（12.5%），社会資本整備総合交付金 1.77 兆円（11.2%），義務教育費（国庫）負担金 1.53 兆円（9.7%），障害者自立支援給付費等負担金 1.38 兆円（8.7%）となっており，これら 5 項目で全体の 6 割程度を占めています。

　ここから，国庫支出金を通じた補助負担対象事業には，生活保護や義務教育のほか，社会資本整備などの建設事業もあることがわかります。このように，今日では社会保障や義務教育などの割合が高くなっていますが，1980 年代前半までは，国庫支出金の 45% 程度が普通建設事業費となっていました。ところが投資的経費全体の縮小に加え，普通建設事業費に占める地方単独事業の割合が増えていったことなどを背景に，建設事業費の割合は縮小していきました。一方，義務教育費国庫負担金は 2000 年代前半まで，ほぼ横ばいで推移しますが，後述する**三位一体の改革**を通じて，国の負担割合は縮減されていきました。

表 8‑2■地方自治体向け補助金等の主要経費別内訳 (当初予算ベース)

(単位：兆円)

年度	社会保障								文教・科学振興			公共事業関係		その他	合計
		構成比(%)	高齢医療(老人医療)	市町村国保	生活保護	介護保険	障害者支援	子ども・子育て支援		構成比(%)	義務教育		構成比(%)		
1998	8.6	(44.8)	–	–	–	–	–	–	3.4	(17.7)	–	5.9	(30.7%)	1.3	19.2
2003	11.1	(54.4)	3.4	2.3	1.5	1.5	–	0.8	3.2	(15.7)	2.8	5.1	(25.0%)	1.0	20.4
2004	11.7	(57.4)	3.6	2.5	1.7	1.7	–	0.6	2.9	(14.2)	2.5	4.8	(23.5%)	1.0	20.4
2005	11.9	(60.1)	3.6	2.2	1.9	1.8	–	0.6	2.4	(12.1)	2.1	4.5	(22.7%)	1.0	19.8
2006	11.7	(62.6)	3.7	2.2	2.0	1.8	–	0.6	2.0	(10.7)	1.7	4.2	(22.5%)	0.8	18.7
2007	12.2	(64.2)	3.8	2.3	2.0	1.8	–	0.5	2.0	(10.5)	1.7	4.1	(21.6%)	0.8	19.0
2008	12.4	(64.9)	4.1	2.1	2.0	1.9	0.7	1.1	2.0	(10.5)	1.7	3.9	(20.4%)	0.7	19.1
2009	12.9	(66.2)	4.3	2.2	2.1	1.9	0.7	1.1	2.0	(10.3)	1.6	3.8	(19.5%)	0.8	19.5
2010	14.8	(70.5)	–	–	–	–	–	–	2.3	(11.0)	–	3.1	(14.8%)	0.8	21.0
2011	16.0	(73.4)	4.6	2.4	2.6	2.1	0.9	2.8	2.2	(10.1)	1.6	2.3	(10.6%)	1.2	21.8
2012	16.0	(75.4)	4.9	2.3	2.8	2.2	1.0	2.3	2.2	(9.0)	1.5	1.9	(11.1%)	1.5	21.6
2013	16.4	(74.2)	5.1	2.3	2.9	2.3	1.2	2.1	2.2	(10.0)	1.5	2.6	(11.8%)	0.9	22.1
2014	17.4	(75.0)	5.3	2.5	2.9	2.4	1.3	2.1	2.2	(9.5)	1.5	2.7	(11.6%)	1.0	23.2
2015	18.2	(75.5)	5.5	2.5	2.9	2.5	1.3	2.2	2.2	(9.1)	1.5	2.7	(11.2%)	1.1	24.1
2016	18.4	(75.4)	5.6	2.5	2.9	2.5	1.4	2.2	2.2	(9.0)	1.5	2.7	(11.1%)	1.1	24.4
2017	19.0	(76.3)	5.7	2.6	2.9	2.6	1.5	2.4	2.2	(8.8)	1.5	2.7	(10.8%)	1.0	24.9
2018	19.4	(76.7)	5.8	2.5	2.9	2.7	1.6	2.5	2.2	(8.7)	1.5	2.7	(10.7%)	1.1	25.3
2019	20.2	(75.1)	5.9	2.5	2.9	2.8	1.8	2.7	2.2	(8.2)	1.5	3.1	(11.5%)	1.3	26.9
2020	21.0	(76.1)	6.0	2.5	2.9	3.0	1.9	3.0	2.2	(8.0)	1.5	3.1	(11.2%)	1.3	27.6
2021	21.0	(77.8)	6.0	2.4	2.9	3.1	2.0	3.1	2.2	(8.1)	1.5	2.7	(10.0%)	1.1	27.0
2022	21.3	(78.0)	6.1	2.4	2.8	3.2	2.1	3.2	2.2	(8.1)	1.5	2.7	(9.9%)	1.1	27.3

注) 1 「子ども・子育て支援」欄は，児童手当（子ども手当），児童扶養手当，保育所運営費等の児童福祉。
　　 2 「-」は内訳不明。
　　 3 一般会計と特別会計を合わせた額。ただし復興特別会計の補助金を除いている。
出所）財務省資料等により筆者作成。

　他方で，生活保護費は，不況や雇用不安定化に伴う保護受給者の増大により，2000 年以降，次第に給付額が増える傾向にあり，その結果，国庫負担金も増えました。このほか，2010 年度より，子育て支援のための子ども手当制度の導入（後に児童手当に改定）を通じて財政支出額の増大が生じ，子ども・子育てに関する補助負担金の規模は増大しました。さらに，2012 年度からの**社会保障と税の一体改革**により，消費税率の 5％ から 10％ への引き上げによる財源を活用して社会保障の充実が図られ，なかでも子ども・子育て関連の事業費の増加とともに，国から地方への補助金が増大しました。このように，国庫支出金を通じた国から地方への財政移転制度は，時代とともに，投資的経費から福祉や教育などの支出へとウェイトを少しずつ移し，今日に至っているのです。
　表 8‑2 は，国から地方自治体への補助金等の金額とその構成割合の推移を

示しています。この表から，公共事業関連の補助金等の割合が大幅に縮小し，社会保障関連の補助金等の割合が増えていることがわかります。

 3 補助金の歴史と補助金改革

次に，国から地方自治体に対する補助金の変遷についてみていくことにしましょう。

3.1 戦前の補助金制度

戦前の財政制度をひもとくと，補助金は，国が地方費の一部を「上から補助」するという意味で「国庫下渡金」と称されていました。明治期以来の地方財政の状況をみると，財政支出の多くの割合を占めていた項目の1つが教育費でした。1918年に市町村義務教育費国庫負担法が成立し，これによって，地方の教育費を国と地方が共同で負担するという考え方が導入されています。また戦前には警察費や土木事業，農林業などにも国から一定の補助金が支出されていました。

3.2 シャウプ勧告における国庫支出金改革

1949年のシャウプ勧告では，行政責任明確化の原則が打ち出され，国庫支出金に対する批判が示されました。まず，補助対象事業は国の責任なのか地方の責任なのかが不明確になること，補助率により責任割合を示すとしても，それを決めるのは国であること，全国一律の補助率では，財政力が異なる地方自治体間の負担を均衡化する仕組みがなく，財政力の弱い自治体が重い負担を負うことになることが指摘されました。そして，奨励補助金と公共事業補助金以外の国庫支出金は原則廃止し，一般補助金として財政調整機能をもった地方財政平衡交付金制度に再編することが勧告されたのです。これにより義務教育費国庫負担金，生活保護費国庫負担金を廃止することが提起されましたが，当時の文部省と厚生省では，負担金が廃止されれば，地方自治体が事務を実施しなくなる恐れがあるとして反対しました。このとき，生活保護費国庫負担金は存続するも，義務教育費国庫負担金は1950年にいったん廃止されることとなり

表 8-3■国庫補助負担率の推移

（単位：%）

年　度	1984	1985	1986	1987	1989	1991	1993	2005	2006
生活保護費	80	70			75				
義務教育費	50								33.3
施設等措置費	80	70	50					交付金化	
一般国道改築（直轄事業）	75	66.6		60		66.6			
一般国道改築（補助事業）	75	66.6	60	57.5		60	55		50

注）1　義務教育費国庫負担金については，1974 年度までは，国庫負担対象となる経費の範囲が
　　　次第に拡大したのに対し，85 年度以降，給与・諸手当以外の費用については縮小され，一
　　　般財源化が進んだ。
　　2　高齢者関連施設，児童関連施設の整備については，2005 年度以降，社会福祉施設等整備
　　　費負担（補助金）から統合地域介護・福祉空間整備費交付金，次世代育成支援対策施設整
　　　備交付金に再編された。
出所）財政調査会編『国の予算』各年度版より筆者作成。

ました。しかし，これは 53 年度に復活し，義務教育無償の原則が定められる
とともに，国が必要経費を負担することを通じて，教育の機会均等とその水準
の維持・向上を図ることとされました。

3.3　行政改革と補助金縮減

　その後，国庫支出金は地方自治体の歳入の重要な地位を占めていきます。経
済成長を通じた税収増を背景に，義務教育費や生活保護費などの負担金に加え，
普通建設事業費補助金の規模が拡大していきました。

　ところが 1970 年代に入ると，日本は低成長時代に突入し，税収も当初予算
の見込額を確保できない状況となります。1975 年度以降，国では毎年のよう
に特例公債発行による財源調達が行われるようになり，80 年代に入ると，増
大する債務残高に対し，財政再建が大きな政策課題として掲げられました。国
の歳出を抑制するために打ち出されたのが，国庫支出金の整理・合理化でした。
具体的には，補助金の整理（廃止），補助金減額，補助率引き下げ，補助対象
事業の統合・メニュー化，補助金交付の終期設定，補助基準となる定員削減，
などが示されました。そのなかでもとくに地方自治体の歳入減少を招くことに
なったのが，補助負担率の引き下げでした。表 8-3 は国庫補助負担率の推移
を示したものです。国から地方への関与そのものは変わらないまま，補助金，
負担金の補助率，負担率だけが引き下げられたことで，自治体からは反発の声

が上がりました。これに対し，80年代後半の時期には，補助率引き下げによる地方負担の上昇分について，地方交付税の基準財政需要額に算入することで財源保障を行う対応が図られました。

 4 地方分権改革と国庫支出金

1990年代に入ると，**地方分権改革**が進み，国庫支出金制度の見直しが改革課題として浮上するようになります。地方自治体の主体的な行財政運営を考えるにあたり，国庫支出金制度のさまざまな問題が指摘されてきたためです。まず，補助金制度の問題点からみていきましょう。

4.1 超過負担問題

国庫補助金・国庫負担金制度により，地方自治体は国から事業費の一定割合の補助・負担を受けられますが，その水準については以前から問題が指摘されてきました。国が見積もった事業費の水準が，実際の事業費の額よりも低いため，本来であれば，国庫補助事業について，法令で，国と地方の負担割合が決められているにもかかわらず，実際には，国からの補助負担割合がその水準を下回ってしまうのです。その結果，地方自治体はより多くの財政負担を担うことがしばしば生じており，**超過負担**と呼ばれています。これは，長年にわたり地方財政を圧迫する重大問題とみなされてきました。

この超過負担が大きな政治・社会問題として取り上げられたのが摂津訴訟です。1973年に大阪府摂津市は，保育所の建設費をめぐり国に対して超過負担分の支払いを求める訴訟を起こしました。摂津市では，4カ所の保育所の整備を行いました。当時，公立保育所の整備にかかる国からの補助金は，法令で補助率2分の1と定められていました。ところがその際にかかった事業費が9273万円だったのに対し，このときの厚生省からの補助金はわずか250万円だったのです。この裁判では摂津市は敗訴するのですが，これをきっかけに，地方自治体の超過負担問題が大きく取り上げられることとなり，国では，事業費積算の方法をはじめとする制度運用上の見直しが行われました。しかしながら，今日でも，各種の補助事業にかかる国からの補助金の額は，十分とはいえ

ないとの指摘もあります。

4.2　国庫補助負担率の見直し

　前述の通り，1980年代半ばには国の財政再建が進められ，国から地方への国庫補助負担率の引き下げが行われました。国から地方へのさまざまな関与の仕組みを残したまま，国からの補助負担割合だけを減らす改革が行われたことに対し，地方の側から批判が出されました。また，地方自治体が負担する金額（裏負担）を地方交付税の基準財政需要額に算入して財源保障を行うこととされましたが，交付税不交付団体の場合，補助金の削減分について普通交付税による保障がないため，自治体の負担が増えることとなり，この点についても問題とされました。このように，国の財政が次第に厳しくなるなかで，国庫補助負担金を通じた国から地方への財源の手当ては，次第に縮減していくこととなったのです。

4.3　地方分権改革と補助金

　国庫補助金や国庫負担金は，国と地方が協力して事務を実施するに際し，一定の行政水準の維持や，特定の施策の奨励のための政策手段としての機能を担ってきました。しかしながら，一方で，地方自治体の主体的な財政運営という視点に立ったとき，以下のような問題が指摘されてきました。第1に，シャウプ勧告における指摘にもあったように，国庫補助負担金の交付により国と地方の責任の所在が不明確になりやすいという点です。第2に，国庫補助負担金の交付を通じた各省庁の関与が，地方自治体のなかで地域の知恵や創意を活かした自主的な行財政運営を阻害しがちであるという点です。そして第3に，国庫補助負担金の細部にわたる補助条件や煩雑な交付手続きなどが，行政の簡素化・効率化や財政資金の効率的な使用を妨げる要因となっている点が挙げられます。こうしたことから，1990年代に，地方分権推進委員会では，国庫補助負担金の交付は，真に必要な分野に限定すべきものであるとの整理が行われました。

　この時期に推進された第1次分権改革では，国庫補助負担金の整理合理化とともに，地方が自主的な行財政運営を行うための地方税源の充実，そして地方

交付税を通じた財政調整制度の確保により，一般財源を通じた自主的な財政運営を行うための財政制度の構築が提起されました。しかしながら，現実には補助金の整理・統廃合は必ずしも順調には進みませんでした。国の事業官庁では，補助金の整理・統廃合が進めば，国として実施してほしい事務事業を，地方自治体が行わなくなるのではないかという懸念が生じたことから，補助金の整理・統廃合に対する反対論が展開されたのです。また，地方自治体内の各部局においても，補助金の一般財源化に対する反対の声が上がりました。従来であれば補助金を根拠として事業実施のための予算を獲得することが容易だったものが，一般財源化されることで，他の部局との財源の奪い合いのなかで事業予算を獲得しなければならず，事業実施が不確実になるとして，一般財源化に反対したのです。とりわけ，土木事業や福祉・教育などの専門職が配置されている部門では，補助金の廃止・縮減に対し，厳しい批判の声が上がりました。

　こうして，第1次分権改革を通じて，見直すべき補助事業として掲げられた事業のうち，実際に補助負担金の見直しにつながったものは，わずかにとどまりました。

4.4　「三位一体の改革」と補助金

　2000年代に入り，地方分権一括法が施行され，機関委任事務が廃止されると，さらなる地方分権改革の深化に向けて税財政制度改革の検討が進められました。具体的には，補助金の廃止・縮減と地方への税源移譲を通じて，地方自治体の自主財源拡充を図る改革が模索されました。ところが，時期を同じくして，財政健全化のために政府部門のスリム化が提起され，その手法として民営化と分権化が掲げられたのです。国庫支出金や地方交付税は国に依存した財源であるため，地方歳出を肥大化させ，自治体の主体的な財政運営を妨げる非効率な仕組みであるとして，補助金や地方交付税を削減し，地方の自主財源による財政運営を考える必要があるとする主張が，内閣府の重要政策会議の1つである経済財政諮問会議により提起されました。

　2002年には，地方税，国庫補助負担金，地方交付税の3つを一体的に改革する「三位一体の改革」が掲げられ，その後，地方自治体が自己決定・自己責任の財政運営を行うためには，国庫補助負担金はできるかぎり廃止・縮減し，

地方税に置き換えるべきであるとの議論が巻き起こりました。一連の議論を経て，最終的に，国庫補助負担金は，総額4兆円を超える規模で廃止・縮減され，これに対して，国から地方への税源移譲（所得税から個人住民税へ）が3兆円規模で進められました。この差額の1兆円については，地方が創意工夫で自治体経営の合理化を図ることが期待されることとなりました。ところが，これと併せて地方交付税も毎年総額1兆円規模で削減が進められました。地方交付税の総額は2000年度の21兆円から06年度の15兆円程度へと減少し，その削減規模は6兆円にも及ぶこととなり，地方自治体は厳しい財政運営を求められたのです。補助金や地方交付税が削減される状況下で，自主的な財政運営は難しいと判断した財政力の弱い地方自治体では市町村合併を選択する動きが加速しました。

4.5　補助金の交付金化

　使途をきめ細かく規定されていた国庫補助金は，その後，地方の自主性を高めるという観点から，国の義務づけの縮減，交付金化，メニュー化，統合補助金化，運用の弾力化などの改革を進めることとされ，各省庁では，補助金の交付金化が進められました。この間，「まちづくり交付金」「地域再生基盤強化交付金」「地域住宅交付金」などの交付金制度が創設されました。これにより，個々の事業（要素事業）ごとの事前審査がなくなり，事業間の流用や年度間の交付額の調整を可能とするなど予算の弾力的使用が可能となる仕組みが導入されました。他方で，地方自治体は事業計画を策定し目標設定を行うとともに，事業の中間段階と終了後に達成度について評価を行うことが求められることとなりました。しかしながら，国が事業総額を決め，地方からの要望をもとに財源を配分する仕組みそのものは変わっていません。またスリム化の改革という名のもとに財源の圧縮が行われたことから，地方自治体では厳しい財政運営を求められてきました。

4.6　交付金制度の展開

　財政難を背景に，国から地方へ交付される補助金や地方交付税の規模の縮減が進みましたが，同時に国の関与を縮小する改革も少しずつ進められました。

2009 年度に，自民党から民主党への政権交代が起こり，地域主権改革が掲げられました。これにより地方交付税の水準は再び 17 兆円程度に回復するとともに，社会資本整備等にかかわる事業を一体的に支援するための自由度の高い交付金として，社会資本整備総合交付金が設けられました。さらに 2011 年度より**一括交付金**（地域自主戦略交付金）が設けられました。これは当初，幅広い使途に用いることができる財源とすることが検討されましたが，補助対象の包括化を図ろうとすればするほど地方交付税との区別がつかなくなることが問題とされ，最終的には，投資的経費を対象としたもので，都道府県と政令指定都市に交付対象を限った制度として導入されました。しかし，2013 年度に再び政権交代が起こり，沖縄県に対する沖縄振興予算を除き，この制度は廃止されました。

　一方，地域再生基盤交付金をはじめとする地域振興に関する交付金制度は，2015 年以降，人口減少が進む地域の再生に取り組むための地方創生関係交付金として展開しました。都道府県・市町村は地方版総合戦略を策定し，人口推計に基づく地域の将来像を踏まえた地方創生計画を策定します。事業推進の費用を国が交付金として支出するものです。交付金の申請に当たり，各自治体は計画策定とともに，個々の事業の目標とそれを評価するための指標（key performance indicator：KPI）を設定することが求められました。この交付金制度は 2020 年度以降の新型コロナウイルス感染症拡大に対する政策対応にも活用され，人口などに応じて交付金の配分が行われました。

　地方創生関係交付金の登場により，地域振興策をデザインし，戦略的に計画策定を行う地方自治体では，この交付金を活用して，独自のまちづくりを展開しています。他方で，地方自治体が策定した計画に基づき，交付金の配分額を決定するのは国であることから，地方自治体のなかからは，活用しづらいとの声もあがっています。

4.7　補助金の将来

　これまでみてきたように，補助金は，全国標準的な行政サービスを担うための国から地方への財政移転に加えて，国と地方が共同で国民に対する行政サービスを担う責任を果たすための財源を手当てする制度となっていました。

しかしながら，使途が特定された補助金は，地域の実情に合わない場合があることや，箇所付けによって給付できるかどうかが不透明であること，申請にあたっての手続きが煩雑であることなど，地方自治体にとって利用しづらい仕組みになっているという課題も指摘されてきました。

　補助金改革は進められてきましたが，改革は依然道半ばといえるでしょう。補助金の統合化・メニュー化を通じて，省庁や庁内部局の枠を超えて多様な目的に使用できる交付金が創設されていますが，限られた財源に対して多くの地方自治体が交付申請を行った場合，補助率（交付率）のが割り落としが行われるなど，財源確保という点では不透明です。また，年度途中に国の補正予算で経済対策が盛り込まれるなど，新たな補助金や交付金事業が示されることもあり，地方自治体では，臨機応変に財源を獲得しながら財政運営を行うという対応に迫られています。制度改革が目まぐるしく続く状況のもとで，財政力指数の低い地方自治体を中心に，中長期的な行財政運営の見通しを立てることが難しくなっています。

　国が責任をもって実施すべき事業は全額を国の負担で実施し，地方自治体が主体的に実施すべき事業は地方の一般財源で行うことが望ましいという意見もあります。その反面で，生活保護費国庫負担率が10割でないことを含め，その一部を地方が負担することで，地方自治体自らが効率的な財政運営を主体的に考えることができるとする意見もあります。補助金を通じた国の関与のあり方と，全国的に必要とされる行政サービスを確保する体制をどのように構築するかということが改めて問われています。

❖さらに学ぶ人のために：国庫補助負担金制度にみる政治過程

　改めて図8-2をみてみましょう。地方自治体の歳入となる国庫支出金は，それぞれの事業ごとに，所管となる省庁から配分されることになっています。義務教育費国庫負担金は文部科学省，生活保護費国庫負担金は厚生労働省，社会資本整備総合交付金は国土交通省，というふうに，それぞれの事業の監督官庁から地方自治体に対して支出されます。義務教育や生活保護の負担金は制度に則って各自治体に配分されるのですが，公共事業関連の補助金の場合，事業

規模や支出額，どこの地方自治体が補助を受けてその事業を実施するかといういわゆる箇所付けは，各省庁が決めており，裁量性の高いものとなっています。

　前章までで学んだように，地方財政は，国の財政と密接な関係があります。国の各事業官庁は，それぞれの立場で，5カ年単位で政策の方向性を示した計画を策定します。毎年の予算では，これらの計画を推進するのに必要な所要財源を財務省に要求し，事業化を図ります。これらの事業のなかには国が直接実施するものもありますが，道路整備や上下水道，都市計画や中心市街地再生など，地方自治体が計画を立てて推進するものも多くみられます。これらは事業ごとに毎年の予算総額が決まっていることから，地方自治体では，首長や議員が中央官庁に出向いたり，地元選出の国会議員を通じて陳情することで，地元に補助金を呼び込もうとしてきました。

　他方で，教育や福祉などの補助負担金の場合，補助要件を満たせば一定水準の補助を申請することができますが，補助要件が地域の実情に合わないため，補助を受けられないという場合もあります。こうした事態に対して，地方自治体や，関連する業界団体が補助要件の改定や，新たな補助制度の創設などを国に求めることも少なくありません。

　さらに，特定の事業への補助金の支出は，その分野の事業者に雇用機会と所得をもたらします。そのため，それぞれの省庁が所管する業務と密接にかかわる業界団体では，それに関係した事業実施と補助金による財政支援を求める動きが生じるのです。

　日本では就業者のうち建設業で働く人の割合が約15%を占めていますが，これは他の欧米先進諸国と比べて，かなり高い値になっています。その背景には，公共事業を通じて，国からの補助金等が地方自治体に交付された結果，各地で建設業の仕事が維持存続されてきたことがあります。近年，財政難のなかで，国から地方への国庫支出金の削減が求められてきましたが，現実には，財政再建に向けて歳出削減を求める財務省と，個々の事業を全国各地で推進することを求める国の事業官庁，そして国からの財源保障を通じて地方財源の確保をめざす総務省，地元により多くの財源を確保し，必要な事業を実施することを考える地方自治体，個々の施策や事業を推進して事業と雇用の確保を求める業界団体や事業者，さまざまなサービスを求める地域住民など，多くのアクタ

ーのなかで，補助金は運営されているのです。

　今日では公共事業費は縮小していますが，他方でデジタル化を推進するための補助金は増えています。たとえばマイナンバー制度の導入や行政のデジタル化が進めば，IT 事業者に仕事をもたらしますが，IT 事業者は全国各地に存在しているわけではありません。地域の雇用創出という視点から補助金の動向をみることも大切です。

● 演習問題 ●

① 身近な地方自治体で，国から受け取っている国庫支出金にはどのようなものがあるのか調べてみましょう。

② 義務教育費国庫負担金を廃止し，一般財源化すべきだという意見がありますが，一般財源化することのメリットとデメリットについて考えてみましょう。

● 読書案内 ●

三原岳［2013］「公共事業に関する政府間財政関係の制度史──一括交付金に至る補助制度の見直し論議の系譜」東京財団

　日本の公共事業が，補助金改革を通じてどのように変容していったのかについて，補助金の歴史をひもときながら詳しく解説しています。

● 参考文献 ●

財政調査会編［各年度］『補助金総覧』日本電算企画

佐藤文俊編［2007］『三位一体の改革と将来像──総説・国庫補助負担金』ぎょうせい

総務省［各年度］『地方公共団体補助金要覧』総務省

林健久編［2003］『地方財政読本〔第 5 版〕』東洋経済新報社

広瀬道貞［1993］『補助金と政権党』朝日新聞社（朝日文庫）

宮島洋［1989］『財政再建の研究──歳出削減政策をめぐって』有斐閣

宮本憲一編［1990］『補助金の政治経済学』朝日新聞社（朝日選書）

（沼尾　波子）

第9章
地　方　債
金融を通じた財源保障

　2007年3月，夕張市は，総務省から財政再建団体に指定されました。1万2000人の人口に，353億円の「解消すべき」債務を負った夕張市民には，厳しい財政再建計画が突き付けられました。市民税所得割・均等割は全国最高水準に引き上げられ，3校あった中学校は1校に統合され，病院は救急機能のない診療所に姿を変えました。夕張市の魅力は色褪せ，住民は，住みなれたふるさとを離れざるをえませんでした。2013年度には，夕張市の人口はついに1万人を割り込みました。

　夕張市の財政再建団体指定は，「夕張ショック」と呼ばれ，日本国民に大きな衝撃を与えました。「あなたの町も破産する！」などのショッキングな見出しが連日の週刊誌，新聞，テレビ，ネットを賑わせました。「夕張ショック」がこれだけの騒ぎになった背景には，通貨発行権をもたない地方自治体が，200兆円を超える「借金」（普通会計が負担すべき債務）を抱えている，世界的にみても異形な日本の地方財政運営の姿があります。日本国民は，自らが住民として住まう地方自治体が抱える借金の大きさに怯えたのです。

　ただし，2022年3月現在，夕張市以外の地方自治体は，1つも「破産」していません。あらかじめ結論をいえば，国には，地方債の元利償還を絶対に滞らせてはならない事情があるのです。それはなぜかを考えるために，そもそも，「なぜこれだけの地方債が積み上がったのか」を，これまでの章で得た知識を使いながら学んでいきましょう。

Key Questions
□ 地方債は，誰が，なぜ発行しているのでしょうか。
□ 地方債許可制度はなぜ設けられたのでしょうか。
□ 世界に類例をみない地方債残高がなぜ積み上がったのでしょうか。

Keywords

5 条但し書き　臨時財政対策債　地方債（起債）許可制度　地方債計画　政府資金　民間等資金　起債制限比率　充当率　算入率　誘導的財政危機　地財ショック

1　法律にみる日本の地方債制度

1.1　地方債の原則発行禁止

まず，地方債の定義から確認しましょう。地方債とは，地方自治体の，1会計年度をまたぐ借入のことです。1年をまたがない借入のことを，一時借入金といいます。

借入である地方債は，返済の義務があります。しかも，借り入れたお金（元金）に加え，借りたときに約束した毎年の利子を支払う必要があります（元利償還返済の義務）。

したがって地方財政に関する基本法である地方財政法の第5条には，「歳出は，地方債以外の歳入をもって，その財源としなければならない」と書いてあります。地方債の発行を原則として禁止しているわけです。

1.2　5条但し書き

しかし，同じ条文の次に，「ただし，次に掲げる場合においては，地方債をもってその財源とすることができる」とあります。これは**5条但し書き**と呼ばれます。

5つの号に分かれる但し書きは，「なぜ地方自治体は禁止されているはずの地方債を発行するのか」を知る手がかりとなります。少し詳しくみていきましょう。

(1) 公営企業（第5条第1号）

まず，地方自治体が交通事業や水道事業などの公営企業のために必要とする経費です。第13章で学びますが，日本における公営企業は，運賃や水道料などの使用料収入によって事業費をまかなうことを想定しています。公営企業債は，サービスと対価の関係がはっきりしている個別報償性原理に近く，民間企業の事業債に近いものといえるでしょう。

(2) 出資金・貸付金（第5条第2号）

つぎに，出資金もしくは貸付金です。出資金は，公営企業法の事業に入っていないものの，地方自治体にとって公共性が高く必要だと考えた事業，たとえば附属病院をもつ公立大学などに地方自治体が出資するための資金です。

(3) 建設公債（第5条第5号）

つぎに，公共施設の建設費や，そのための土地を確保（収用といいます）するためにかかる費用です。いわゆる建設公債と呼ばれるものです。

建設公債は，公営企業債と異なり，整備される施設にかかる費用と，施設から得られる収入が対応していません。にもかかわらず地方債を発行することができると考えられている理由を，ここでは，2つ挙げておきます。

第1に，公共施設を整備することにより，住民に住みやすいまちをつくることで，便益が住民に還元される，という考え方です。現実には測定は難しいものの，理論的には，道路や公園，学校や市民プールなどの公共施設の整備によって，住宅などの資産価格が上昇し，資産価格を課税標準とする固定資産税によって回収できると考えることもできます。

第2に，期間的な負担の平準化を図る，という考え方です。施設が整備されたことによって得られる便益は，基本的には，耐用年数，つまり，施設が使えなくなるまでの間，住民が得ることができます。たとえば，プールの耐用年数は，財務省令（減価償却資産の耐用年数に関する省令）で，30年と設定されています。このプールを，初年度の税負担を財源として整備すると，便益は30年間続くのに，負担は初年度の住民だけが負うことになります。地方債を発行し，毎年の租税収入で元利償還金を返済していくことにより，2年目以降の住民にも等しく負担を分かちあうことができます。

ただし，地方債を選択した場合，利子の支払費用（利払費）を負担しなけれ

ばなりません。また，2年目以降の住民は，「プールをつくる」意思決定には
参加していないのに，負担を求められることにも注意が必要です。

（4）災害復旧（第5条第4号）

5条但し書きは，災害復旧に要する経費を挙げています。阪神・淡路大震災，
東日本大震災，熊本地震をみればわかるように，大規模な地震，火災，津波な
どの天災に見舞われた地域の企業活動は，完全に停止してしまいます。また，
破壊された道路や上下水道などのインフラ施設や，住民が住める土地そのもの
を造成しなければならなくなります。このような災害復旧にかかわる費用を，
企業活動が停止している地域の地方自治体がまかなうことは困難です。災害復
旧にかかわる費用は，地方自治体の復旧・復興により，将来の税収で回収でき
ることを期待して地方債の発行を認めていると考えることができます。

（5）借換債（第5条第3号）

5条但し書き第3号では借換債が挙げられています。借り換えとは，借金の
返済期日を迎えた日に，返済する資金を得るために再び借金をすることです。
借換債とは，このための地方債を発行することを認める，という意味です。

なぜ借換債を認めているのでしょうか。地方債を引き受ける債権者である投
資家の事情から考えるのがわかりやすいでしょう。投資家は資本市場のリスク
に身をさらしていますから，いつ資金の取り付けにあっても返済できるよう，
現金化しやすい（流動性の高い）資産を欲します。このため，流動性のとくに
低い地方債を長期にわたって引き受けたがらないのです。

一方，地方自治体は，施設の耐用年数や，施設の造成に必要な期間（規模の
大きな下水道であれば30年以上）と一致させるため，借入期間の長い債券を必
要とします。このため，地方自治体には，（投資家が容認しうる）期間5〜10年
の地方債を借り換える必要が生じるのです。

1.3　各種特例法による地方債

地方債の発行は，地方財政法5条但し書き以外に，個別立法によって認めら
れるものがあります。たとえば，過疎地域自立促進特別措置法（第12条）では，
過疎地域に指定された地域を抱える地方自治体に過疎債を発行することを認め
ています。あるいは，市町村の合併の特例に関する法律（第18条）では，合

併を進めようとする地方自治体に対し，合併特例債を発行することを認めています。

1.4　地方財政法自身による例外（第33条）──赤字地方債

そして，地方財政法自身も，5条但し書き以外の地方債発行を認めている条文があります（第33条）。おもに3つの類型を挙げることができます。

第1に，地方税のなかには，法人住民税など，国税と同じ課税標準を用いている税目があります。このとき，国税である法人税の課税標準が変更された場合，地方税収入も影響を受けます。この影響を緩和するために，減収補塡債を発行することが認められています。

第2に，おもに行政の合理化を進める際に用いるものです。たとえば，退職手当債は，公務員の退職手当を支払うために地方債を発行することを認めるものです。

第3に，地方交付税の不足分を地方債発行で埋めることを認めるものです。これが，第7章で学んだ**臨時財政対策債**です。

1.5　地方債の原則禁止と地方債許可制度

これで，地方債制度の枠組みを一通り学びました。いったん振り返っておきましょう。

まず，地方財政法第5条により，地方債の発行は，原則として禁止されます。

そのうえで，5条但し書きにより，公営企業，出資・貸付，公共施設の建設，災害，借り換えについては地方債の発行が認められます。つぎに，個別法により，特定の政策目的に対して地方債を発行することが認められます。最後に，地方財政法第33条により，一定の条件のもとに赤字地方債を発行することが認められます。

一番重要なことは，地方債の発行が原則として禁止されているという点にあります。そして，地方債の発行を，一定の要件のもとに「認め」る権限をもつのが，総務省（国）なのです。

2 地方債許可制度

2.1 地方債許可制度

国が都道府県・指定都市の，あるいは，都道府県が市町村・特別区などの地方債の起債に対して許認可をもつことを**地方債（起債）許可制度**といいます。

1947年に施行された地方自治法（第230条）を読むと，地方自治体は，地方財政法に定める範囲において，「予算の定めるところにより，地方債を起こすことができる」とあります。地方議会で予算を決めれば，地方債を自由に発行することができる，という解釈が成り立ちます。これを起債自由主義といいます。

一方，同じ地方自治法には，かつて，第250条において次のような規定がありました。

「地方債を起し並びに起債の方法，利率及び償還の方法を変更しようとするときは，当分の間，政令に定めるところにより，自治大臣又は都道府県知事の許可を受けなければならない。」

つまり，都道府県知事，そして自治大臣の許可がなければ，起債を認めない，とする条文です。

2.2 地方債許可制度が続いた理由

地方自治法第250条に規定された「当分の間」は，2007年改正までの間，実に60年にわたりました。なぜ60年もの間，「当分の間」が続いたのでしょうか。大きく分けて，3つの点を挙げることができます。

第1に，インフレーション抑制のための金融統制です。戦後直後から朝鮮戦争期までの間，日本経済は激しいインフレーションに見舞われました。高度成長期に入っても，企業部門を中心に資金需要がきわめて強い状況でした。このため，外資を含む貯蓄性資金，つまりインフレーションを起こすことのない貴重な資金をいかに配分するかが国の大きな役割となりました。国からすれば，他の経済主体に，たとえば企業や，企業に資金を貸し付ける特殊法人に資金を振り向けるために，地方自治体の起債総額を抑制する必要があったのです。

第2に，地方自治体間に信用力の差があるためです。

　信用力の差は，「財政の健全性」「規模・知名度」「所在地域の経済構造」の3つに分解することができます。

　「財政の健全性」は，財政収支が均衡しているか，基準財政収入・留保財源に比べて債務残高が大きくないか，など，地方自治体による財政運営の健全性を問うものです。逆にいえば，一定の範囲で，地方自治体自身がコントロールすることができるものです。

　一方，「規模・知名度」は，地方債を引き受ける民間金融機関の事情を考える必要があります。民間金融機関は，地方債などの債券を，売却して現金に換える必要があります。つまり，何かあれば買ってくれる相手がいつも想定できるほうが好ましいのです。東京都債など，知名度の高い自治体の債券ならばすぐ買い手がみつかります。しかし，町村債は，発行額も少なく，なかなか買い手がみつからないという状況に陥ります。流動性の高低は，地方自治体自身ではコントロールすることができません。

　さらに，東京都には，都心に集中している市中大手金融機関がありますが，地方の町村では，農協・漁協などの系統金融機関があればまだよい，という状況です。「所在地域の経済構造」も，やはり地方自治体自身ではコントロールすることができません。

　「規模・知名度」「所在地域の経済構造」に由来する信用力の差は，第二次世界大戦直後に利子率の差となって表れていました。これは，同じ日本国民でありながら，サービスの水準ではなく，住んでいる地域によって将来の住民負担額が異なってしまうことを意味したのです。

　第3に，国の一時的な財政健全化のためです。第7章で学んだように，国には地方自治体に義務づけた支出に見あう財源を充当する責務があります（牽連性原則，地方財政法第13条）。しかし，すでに学んだように，中央省庁は，牽連性原則を果たす本来の道，たとえば地方交付税総額を確保するための交付税率の引き上げを，さまざまな理由から怠っているのが現状です。このため，中央省庁には，地方債許可制度を用いて，あたかも政府間財政移転の一種であるかのように地方債の発行許可を「財源」とする誘惑が働きます。

2.3　地方債計画

　地方財政計画によって財源不足となった額を，借入金である地方債という「財源」によってどれだけまかなうかを一表にしたものが**地方債計画**です。地方財政計画と地方債計画は連動して作成されています。図9‐1からみていきましょう。

　まず，地方財政計画の「地方債」と，地方債計画の総額における「普通会計分」がリンクしていることがわかります。

　つぎに，地方債計画の資金区分は，地方債の借入先を示しています。需要先は，①財政融資資金，②地方公共団体金融機構資金，③市場公募資金，④銀行等引受資金の4つに分かれています。

　財政融資資金は，政府が，政策目的の達成のため，政府の信用により国債（財政投融資特別会計国債）を発行して資本市場から調達した資金です。財政融資資金は，国の信用によって調達されたことから，とくに**政府資金**と呼びます。

　地方公共団体金融機構資金は，地方自治体が共同出資して創設された地方公共団体金融機構が，全地方公共団体の信用によって資本市場から調達した資金です。①，②は公的機関の信用により調達されたことを踏まえ，公的資金と呼びます。

　これに対し，個別の地方自治体が資本市場から調達した資金は**民間等資金**と呼びます。③は，証券形式の地方債を発行し，資本市場から調達します。④は，地方自治体と縁の深い金融機関に対し，証書形式で地方債を発行して調達します。

　証券形式と証書形式の大きな違いは，流動性です。金融機関にとって，証書形式は，期末の時価評価を不要にするなど簡便な手法です。その代わり，資金が必要になったときに他の金融機関に売却することが難しくなります。このためもあり，証書形式の地方債の利子は，証券形式に比べて高くなります。

　銀行等引受債は，引き受ける金融機関の経営状態によっても変動することが知られており，2.2で学んだ地方自治体の信用力格差が大きく表れています。政府資金の充当額が大きくなると，銀行が提示する金利が引き下がることも知られています。

　しかし，公的資金比率は75.9％（1985年），政府資金比率は58.7％（86年）

図9‐1■地方債計画と地方財政計画の関係（2020年度）

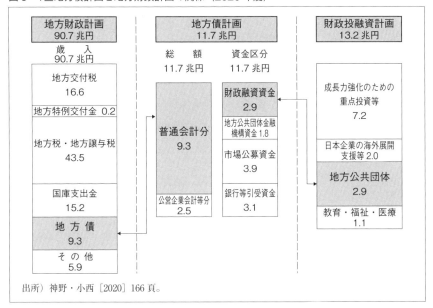

出所）神野・小西［2020］166頁。

だったのに対し，2019年には公的資金比率は40.5％，政府資金比率は24.8％まで落ち込みます。国は，増大する国債の管理を重視するなかで，地方向けの貸付を減少させざるをえない状況です。

2.4　地方債許可制度のメカニズム①──起債制限比率

では，60年続いた地方債許可制度とは，どのようなものだったのでしょうか。

まずはじめに，注意しておかなければならないことがあります。地方債許可制度と，財政再建法制の違いです。

資金不足を借入によってまかなうことができなくなった，また地方自治体がそうなることを予見せざるをえない状態を，一般に「破綻」（資金ショート）といいます。夕張市が申請した地方財政再建促進特別措置法などの財政再建法制は，「破綻」した地方自治体に対し，国が金融支援を行う代わりに，地方自治体の財政運営をきわめて厳しく統制する制度です。

これに対し，地方債許可制度は，夕張市のような「破綻」が起こる「前」に

地方自治体の財政運営を統制する制度です。いわば早期に地方自治体の財政危機を発見することが目的です。

　と同時に、国は、地方債許可制度を用いて、特定の施策に地方自治体を誘導してきたといえます。

　どういうことでしょうか。まず、1970年代以降における地方債許可制度の代表的な指標である**起債制限比率**を例にとって説明しましょう。起債制限比率は、以下の式によって算出されます。

$$起債制限比率 = \frac{A - (C + D + E)}{B - (D + E)}$$

ただし、

A：当該年度普通会計元利償還金

B：標準財政規模

C：元利償還金充当特定財源

D：普通交付税の算定において、災害復旧に関する基準財政需要額に算入された公債費

E：普通交付税の算定において、事業費補正に係る基準財政需要額に算入された公債費

この式で算出される比率が一定の比率、たとえば20％を超えると、地方自治体の独自事業を行う一般単独事業債の起債許可が認められなくなりました。逆にいえば、起債制限比率が低ければ、地方自治体の財政運営は健全である、と考えられていたのです。

　問題の所在はいたってシンプルです。この式は分数ですから、分子を減らすことができれば、比率を下げることができます。分子の右辺、引き算になっているC、Eがとくに重要です。

　Cは特定財源、つまり、国庫支出金が地方債の元利償還金に充当されている、という意味です。そして、Eの事業費補正は、地方交付税の補正係数のうち、態容補正の1つです。

　国庫支出金の交付対象となる事業、つまり、国の補助メニューに沿った事業を行えば、起債制限比率は下がります。さらに、地方交付税の事業費補正の対象となっている事業を行えば、やはり起債制限比率は下がります。そして、地

方交付税の事業費補正と，国庫支出金事業は連動していました（第7章，第8章）。つまり，国庫支出金事業を執行しているかぎり，たとえ地方債の起債額が大きくとも，起債制限比率は低く算出されたのです。

2.5　地方債許可制度のメカニズム②──充当率と算入率

さらに，国は，具体的な地方債の許可を行う指針として，地方債許可方針を定めました。このなかで，**充当率**という重要な考え方を打ち出します。つまり，自治体が行うさまざまな事業に対し，すべての事業費ではなく，事業の性質に応じて，その一部のみに地方債の発行を認める，という手法を採用したのです。式で表すと以下のようになります。

起債予定額＝充当率×（事業費－事業費充当特定財源）

この式も，事業費に充当される特定財源は除いています。地方自治体の立場からみれば，充当率が高ければ高いほど，自前の資金を用意しなくてよくなります。

さらに，地方自治体が発行を許可された地方債の元利償還金のうち，全額が算入されるわけではなく，事業ごとに一定の比率（**算入率**）が基準財政需要に算入されます。式で表すと以下の通りです。

基準財政需要算入公債費額＝算入率×地方債の元利償還金

充当率，算入率が制度化されると，とくに財政力指数の低い自治体は，充当率が高い事業を選び当年度の負担を減らし，さらに算入率が高い事業を選んで将来の負担を減らそうとします。充当率，算入率に地方自治体が「誘導」されるのです。

具体的にみていきましょう。とくに注目すべき事業を抽出し，充当率，算入率，借入先を一覧にした表9-1をみてください。

まず，社会福祉施設整備事業をみると，充当率こそ80％ですが，交付税算入率はゼロです。つまり，保育所などの福祉施設を建設した資金は，すべて自治体の一般会計が負担しなければなりません。しかも，財政融資資金を借り入れることはできません。

表 9‑1■事業別地方債の充当率，交付税算入率，充当資金の状況（2019 年度）

事業区分	対象事業	充当率	交付税算入率	資金
一般会計債				
公共事業等		90%（本来分50% 財対債分40%）	財対債分 50%	財・機構・民間
災害復旧事業	補助・直轄災害復旧（現年）	公共土木施設等100% 農地・農林漁業施設90%	95%	財
	補助・直轄災害復旧（過年）	公共土木施設等90% 農地・農林漁業施設80%	95%	
	歳入欠かん等	100%	57%（特別交付税）	
	小災害復旧	公共土木施設等100% 農地・一般被災地50%、被害激甚地74%、農林施設・一般被災地65%、被害激甚地80%	公共土木施設等66.5%（財政力補正により95.0%まで）農地100%	
	地方公営企業災害復旧・火災復旧	100%	-	
	一般単独災害復旧	公共土木施設100%、農地・農林漁業施設65%	47.5%（財政力補正により85.5%まで）	
社会福祉施設整備事業	通常分	80%	-	機構・民間
一般廃棄物処理施設	施設（補助事業分）	90%（通常分75% 財対債分15%）	通常分50% 財対債分50%	財・機構・民間
	施設（単独事業分）	75%	30%	
一般単独事業	一般	事業によって異なる	半島振興道路整備30%など事業によって異なる	民間
	旧合併特例債	旧法95% 新法90%	旧法70% 新法50%	機構・民間
辺地および過疎対策事業	辺地対策事業	100%（一部事業によって異なる）	80%	財
	過疎対策事業	100%（一部事業によって異なる）	70%	財
臨時財政対策債		100%	100%	財・機構・民間

注）財は財政融資資金，機構は地方公共団体金融機構資金，民間は市場公募資金または銀行等引受資金。
出所）神野・小西［2020］168 頁から抜粋。

　これに対し，災害復旧事業の補助・直轄災害復旧（現年）の公共土木事業をみると，充当率100%，交付税算入率は95%です。ほとんど全額を地方債で充当でき，後年度の自治体負担はわずか5%にすぎません。しかも，政府資金のみを充当することができます。

　充当率，交付税算入率，地方債借入先により，地方自治体にとって，手持ち資金がなく，後年度の負担なく，融資条件（金利や借入期間）のよい条件で借り入れられる事業がわかります。一般単独事業よりも特定目的の事業が，特定目的の事業のうち，単独事業よりも補助事業のほうが，充当率や算入率が高くなります。算入率が高くなることは，起債制限比率が低くなることを意味しているのです。

2.6　地方債許可制度から事前協議制度へ

　2006年から導入された事前協議制度は，起債発行を原則禁止から原則許可へと大きく考え方を転換しました。しかし，起債にあたり，地方自治体は上位政府と協議をしなければなりません。協議の結果，総務大臣や都道府県が起債に不同意であった場合，大きなペナルティが発生します。不同意債は，地方交付税の基準財政需要に算入されず，地方財政計画の枠外に置かれます。また，政府資金の借入は認められません。この結果，2022年度末現在，不同意債の実績はありません。

　さらに，2009年に成立した「地方公共団体の財政の健全化に関する法律」（以下，財政健全化法）により新たに設けられた実質公債費比率が18%以上の地方自治体には，許可制度が残されています。実質公債費比率の数式は，一般会計を一見健全にみせかけながら，公営企業や第三セクターの赤字を膨らませていた「夕張ショック」への反省から，公営企業や第三セクターも含めた地方自治体全体の債務負担額と元利償還金を把握するため，普通会計から公営企業会計を含めた地方自治体の会計全体を分子とするなど拡張されました。しかし，根本的な考え方は起債制限比率と大きな違いはありません。早期健全化の体系については章末で改めてふれます。

3　誘導的財政危機と現代の地方債制度

3.1　地方債計画の経年推移

　地方債制度を梃子（てこ）として，地方自治体は，国が示す補助事業に強力に誘導され，先進国に類をみない地方債残高を累積させることとなります。図9-2を参照しながら地方債計画の経年推移をみていきましょう。

　まず，オイル・ショックによる財源不足を補うため，地方債計画額は増加します。1979年には地方債計画額は7兆4010億円，国内総支出に占める地方債計画総額は3.3%に達しました。その年に償還される地方債よりも，発行される地方債の額が大きいときは，ストックの地方債現在高が累積していくことになります。試みに，『地方財政白書』をひもとけば1970年には2兆9743億円にとどまっていた地方債現在高は，79年には26兆1404億円に達します。

図9‐2■地方債計画合計額と国内総支出に占める比率の推移（1976〜2015年度）

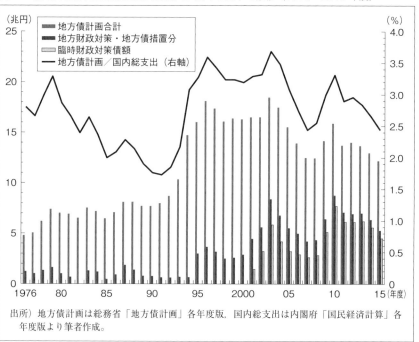

出所）地方債計画は総務省「地方債計画」各年度版，国内総支出は内閣府「国民経済計算」各年度版より筆者作成。

　一方，1980年代前半における財政再建の時代には，単年度の地方債の発行が抑制されます。ただし，国庫支出金の補助率・負担率の引き下げ分を，地方交付税の基準財政需要額に算入するなどの措置がとられます。さらに，1985年以降の円高不況に対応するため，単年度の地方債発行額も増加します。改めて『地方財政白書』をひもといてみれば，1989年には地方債現在高は52兆1883億円に達します。

　バブル崩壊以降，地方自治体は，地方債を財源とする累次の経済対策に動員され，国内総支出に占める地方債計画総額比率は1990年代後半を通じて3%を超える状態が続きました。『地方財政白書』を確認してみると，地方債現在高は1996年度には103兆3313億円に，2004年度には140兆6158億円にまで達したのです。

　ここで，地方債現在高は，地方自治体のすべての借入金を表しているわけではない点に注意しなければなりません。後で述べる交付税及び譲与税配付金特

184　　第Ⅱ部　地方自治体の収入

別会計（交付税特別会計）の借入金の地方負担とされた分，公営企業債などのさまざまな借入金が存在します。普通会計が負担すべき借入金残高だけを取り出しても，2004年度には201兆4874億円（うち特別会計借入金残高32兆8177億円，企業債現在高28兆539億円）に達してしまったのです。

こうした地方債現在高，普通会計が負担すべき借入金の累積を，国の財源措置不足に加え，地方財政制度全般，とくに地方債制度を通じて国が地方自治体を誘導したとの考え方から，**誘導的財政危機**と呼ぶことがあります。

これに対し，2000年代は，小泉政権による地方債総額の圧縮と国内総生産に占める比率の減少，地方債総額に占める地方財政対策（地方債措置分）比率の増加，そして01年から導入された臨時財政対策債の増加に特徴づけられます。

3.2 誘導的財政危機と「地財ショック」

まず，地方債総額の急減が何を意味していたかを確認しましょう。国による地方債への自治体誘導を支えるポイントは，算入率にあります。元利償還金の基準財政需要への算入とは，毎年の元利償還金の一部が，地方交付税による交付税措置によって「返ってくる」という約束を意味します。この約束・あるいは期待を打ち砕いたのが，地方交付税制度の見直し，なかでも**地財ショック**です。

「地財ショック」とは，2000年代半ばの「三位一体の改革」前後において，国が，地方財政計画総額および地方交付税の総額を一方的に削減した事件です。第7章で詳しく学んだように，地方交付税は事業ごと，地方自治体ごとの必要額積み上げと，財務省と総務省の間で決まる総額決定の2つの側面から決まります。理論的にはともかく，実際には，総額に合わせて単位費用，補正係数が調整されます。

地方交付税総額が大幅に削減され続けた場合，将来に返ってくるはずの元利償還金も，結果的には割り落とされることを意味します。地方自治体は地方債に誘導された財政運営に危機感をもちはじめ，財政非常事態宣言や財政危機宣言が各自治体で宣言され，自主的な財政再建計画が作られていきます。冒頭の「夕張ショック」は，そのさなかに起こったのです。

3.3　地方財政対策と臨時財政対策債

＊第7章の地方財政対策の説明と合わせて確認してください。

　地方財政対策は，地方交付税と同じくらい，地方債などの借入金によって行われます。3.1で述べたように，国は，一般会計の外に借金をつくっていました。不況などにより，国税の収入が減ると，交付税率を上げないかぎり，地方交付税の総額は減少します。本来であれば交付税率の引き上げで対応すべきですが，中央省庁は，国税の一定割合を受け入れ，地方自治体に配付するためにつくられた交付税特別会計の借入金で一時借入金を借り入れることで対応しました。この額は2006年時点で実に52兆円にも達しました。この措置不足分を「処理」したのが「折半ルール」でした。「折半ルール」に基づき，地方自治体に発行が認められるのが，2001年から導入された，赤字地方債である臨時財政対策債です。

　臨時財政対策債は，理論上は，地方交付税の先取りになるため，表9‐1にみられるように，算入率，充当率とも100％となります。また，振り替られた額のなかで，臨時財政対策債の発行は，自治体の裁量に委ねられています。

　改めて図9‐2を確認しましょう。臨時財政対策債が導入された2001年時点では，臨時財政対策債の発行計画額は1兆4488億円（対地方債総額比で8.8％）でした。しかし，2003年には5兆8696億円（同31.7％）にまで達します。さらに，リーマン・ショック期の2010年になると，7兆7069億円（同55.2％）に達します。

　一方，本来の地方交付税の財源である国税の繰入額が，本来地方交付税として充当すべき総額（地方交付税額＋臨時財政対策債額）に占める比率は，2010年には，38.6％にまで減少しました。

　臨時財政対策債の現在高は，2001年度の1兆2269億円（地方債現在高の0.9％）から，19年度には53兆9662億円（同37.6％）にまで達しました。臨時財政対策債を通じた財政運営は，地方債という「借金」を，あたかも「財源」であるかのように用いてきた戦後日本の地方財政運営を象徴する存在といえるかもしれません。

❖さらに学ぶ人のために：財政健全化法における4指標

　2009年に施行された「地方公共団体の財政の健全化に関する法律」（財政健全化法）には，2つの背景があります。

　第1に，地方分権改革への対応です。地方分権の観点からは，地方債許可制度は，地方自治体の自主的・主体的な運営を損なっているとの批判がありました。このため，事前協議制度では，起債の原則許可から原則自由へと考え方を大胆に転換します。ただし，国の視点からみれば，起債を無限定に自由化することは，地方債の流通価値を引き下げるなどさまざまな弊害が生じることが予想されます。そこで，起債の原則自由と引き換えに，起債制限に関する制約を強める必要がありました。

　第2に，「夕張ショック」への対応です。夕張市は，地方債許可制度下の指標（たとえば起債制限比率）をクリアしていたにもかかわらず，資金ショートを起こしました。国の視点からみれば，資本市場からの地方債制度への信頼を取り戻すために，地方自治体の財政状況を精確にモニタリングできる財政指標を設定する必要に迫られていたのです。

　財政健全化法は，資金繰りや公債費負担の程度を表す4つの指標を「健全化判断比率」としています。その内容は表9-2に示した通りですが，概要を確認しておきます。

　　(a)実質赤字比率は，普通会計が赤字の場合，赤字額の標準財政規模（経常的な一般財源見込み額）に対する比率であり，資金繰りの苦しさを表します。

　　(b)連結実質赤字比率は，地方自治体の全会計を連結して赤字の場合，赤字額の標準財政規模に対する比率であり，全体的な資金繰りの苦しさを表します。

　　(c)実質公債費比率は，実質的な公債費の標準財政規模（償還に係る地方交付税措置額を除く）に対する比率であり，公債費負担の重さを示します。

　　(d)将来負担比率は，普通会計が将来負担する見込みの債務額から償還に使える財源見込み額を差し引いた将来負担額の標準財政規模（償還に係る地方交付税措置額を除く）に対する比率であり，実質的な債務の大きさを示します。

表 9 - 2■地方財政の健全化指標の概要

[健全化判断比率]

(a)
$$実質赤字比率＝\frac{一般会計等の実質赤字額}{標準財政規模}$$

・早期健全化基準：都 5.67％，道府県 3.75％，市区町村 11.25～15％
・財政再生基準：都 8.83％，道府県 5％，市区町村 20％

＊実質収支：普通会計（一般会計及び公営企業以外の特別会計）における収入と支出の実質的な差額。形式収支（歳入歳出差引額）から，翌年度に繰り越すべき継続費の執行残額及び繰越明許費（年度内に支出を終わらない見込みの経費）の財源を控除したもの。実質赤字は，実質収支の赤字額。
＊標準財政規模：地方自治体の標準的な状態で通常収入される経常的一般財源の規模を示すもので，標準税収入額等に普通交付税を加えた額。臨時財政対策債の発行可能額も含まれる。

(b)
$$連結実質赤字比率＝\frac{連結実質赤字額}{標準財政規模}$$

・早期健全化基準：都 10.67％，道府県 8.75％，市区町村 16.25～20％
・財政再生基準：都 18.83％，道府県 15％，市区町村 30％

＊連結実質赤字：イとロの合計額がハとニの合計額を超える場合の超過額。
　イ．普通会計のうち，実質赤字を生じた会計の実質赤字の合計額。
　ロ．公営企業会計のうち，資金の不足を生じた会計の資金の不足額の合計額。
　ハ．普通会計のうち，実質黒字を生じた会計の実質黒字の合計額。
　ニ．公営企業会計のうち，資金の剰余額を生じた会計の資金の剰余額の合計額。

(c)
$$実質公債費比率＝\frac{(地方債の元利償還金＋準元利償還金)－(特定財源＋元利償還金・準元利償還金に係る基準財政需要額算入額)}{標準財政規模－(元利償還金・準元利償還金に係る基準財政需要額算入額)}$$
(3 カ年平均)

・早期健全化基準：都道府県・市区町村 25％
・財政再生基準：都道府県・市区町村 35％

＊準元利償還金：イからホまでの合計額。
　イ．満期一括償還地方債について，償還期間を 30 年とする元金均等年賦償還とした場合における 1 年当たりの元金償還金相当額。
　ロ．一般会計等から一般会計等以外の特別会計への繰出金のうち，公営企業債の償還の財源に充てたと認められるもの。
　ハ．組合・地方開発事業団（組合等）への負担金・補助金のうち，組合等が起こした地方債の償還の財源に充てたと認められるもの。
　ニ．債務負担行為に基づく支出のうち公債費に準ずるもの。
　ホ．一時借入金の利子。

(d)
$$将来負担比率＝\frac{将来負担額－(充当可能基金額＋特定財源見込額＋地方債現在高等に係る基準財政需要額算入見込額)}{標準財政規模－(元利償還金・準元利償還金に係る基準財政需要額算入額)}$$

・早期健全化基準：
都道府県・政令市 400％
市区町村 350％

＊将来負担額：イからチまでの合計額。
　イ．一般会計等の当該年度の前年度末における地方債現在高。
　ロ．債務負担行為に基づく支出予定額（地方財政法第 5 条各号の経費に係るもの）。
　ハ．一般会計等以外の会計の地方債元金償還に充てる一般会計等からの繰入見込額。
　ニ．当該団体が加入する組合等の地方債元金償還に充てる当該団体からの負担見込額。
　ホ．退職手当支給予定額（全職員への期末要支給額）のうち一般会計等の負担見込額。
　ヘ．地方自治体が設立した一定の法人の負債額，その者のために債務を負担している額のうち，当該法人等の財務・経営状況を勘案した一般会計等の負担見込額。
　ト．連結実質赤字額。
　チ．組合等の連結実質赤字額相当額のうち一般会計等の負担見込額。
＊充当可能基金額：イからへまでの償還等に充てられる地方自治法第 241 条の基金。

[公営企業会計の資金不足比率]

○
$$資金不足比率＝\frac{資金の不足額}{事業の規模}$$

〔・経営健全化基準：20％〕

＊資金の不足額：（法適用企業）＝（流動負債＋建設改良費等以外の経費の財源に充てるために起こした地方債の現在高－流動資産）－解消可能資金不足額
　　　　　　　　（法非適用企業）＝（歳出額＋建設改良費等以外の経費の財源に充てるために起こした地方債現在高－歳入額）－解消可能資金不足額
　・解消可能資金不足額：事業の性質上，事業開始後一定期間，構造的に生じる資金不足額等。
＊事業の規模：（法適用企業）＝営業収益の額－受託工事収益の額
　　　　　　　（法非適用企業）＝営業収益に相当する収入の額－受託工事収益に相当する収入の額

出所）総務省編『平成 28 年版 地方財政白書』資料編〔附属資料〕「地方公共団体の財政の健全化に関する法律等の概要」および「用語の説明」より筆者作成。

連結実質赤字比率による資金繰りの監視，および実質公債費比率に基づく起債制限により，地方自治体の財政収支悪化は防止されます。また，将来負担比率は範囲を地方公社・第三セクター等まで拡大し，実質的負債をとらえたストック指標です。「健全化判断比率」のいずれかが表に示した「早期健全化基準」に達した地方自治体は，「財政健全化計画」をつくり，外部監査を求めなければなりません。将来負担比率を除く3つの「再生判断比率」のいずれかが「財政再生基準」に達した地方自治体は，「財政再生計画」をつくり，外部監査を求めなければなりません。「財政再生計画」に対する総務大臣の同意がない場合，災害復旧事業などを除く地方債を発行できませんが，同意があれば収支不足額を振り替える再生振替特例債を発行できます。財政運営が計画に適合しないとき，総務大臣または知事が予算の変更などを勧告することができます。

　制度が本格的に導入された2008年度決算に基づく指標では財政再生団体が1，財政健全化団体が22ありましたが，15年度決算では財政再生団体が1あるだけで，財政健全化団体はありません。

　また，表9-2に示したように，公営企業会計に「資金の不足額」がある場合，その「事業の規模」に対する比率が「資金不足比率」です。これが「経営健全化基準」に達した公営企業をもつ地方自治体は「経営健全化計画」を策定し，外部監査を求めなければなりません。

　「経営健全化基準」に達した公営企業は，2008年度決算では7345会計中61会計でしたが，19年度決算では6285会計中5会計です。

● 演習問題 ●

① 財政力指数0.1の地方自治体を想定します。また，事業費を100億円，国庫補助率をゼロとします。表9-1の事業別の充当率，算入率から，地方債に充当できる額と，地方交付税交付金の基準財政需要に算入される額を事業別に算出してみましょう。

② 臨時財政対策債がなぜ充当率100％，算入率100％なのかを説明してみましょう。また，臨時財政対策債を廃止した場合，地方自治体の財政運営にどのようなことが起こるかを，あなたの住むまちの首長になったつもりで考えてみましょう。

● 読書案内 ●

小西砂千夫編著［2011］『市場と向き合う地方債——自由化と財政秩序維持
のバランス』有斐閣
　地方財政制度運営としての地方債と金融市場の双方に目配りの利いた解説書
です。大学 3～4 年生および大学院生向けです。

● 参考文献 ●

天羽正継［2007］「戦後復興期における地方債消化問題」『地方財政』第 46 巻
　第 7 号，196～221 頁
石田三成［2015］「九州地方の市町村における銀行等引受債の金利に関する実
　証分析」日本財政学会第 72 回大会報告論文
神野直彦・小西砂千夫［2020］『日本の地方財政〔第 2 版〕』有斐閣
地方債制度研究会編［2016］『平成 28 年度 地方債のあらまし』地方財務協会
平嶋彰英・植田浩［2001］『地方債』ぎょうせい
持田信樹［2013］『地方財政論』東京大学出版会

（木村　佳弘）

第Ⅲ部
地方財政制度の展開と課題

第10章
地方財政の歴史的展開

　ここまで読み進めたみなさんは，国と地方の関係，あえていえば「くにのかたち」が多様であることを学んでいます（第1章，第2章）。そして，戦後の日本国の特徴が，歳出段階では地方政府の支出規模が中央政府よりも大きい（分散）ものの，歳出の内容は国庫補助金制度を通じて中央政府が事細かに決めている（集権），いわゆる「集権的分散システム」であることを学んでいます。さらに，中央政府と地方政府で事務を分けていないこと（融合）も思い出しておきましょう。

　注意しなければならないことは，この特徴は戦後，とくに1950年代以降の「日本国」にのみあてはまる，ということです。これからお話しするように，明治維新後に成立した「大日本帝国」は，とくに第二次世界大戦期において，典型的な「集権的集中システム」をとっていました。逆に，占領期におけるシャウプ使節団は，事務配分の明確な分離と，一般財源である地方財政平衡交付金制度を移転財源の中心に据えました。「分離型」の「分権的分散システム」といえるでしょう。

　この章では，明治維新から平成不況期までの日本における地方財政の歴史，すなわち「くにのかたち」の変遷を，ごく簡単に跡づけていきます。その際，必要に応じて先進諸国の歩みと比較していきます。他の国の地方財政の歩みとどこで異なることになったのか，それはなぜなのかを知ることは，日本の地方財政の特徴を理解する助けとなるからです。それでは，地方財政の歴史をひも

といていきましょう。

Key Questions
□ 大正時代から平成時代まで,「くにのかたち」はどのように変わってきたの
でしょうか。
□ 地方財政論でシャウプ勧告が1つの理想とされるのはなぜでしょうか。
□ 日本の地方財政の歴史を踏まえたとき,地方分権改革は,何をめざしたとい
えるでしょうか。

Keywords
戸数割　税源委譲　義務教育費国庫負担金　シャウプ勧告　超過負担
増税なき財政再建

1　明治維新と地方財政──「革命政府」の地方財政

1.1　明治維新の制約

1868年,内乱を制した薩摩・長州連合軍により明治政府が創設されます。明治政府は,内乱によって生じた多大な戦費と,旧大名家の家禄支払いを債務として抱えながら,国の独立を維持するために富国強兵・殖産興業に乗り出さなければなりませんでした。

そこで,税収を模索することになります。しかし,西欧列強に比べて商工業が弱かった維新期の日本では,企業に賦課する税はあまり期待できません。さらに,成立直後の明治政府は,政府機構を十分に整備することができませんでした。このため,徴税費用のかかる税目,たとえば消費税はとても採用できません。当初期待された関税の税率引き上げは,岩倉遣欧使節団の失敗によって挫折してしまいます。そこで,土地所有権の承認と引き換えに,土地所有者（おもに農民）に賦課する地租に大きく依存しながら国づくりを進めざるをえませんでした。

明治政府が誕生当時に置かれていた環境は,日本の地方財政の歴史を考えるうえで非常に大きなポイントです。明治政府は,税源を国に集中させ,国の考

表 10‒1■明治期・大正期の国税・地方税体系と租税収入額

(単位：千円)

| | | 1893 (明治26) 年 | | | 1903 (明治36) 年 | | | 1913 (大正2) 年 | | |
| | | 国税 | 地方税 | | 国税 | 地方税 | | 国税 | 地方税 | |
			府県税	市町村税		府県税	市町村税		府県税	市町村税
国 税 (★印は国税付加税)	★地租系列	38,809	8,904	6,439	46,873	23,636	16,019	74,636	30,984	16,301
	★所得税系列	1,239		176	8,247	11	2,743	35,591	1,451	4,866
	★営業税系列				7,049	1,041	3,206	27,393	3,113	5,110
	その他国税直接税	1,607			932			6,505		
	間接税	23,741			81,425			215,376		
	うち酒税	16,671			52,822			93,224		
	関税	5,125			17,809			74,505		
	その他国税	4,610			1,638			9,979		
	印紙収入				14,169			30,831		
地方税	戸数割系列		3,158	8,213		8,681	29,151		16,506	68,670
	府県税営業税系列		2,876	1,156		2,693	3,700		3,833	2,353
	府県税雑種税系列		1,773			6,411			11,236	5,751
	その他			582		79	5,682		650	6,307
税収入合計		70,005	16,711	16,567	160,333	42,522	60,502	400,311	67,773	109,358
(参考) 粗国民生産比 (%)		5.8	1.4	1.4	5.9	1.6	2.2	8.0	1.4	2.2

出所) 金澤［2010b］4 頁および 7～8 頁より筆者作成。

える政策目標（とくに国の独立を維持するための富国強兵）に配分しようとします。そのため，「いかに地方に有力な財源を配分しないか」に意を砕くようになります。にもかかわらず，治安を維持するための警察費や，議会・役所の人件費などの行政維持経費や，富国強兵・殖産興業に必要となる有為な人材を育成するための学校教育費を地方政府に委ねようとします。つまり，有力な税源を配分せずに負担義務だけを委ねようとしたのです。

1.2　明治・大正初期の租税体系と税収

　ここで，明治時代から大正初期までの租税体系と税収を確認した表 10‒1 をみてみましょう。国税収入は明治時代から大正時代にかけて対国民生産比を大きく伸ばしていきます。これに対し，地方税（府県税＋市町村税）は，国税ほどには大きく伸びてはいません。そして，府県税の収入はほぼ横ばいなのに対し，市町村税は府県税を上回る伸びとなっています。

　個別の国税税目をみると，1893（明治26）年では直接税，なかでも地租の占める比率が大きかったことがわかります。これに対し，1913（大正2）年になると，酒税，関税などの間接税が大きくなるとともに，直接税でも，所得税や

営業税などが基幹税目として成長していきます。

　この基幹税目のうち，地租，所得税，営業税に対しては，府県と市町村は付加税が認められていました。付加税とは，国税と同じ税源に，国が許した制限税率のなかでのみ課税できる，という仕組みです。ただし，地租と比べ，所得税と営業税の付加税は厳しく抑え込まれます。課税総額のうち府県税・市町村税付加税の比率をとると，1913年では，地租では39%なのに対し，所得税では15%，営業税も23%にすぎません。営業税は日清戦争（1894〜95〔明治27〜28〕年）のときに国税に移管され，道府県に残されたのは，明治維新直後につくられた，現在の法人住民税均等割に近い府県営業税のみでした。いかに明治政府が税源を国税に集中していったかがよくわかります。有力な税源を奪われた道府県は，舟税や電柱税のような雑種税をあさるはめになります。

1.3　「戸数割」の性格とその再編

　道府県と市町村がとくに頼った税目は，家屋税と**戸数割**です。とくに，1913（大正2）年時点で市町村歳入の6割以上を占めた戸数割に注目しておきましょう。というのも，道府県が課税標準を比較的自由に設定できた戸数割にこそ，日本における地方財政の歩みが詰まっているからです。

　戸数割の納税義務者は，「一戸を構える者」と「かまどを別にする者」です。言い方を変えれば，1人で生きられるだけの生計をもつすべての国民です。

　1878（明治11）年に近代的な地方自治制度を形づくった3新法（郡区町村編制法，府県会規則，地方税規則）が成立します。この時代に道府県がかけた戸数割は，「平等割」でした。これは，収入や資産の多い少ないにかかわらず，全員に一律で同じ額を負担させる，というものです。これは，典型的な人頭税です。制限選挙（地租5円以上を納める者）であったことを踏まえれば，道府県にこの税を賦課された多くの住民には，自分たちの代表を選ぶ権利がなかったことにも注意が必要です。

　「平等割」は，いつまでも続くものではありませんでした。明治政府は，最後の国内戦となった西南戦争の戦費を調達するため，不換紙幣を大量に発行していました。この不換紙幣を回収し，インフレーションを抑えようとしたのが松方デフレです。この政策は日本経済に大きな影響を与え，とくに農産物価格

表10‐2■「戸数割等級別規定標準」の等級要素

大項目	小項目	1個数
土　地	耕作地	5反歩
	山林・原野・雑種地	1町歩
	地租	2.5円
家　屋	住家	4坪
	土蔵・物置・製造所	1棟
国税地方税		2円
	うち酒類・醤油蔵石税	20円
公債証書	利子	4円

出所）水本忠武［1998］『戸数割税の成立と展開』御茶の水書房，50～52頁より筆者作成。

を大きく下落させました。「平等割」を支払えない農民が続出したのです。一方，困窮した農民たちから土地を買い上げた一部の富裕な農民は，大土地所有者——地主へと成長していきます。農民の二極化は，当時の自由民権運動の盛り上がりのなかで，秩父事件のような大規模な農民蜂起事件を惹起するに至りました。

　こうした事態に対処するため，さまざまな府県あるいは市町村で戸数割の改革が試みられました。「平等割」（人頭税）を残しながら，収入・資産の「等級」要素を加えるようになるのです。1883（明治16）年の埼玉県の「戸数割等級別規定標準」から作成した表10‐2をみると，土地，家屋，国税地方税納税額，公債証書など幅広い収入・資産を把握しようとしていたことがわかります。公債証書などの収入・資産に担税能力を見出すために「個数」を設定し，「個数」の多さで戸数割の等級づけをしようとしたのです。

　ただし，戸数割の改革案は，そのまま達成されたわけではありません。土地・家屋などの資産をどのように把握するかは現代でも大変難しい問題です。公務員総数が少なく，すべてが手作業の時代に，県庁が求めたような課税手法をそのまま採用できる郡はほとんどなかったのが実情です。また，累進課税のように，資産価値に応じて税率を引き上げるわけではなく，いわば，上限のある比例税率に類似していました。しかし，「等級」が，「平等割」と異なり，個人の資産など，税を支払う能力（担税力）を把握しようとしたことは確かです。土地・建物の「等級」は家屋税に吸収され，現在の固定資産税の源流となりま

す。さらに，「平等割」と，土地・建物以外の「等級」は，個人の所得を把握することに純化していき，現在の個人住民税の源流となります。

❷ 大正・昭和初期の地方財政──日本地方財政システムの源流

2.1 義務教育費負担をめぐる地域格差

さて，戸数割が，府県の独立税であり，市町村にとって付加税であることはすでに述べました。国税付加税が厳しい制限税率に縛られるのに対し，府県独立税である戸数割は相対的に制限税率の弱い税でした。

市町村は，市制町村制で委任事務と定められている費目，とくに義務教育費に充てる財源を必要とします。その結果，市町村は戸数割に深く依存します。その帰結として，市町村の1人当たり教育費の大きさと1人当たり戸数割が強い相関をもつようになりました。

1人当たり教育費は，人口の少ない地域・面積の広い地域の額が高くなる傾向にあります。つまり，人口が少ない農村に住む人々の戸数割負担が重くなってしまったのです。

国は「分任」の名のもとに，財源の措置が不十分なまま教員の給与を引き上げようとします。しかし，1921（大正10）年の市制・町村制改正は，町村議員の選挙権を広げました。普通選挙制に近い制度がいち早く導入された町村議会では，多数派が地主層から小作人へと移っていました。義務教育費に対する戸数割負担の軽減要求は，農村からの「地方自治」「地方分権」要求へと発展したのです。

2.2 義務教育費負担をめぐる論争──日本地方財政の分水嶺

大正デモクラシー期に盛り上がった「地方分権」運動は，日本の財政システムが進む道について激しい論争を呼び起こしました。おもに，3つの道があったといえるでしょう。

第1は，それぞれの市町村の収入に見合った範囲で「身の丈」にあった教育サービスを供給すればよいという考え方です。この考え方は，豊かな地域と，そうでない地域で教育水準に差がつくことを認めます。今日でいえば「受益」

と「負担」を一致させようとする考え方に近いでしょう。

　第2は，地方自治体に税源を配分しよう，という考え方です。戸数割に税負担が集中したのは，国税が税を先占してしまっているからであり，教育をはじめとする地方歳出に見合った有力な税源を配分すべきだ，というものです。これは**税源委譲**論と呼ばれ，「地方分権」の核として盛んに議論されることになります。

　第3に，おもに教育歳出に見合った国庫補助金を増額しよう，とする考え方です。自主財源である税源の代わりに，依存財源を交付しよう，とも言い換えられます。

　最初に取り上げられたのは，第1の考え方，つまり，住む地域によって教育水準に差をつけることを認めるものです。原敬内閣が設置した臨時教育行政調査会（1921〔大正10〕年）はこの考え方に立っていました。しかし，教育界と町村は「教育の機会均等」を求め，猛烈に反発します。この結果，同じ日本国内で教育水準に地域差をつける，という考え方は放棄されます。

　つぎに，第2の考え方である税源委譲です。政党・省庁・専門家を集めた1921年の臨時財政経済調査会は，地租・営業税を市町村に委譲し（両税委譲論），戸数割負担を軽減する体系的な税源配分案を提示しました。

　しかし，この後，当時の2大政党である立憲政友会と憲政会で意見が大きく対立しました。

　地方の有力な地主層を支持者とする立憲政友会は，地租のみを委譲する案をまとめる。戸数割の軽減には必ずしも積極的ではありませんでした。

　一方，都市の産業界をおもな支持層とする憲政会は，**義務教育費国庫負担金**の増加（つまり，第3の考え方）を訴えます。憲政会（および後継政党である立憲民政党）は，地方への税源委譲を防ぐことで国に税源を残し，これを金解禁（金本位制への復帰）に使うことを，農村の運命よりも大切だと考えていました。

　結局，立憲政友会は，党内の地主層をまとめきれず，両税委譲，地方分権の旗を次第に降ろしていきます。

　1929〜31年の立憲民政党期（憲政会の流れをくむ）に，義務教育費国庫負担金は増額されます。義務教育費国庫負担金制度は，教育費に対する補助金と，財政力の弱い町村を対象に戸数割の軽減をねらいとする補助金の2つから成り

ます。後者の機能は，1932年の地方財政調整交付金制度要綱案に受け継がれ，財政調整制度の源流となりました。

「サービス水準の平等」と「税負担率の平等」という2つの「平等」を達成するために，財政調整制度を充実していく日本の地方財政制度の輪郭は，おおむね大正デモクラシー期に整えられたといえるでしょう。

2.3 戦時地方財政における地方財政制度改革

しかし，満州事変を経て日中戦争，そして第二次世界大戦に突入すると，中央政府は総力戦を遂行するために，資金と物資の双方を統制します。

第二次世界大戦期における日本財政は，民生水準を低下させても軍事費に振り向ける点に大きな特徴がありました。1943年に閣議決定された国家資金計画によれば，租税・公債・貯蓄資金を通じた動員資金総額506億円のうち，国家財政に348億円（うち軍事費245億円，行政費91億円），産業資金に110億円が充当されましたが，地方財政に配分されたのは21億円のみでした。

さらに，『昭和28年度地方財政の状況』（地方財政白書）から，租税総額に占める地方税の比率を計算してみると，1926年の40.3%から，40年には17.1%，44年には実に6.9%にまで低下しています。戦時財政は集権的集中システムであったといえるでしょう。

もっとも，1936年の臨時町村財政補給金制度は，財政力の低い町村に資金を交付する制度であり，40年には，国税の一定割合を財源に地方自治体の課税力の格差を調整することを目的とした地方配付税が導入されています。また，同じ年には市町村税が創設されています。さらに，全国の地方自治体の歳入と歳出の双方を見積もる地方財政計画の源流も戦時期に求められるなど，戦後の地方税制，地方財政制度につながる重要な制度改革がこの時期に行われていることも見逃せません。

3　占領期の地方財政

3.1 シャウプ勧告——体系的な行財政改革案

第二次世界大戦は日本の敗戦で幕を閉じ，大日本帝国はアメリカを筆頭とす

る連合国軍に軍事占領されます。ただし，日本の官僚機構はそのまま残りました。連合国軍最高司令官総司令部（General Head Quarters／Supreme Commander for the Allied Powers，以下，GHQ と略）の指令を受けた大日本帝国政府（1947 年の新憲法施行後は日本国政府）が，日本領内を統治することになったのです（間接統治）。

　GHQ は日本国から戦争遂行能力を奪うため，国の権限を意図的に削ろうとします。一方で日本国内に民主主義を根づかせるため，「民主主義の学校」である地方自治体を強化しようとします。内務省の解体や都道府県知事の民選化，国から地方自治体への事務再配分には，2 つの政策目的が交錯していたといえるでしょう。

　さらに，GHQ は，1949 年，コロンビア大学のカール・S. シャウプを団長とする日本税制使節団（シャウプ使節団）を招聘します。使節団は日本税制に対する根本的な改革案を勧告します（シャウプ勧告）。

　地方税制・財政に関するシャウプ勧告の特徴は，地方自治の大幅な拡充にあります。大きく 3 点に分けることができるでしょう。

　第 1 に，事務配分です。シャウプは国の行う事務をきわめて狭い範囲に限定し，地方自治体，とくに市町村が事務を担うこととしました。国が行う事務と，地方自治体が行う事務が重ならないようにする（分離）という考え方をはっきり打ち出した点は非常に重要です（行政責任明確化の原則，第 3 章）。

　第 2 に，税源配分です。シャウプは理念として地方独立税の原則を打ち立てます。これは，政府間で同じ課税標準に賦課しないという意味で「税源の分離」と言い換えてもいいでしょう。基幹税目として，市町村には市町村民税と固定資産税を，都道府県には附加価値税を配分します。なお，市町村民税は，地方自治体の課税自主権を尊重し，複数の課税標準を選択することを認めました。

　第 3 に，財政調整制度です。シャウプ勧告は地方財政平衡交付金制度を勧告します。基準財政需要から基準財政収入を差し引いた財政需要額の総額を積み上げ，その総額を一般財源として交付する制度です。

3.2 シャウプ勧告の導入と挫折

シャウプ勧告は，国・地方事務の分離，市町村の優先，独立税の充実，一般財源による補填という体系的・理想的な制度であり，今日でも，日本国における地方財政改革の「めざすべき道」とされます。

しかし，まさに「理想的」な制度であったがゆえに，シャウプ勧告は現実との厳しい戦いを迫られます。

第1に，事務配分の分離は，生活保護行政を所掌する厚生省，義務教育を所掌する文部省から強い批判を浴びます。

両省の批判は，①もし一般財源化された場合，地方自治体は生活保護や義務教育に資金を配分するのだろうか，②基準財政需要の算定手法が「明確」ではないのではないか，の2点でした。

この批判により生活保護国庫負担金が残されることとなり，義務教育については基準財政需要の「明確化」を求められることになりました。これは，国が示した基準が地方財政平衡交付金の基準財政需要と連動することを意味しました。

第2に，都道府県の独立税として強い期待を受けていた附加価値税は，企業の付加価値（総売上－特定の支出金額）を課税標準とする世界で初めての税でした。しかし，国民から新税に対する戸惑いの声が上がりました。とくに，附加価値税は，利潤を課税標準とする事業税とは異なり，赤字法人であっても課税されるため，経済界から強い反発が生まれました。その結果，附加価値税は実施を延期され続けたあげくに廃止されました。

第3に，地方財政平衡交付金の総額確保の失敗です。内務省が解体された後，政府のなかで地方全体の立場を代表する機関は地方財政委員会でした。しかし，警察，消防，公共事業，厚生など内政の主要分野を網羅した巨大省庁であった内務省に比べると，政府内での地方財政委員会の交渉力は限られていました。さらに悪いことに，地方財政委員会の活動時期は，占領期におけるインフレーションを「解決」するためにトルーマン大統領に任命された，ジョセフ・ドッジ公使の手になる超緊縮財政（いわゆる「ドッジ・ライン」）のさなかでした。結果，財源不足額を足し上げた総額を確保したい地方財政委員会の要求は，平衡交付金総額の削減を主張する大蔵省の意思によりやぶれ去りました。地方平

衡交付金は，年によっては要求の半分にまで削られることとなったのです。

　占領が終わる頃には，シャウプ勧告の理念は大きく変容を遂げました。地方財政法第10条の国庫負担金制度が事務の融合を認め，新たに創設された自治省が所掌する地方交付税制度が，いくつかの国税にリンクするようになり，各省が補助要綱を作成する国庫負担金制度の「裏負担」として機能するようになったことは，すでに第Ⅱ部で学んでいます。

3.3　シャウプ勧告の意義——戦後イギリス地方財政との比較

　にもかかわらず，占領期のシャウプ勧告における地方自治体，なかでも市町村重視の理念は，日本における地方財政の方向性を決めるうえできわめて重要な分水嶺となりました。そのことを，戦後イギリスの地方財政史との比較で確認しておきましょう。

　一般に，先進国同士の戦争は総力戦となるため，中央政府は，すべての資源を中央に，すなわち軍事的資源に集中させようとします。この影響により，戦後の政府間関係は，戦前に比べて，中央に資源を集中した状態となります。戦争を通じて戦前から戦後で総経費額や政府間財政関係が大きく置き替わること（displacement）を「転位効果」（displacement effect）と呼びます。

　第一次，第二次世界大戦のいずれも先勝国であったイギリスは，この説明がぴたりと当てはまる国でした。第二次世界大戦後，イギリス地方財政の源流ともいえる公的扶助（救貧行政）をはじめ，公立病院，下水道，さらには1930年代の「都市黄金時代」を支えた電力，ガス，運輸などの公営事業は次々と中央政府に移管されることとなりました。さらに固定資産の賃貸価格を課税標準とするレイトは地方政府の基幹税でしたが，レイトの評価権までも中央政府に移管されます。この結果，著名なイギリスの財政学者であるU. K. ヒックスが「今や地方団体は教育行政と住宅建設を中央政府のために代行する機関になりつつある」と評する状態となり，地方政府の「危機」が叫ばれるようになりました。戦後のイギリス地方財政・地方自治がたどった歴史が，シャウプ勧告の影響を経た日本と正反対である点に注意しておきましょう。

4　高度経済成長期の地方財政

4.1　地方財政危機と昭和の市町村合併

　1952 年に発効したサンフランシスコ講和条約により，資本主義諸国との講和が成立し，日本は独立国としての一歩を踏み出しました。しかし，新たに配分された事務と財源措置が見合わないなかで，地方自治体は次々と財政危機に陥り，55 年の地方財政再建促進特別措置法が規定した財政再建団体へと転落していくことになります。

　ドッジ・ラインに端を発する地方財源措置の不足は，当時の日本における地方行財政を大きく規定することになります。以下，3 点を挙げておきましょう。

　第 1 に，行政改革と行政連絡員の強化です。地方財源不足を背景として，地方公務員定数は厳しく管理されました。この結果，民生委員，児童委員など，民間人でありながら公務を担う行政連絡員の役割が大きくなります。日本における公民「連携」の形が形成されたのです。

　第 2 に，町内会・自治会などの地縁組織による「税外負担」の徴収です。税によって財源が徴収できないため，敗戦により法的な位置づけを失ったはずの地縁組織が，小学校の改築費など地域にとって必要な施設を確保する費用の負担を住民に求めたのです。

　第 3 に，「受け皿」としての市町村合併の強化です。1888（明治 21）年に 7万 1314 を数えた市町村は，89（明治 22）年の市制町村制の施行に伴い 1 万5859 まで減少していました。さらに，1953 年に 9868 だった市町村数は，町村合併促進法施行法により 56 年には 3975 まで減少しました。自然村（集落）と行政村（市町村）の意識が大きく分かれたのです。フランスにおいては，2014年時点でも 3 万 6681 のコミューン（基礎自治体）数を維持していることとは対照的です。

　世界的にみると，ヨーロッパ諸国においても，イギリスやスウェーデンなどは戦後に行政区画の再編成を行っています。イギリスにおいては，事務ごとにばらばらだった地方行政区画をディストリクトに整理し，近代的な行政区画がようやく整備されたともいえます。しかし，集落と行政の間に距離が生まれ，

住民が地方自治体に関心をもちにくくなる一因をつくったともいえます。

4.2 「融合型」地方自治と開発行政の進展

さて，講和条約後の日本は，本格的な高度経済成長時代に入ります。日本政府は，民間の大企業を成長エンジンとする経済成長を支援するため，ダムなどの電源開発，産業のための道路整備や重要港湾の開発を計画します。

この計画を実施する手法として，国には，おもに２つの方法がありました。１つは，中央省庁が自身で外郭団体をつくり，直接実施する方法です。日本住宅公団や日本道路公団などが代表的な例でしょう。もう１つは，地方自治体に国庫補助金を交付し，地方自治体の手で公共事業を実施させる手法です。

自治省や地方自治体（とくに都道府県）は，中央省庁に事業を奪われないように，あらゆる事務を自身の手に抱えることを選びました。その結果，イギリスとは対照的に，多くの事務が地方自治体に残されました。ただし，これは地方自治体の首長が，中央省庁各省による詳細な指示命令の執行者となる機関委任事務を容認するとともに，国庫補助金によって法令以上に中央省庁の統制を強く受ける（すなわち事務配分の「融合」）を選ぶことでもありました。

また，民間主導の高度経済成長により，３大都市圏（東京・大阪・名古屋）をはじめとする太平洋ベルト地帯に労働力と資金が集中することとなりました（「不均等発展」）。一方，３大都市圏に属さない地方自治体側は，経済成長の果実を自らの自治体にも及ぼそうとさまざまな努力を始めます。こうした思惑が絡まりあった例が，所得倍増計画と連動した 1962 年の全国総合開発計画（全総）です。全総は，開発効果の高い拠点だと国が考える地域に属する自治体を，「新産業都市」に認定して国庫補助金を交付し，地域開発を進めさせようとしたのです。

一方，高度経済成長期の日本政府は，経済成長を重視したため，民生費の配分はきわめて限定的でした。国庫補助の配分が現実と著しく乖離していた代表的な例として摂津訴訟が挙げられます（第 8 章）。この結果，地方自治体は主に民生費において**超過負担**を余儀なくされ，事務事業を執行するたびに財源不足に見舞われることになります。

4.3　「過密」と「過疎」

高度経済成長が進んだ結果，日本の地方財政は，あらたな問題を抱え込むことになります。

1つは「過密問題」（都市問題）です。高度経済成長により重化学工業が太平洋ベルト地帯を中心に整備されると，都市部に流入してきた人々は，手狭で密集した木造住宅に住まざるをえませんでした。街路，上下水道，公園などの物的なインフラストラクチャーは欧米の都市に比べてはるかに劣っており，その充実が叫ばれるようになります。

もう1つは，「過疎問題」です。働き盛りの若者を都市に吸い上げられた農村地帯では，人口の減少，集落の維持に悩むことになります。輸入品の影響で農産物価格や木材価格が下落すると，農山村の過疎問題はより深刻になりました。「過密」と「過疎」の対立は，高度経済成長期における地方財政をめぐる大きな焦点となりました。

基準財政需要の措置不足，つまり超過負担に悩む東京都などの大都市地域は，都市問題を解決するための財源として，集積の利益を受けている企業の利潤を対象とする課税を試みました。法人住民税，市町村民税法人税割への不均一課税がこれに該当します。

4.4　企業課税が選ばれた理由——イギリス・スウェーデンを事例に

国際的にみてみると，都市問題に対応するために，企業への利潤課税という手段を使うことができたのが日本における地方財政の大きな特徴です。たとえば，イギリスの地方政府には，おもに賃貸価格を基礎とし，家を借りる人（借家人）が納税義務者となるレイトしか存在しません。

その一方，個人住民税の増税はむしろ抑制的でした。福祉支出の財源をまかなうために，地方所得税率の引き上げを通じて住民への課税を強化してきたスウェーデンとは対照的です。この背景は，少し込みいった説明を要します。

3.1で紹介したように，シャウプ勧告では，市町村民税の課税標準を選ぶことができました。大きく分けると，所得税法の説明に忠実な「本文方式」と，同法但し書き方式に従った「但し書き方式」の2つに分けることができます。実際の課税標準を図10-1からみてみると，本文方式に比べ，但し書き方式の

図 10‐1■「本文方式」と「但し書き方式」

収入						

本文方式の課税標準

課税標準額	扶養控除	生命保険料控除	社会保険料控除	医療費控除	雑損控除	基礎控除

但し書き方式の課税標準

課税標準額	基礎控除

出所）宮崎雅人［2008］「租税政策形成過程の分析──市町村民税所得割の課税方式の統一を事例に」『エコノミア』第 59 巻第 2 号，79～95 頁。

ほうが課税標準が広く取れることがわかります。財源不足に常に悩まされる地方自治体，とくに企業の少ない過疎地域にとって，但し書き方式は魅力的なものでした。このため，1920 年代の戸数割と同じように，財政力の低い地域ほど，課税標準の取り方（≒市町村民税の住民負担額）が増えてしまう問題が生じたのです。

　この状況を受け，政府（自治省・大蔵省）は，1964 年の地方税法改正により，課税標準を本文方式に統一しました。これまでの但し書きで課税していた自治体は，本文方式に移行したとき，それによって失う税収額を地方交付税の基準財政需要額に算入されることで補填されたのです。

　この結果，地方所得税の課税強化は抑制され，都市自治体における新税の財源は企業のみに求められることとなりました。しかし，企業課税は偏在性の強い税源ですから，農村からは強い反発を生みます。都市の行う企業課税が，地方交付税の原資である法人税を侵食し，自分たちに資金が配分されなくなることを農村は恐れました。なにより，「狙い撃ち」課税された企業からの強い反発を呼び起こすこととなります。

 5 **安定成長期から平成不況期の地方財政**
──「税による負担」からの後退

5.1　安定成長期の地方財政

1970～80 年代から，日本社会の成熟化が始まりました。高齢化社会の到来による年金や介護，知識社会の到来に伴う教育投資，女性の社会進出に伴う子

育て支援など，社会構造の変化に伴う新たな財政需要が生まれます。

　高度経済成長期の最後となる 1970 年代の前半は，こうした財政需要を，公的な負担によってまかなおうとした時代です。革新自治体による財源構想や，「福祉元年」宣言はその代表的な例といえるでしょう。

　しかし，1973 年のオイル・ショックを境に，日本財政は税収の不足に苦しみ，国債の大量発行時代に突入します。さらに，1979 年の一般福祉税構想が挫折すると，「減量経営」に成功した経済界を中心に**増税なき財政再建**が叫ばれるようになります。これが，企業への課税に頼っていた都市部自治体の動きを封じたのです。

　「増税なき財政再建」の 1 つの特徴が，「受益者負担」の強化でした。サービスにより受益を受ける住民がより大きな負担をすべき，という考え方です。サービスの受益は最終消費者のみに求められ，公立大学の授業料や上下水道料金，保育所保育料などの使用料の引き上げが行われました。

　その代表が高等教育です。文部科学省「国立大学と私立大学の授業料等の推移」によると，国立大学の授業料は，1975 年には年間 3 万 6000 円（名目雇用者報酬比 4.9％）でしたが，徐々に引き上げられ，90 年には 33 万 9000 円（同19.7％）にまで増徴されました。地方自治体が運営する公立大学の授業料も，国立大学の授業料と連動して上昇していきました。

　使用料は，生活保護世帯への免除や住民税負担の有無などの階層を指定した負担軽減措置があるものの，住民税に比べると逆進性の強い負担となります。受益者負担の考え方は，「子育てや教育にお金がかかりすぎる」と，子どもをもつことに忌避感を生じさせ，出生率の引き下げに一役買う結果となりました。

　ただし，「増税なき財政再建」のおもなターゲットとなったのは国です。各省が交付する国庫補助率を引き下げられる一方，それによって減少する額の一部を地方交付税の基準財政需要額に組み入れたり，後年度に元利償還金の基準財政需要への充当を認める地方債の起債許可を行うことで，地方自治体の事業総額を確保していました。特定財源としての国庫補助金を，一般財源である地方交付税と，借金である地方債が支え，地方財政計画全体では総事業費が維持される，というシステムが強固になった時代といえるでしょう。

　その一方，こうした財源保障は，いままでの事業（おもに公共事業）の執行

を保障するものではあっても，新たな財政需要に応えるものではありません。介護需要への対応は1990年代における介護保険制度の創設を，子育て支援は今世紀に入ってからの次世代育成支援制度や子ども・子育て支援制度の創設まで待たなければなりませんでした。

　さらに，財源保障といっても「借金」，つまり地方債によって行われた点に留意しなければなりません。しかも，元利償還金の将来負担を保障してくれるはずの地方交付税自体が，交付税率の引き上げを拒否され，特別会計による一時借入金（交付税及び譲与税配付金特別会計借入金）によってまかなわれていた（第7章，第9章）という点は，財源保障システムのもろさを表すものでした。「増税なき財政再建」は，国・地方を通じた多くの「みえづらい借金」によって維持されていたのです。

5.2　バブル崩壊・平成不況と地方財政——地方分権改革とその挫折

　第9章で確認したように，地方自治体が実施する公共事業を通じた景気対策は，1986年の円高不況，そして90年代のバブル崩壊から平成不況期に積極的に実施されました。しかし，不良債権処理（信用不安の解消）を伴わずに行われたため，経済全体の回復には至らず，200兆円に達する地方債務だけが残りました（いわゆる「誘導的財政危機」）。

　皮肉なことに，1990年代は，誘導的財政危機をもたらした集権的分散システムの弊害を打破し，住民が地方財政需要に基づいて財政運営を決定できる分権的分散システムをめざそうとした時期でもありました。1995年に設置された地方分権推進委員会は，集権的分散システムの行政的な要である機関委任事務制度の廃止を勧告したのです。

　しかし，地方分権推進委員会の勧告には，大きく分けて2つの問題点がありました。

　第1に，地方自治体統制の財源面の要である国庫支出金，なかでも負担金制度の改革に進むことができませんでした。

　第2は，「受け皿論」，すなわち市町村合併です。国の詳細な指示・命令によらずとも地方自治体が事務を遂行するためには，さまざまな事務を執行できるだけの体制，すなわち「受け皿」を整備しなければならず，そのためにはさら

なる市町村合併が必要だ，との意見です。

この2つの論点は，2000年代の「三位一体の改革」で，以下のように「解決」されました。まず，国庫支出金改革は，地方自治体の全国組織である地方六団体により，指定した事業の負担金・補助金をすべて廃止する案が提示されます。しかし，国の各省が出した対案は，交付金化（国土交通省），国庫負担率・国庫補助率の削減（厚生労働省）でした。なかでも負担率・補助率の削減は，国の指示・命令を残したまま，国の負担だけを削減することを意味します。しかし，地方側の激しい反発にもかかわらず，「三位一体の改革」で採用されたのは，負担率・補助率の削減でした。

そして，「受け皿」論としての市町村合併を後押ししたのが，2004年の「地財ショック」でした。200兆円にのぼった地方債務の元利償還金を保障してくれるはずだった地方交付税の総額が，一方的に削減されたのです。地方自治体は大混乱に陥り，「平成の市町村合併」に駆り立てられていくことになります。合併をしなかった地方自治体でも，総定員を削減し，新卒者を雇わないなど厳しい行政改革を進めていくこととなりました。

⑥ 「日本国のかたち」はどのように変わってきたのか

かなりの駆け足で地方財政の歴史を振り返ってきました。ここで，「日本国のかたち」を定量化した表10-3をみながら，学んだことのポイントをおさらいしておきましょう。ポイントは，サービスの平等，税負担の垂直的・水平的な「平等」，自己決定権の有無の3つです。

1920年代の教育財政改革をめぐる論争のなかから，「サービスの平等」と「税負担の平等」という2つのキーとなる価値概念が確立されました。これを補うために，精緻な財政調整制度が構築されていきました。戦前の均等割や，戦後の地方所得税にみられた，担税力の弱い地域に重い負担が向かう状況を解消したのも，財政調整制度です。

敗戦と高度経済成長期を経て，戦後日本の地方財政システムが確立した1960年をみると，歳出純計額に占める地方の比率が66.3%に達する一方，租税総額に占める地方税比率は29.2%にすぎず，国庫支出金や地方交付税など

表 10-3■国内総生産，租税収入，歳出総額，歳出純計額の推移（1935～2020 年）

年	国内総生産 A (億円)	租税収入			歳出総額				歳出純計額			地方債現在高 L (億円)
		総額 B (億円)	国税 C (億円)	地方税 D (億円)	国 E (億円)	地方 F (億円)	国から地方に対する支出 G (億円)	地方から国に対する支出 H (億円)	国 I (億円)	地方 J (億円)	合計 K (億円)	
1935	167	18	12	6	22	21	3		19	21	40	
1940	449	50	42	8	81	31	11		70	31	101	
1960	162,070	25,457	18,015	7,442	17,901	19,249	8,243	276	9,658	18,973	28,631	6,953
1975	1,517,970	226,616	145,068	81,548	227,584	256,545	106,015	2,668	121,569	253,877	375,446	113,757
1990	4,325,885	962,302	627,798	334,504	741,907	784,732	275,996	11,319	465,911	773,413	1,239,324	521,883
2005	5,053,494	870,949	522,905	348,044	934,347	906,973	322,145	12,731	612,202	894,242	1,506,444	1,400,516
2014	4,896,234	946,346	578,492	367,855	1,060,355	985,228	360,051	7,054	700,304	978,174	1,678,478	1,459,841
2019	5,573,065	1,033,866	691,537	342,329	1,090,758	997,022	356,557	8,555	734,201	988,467	1,722,667	1,434,429
2020	5,355,099	1,057,586	692,639	364,947	1,549,074	1,254,588	569,026	9,560	980,048	1,245,029	2,225,076	1,445,697

年	歳出純計額合計／国内総生産 K／A (%)		地方税／租税総額 D／B (%)		国から地方に対する支出／歳出純計額（地方） G／J (%)		歳出純計額（地方）／歳出純計額合計 J／K (%)	租税総額／歳出純計額合計 B／K (%)	地方債現在高／国内総生産 L／A (%)
1935	24.0		33.3		14.3		52.5	45.0	
1940	22.5		16.0		35.5		30.7	49.5	
1960	17.7		29.2		43.4		66.3	88.9	4.3
1975	24.7		36.0		41.8		67.6	60.4	7.5
1990	28.6		34.8		35.7		62.4	77.6	12.1
2005	29.8		40.0		36.0		59.4	57.8	27.7
2014	34.3		38.9		36.8		58.3	56.4	29.8
2019	30.9		33.1		36.1		57.4	60.0	25.7
2020	41.6		34.5		45.7		56.0	47.5	27.0

注) 1940 年の国内総生産は 1941 年度。
出所) 総務省『地方財政の状況』1953，56，58，60，70，76，81，88，94，99，2005，16 年版より筆者作成。

国からの移転財源が地方歳出の 43.4％ を占めるようになります。

　こうした制度体系は，事務配分が融合し，国が事務内容を集権的に決め，そのサービスのみを分散的に執行するうえでは，大変有効であったといえます。しかし，国庫支出金と連動した地方交付税制度は，地方自治体が供給したいサービスよりも，国庫支出金の対象となる事業に地方自治体を誘導した効果があったことも否めません。

　一方，地方自治体の置かれた状況に対応して，機動的にサービスを住民に供

給する，という地方税制本来の役割は，1960〜70年代に試みられました。都市問題を引き起こした企業への不均一課税により調達した財源を社会資本に配分する，という考え方です。これに対する企業側の回答が「増税なき財政再建」すなわち，行政サービスそのものの削減だったといえます。地方分権改革は，地方税制本来の役割を回復する可能性を秘めていましたが，そのはるか手前で挫折したといわざるをえません。

　日本における地方財政運営のもう1つの特徴が，歳出純計額に占める租税収入比率の低下です。1960年には歳出純計額合計の88.9%を租税によってまかなっていましたが，オイル・ショックと平成不況を経た2005年には57.8%まで落ち込んでいます。この差額を埋めたのが，地方債という「財源」を中心とする，「金融を通じた財源保障」であったということができます。

　なお，表10-3から，2020年の地方歳出比率は微減したものの，依然として56%を占めており，「集権的分散システム」の骨格に大きな変化はみられないことが確認できます。その一方，地方税比率は，2014年に比較し，20年は減少しています。これは，第6章で確認した，国による「地方法人税」制度の創設など，自主財源としての地方税の観点からは好ましくないとされる制度変化の影響をみてとることができます。

● 演習問題 ●
　① 国際比較上，イギリスは典型的な集権的集中システムと位置づけられます。日本の地方財政運営がイギリスと異なった経路をとった理由を述べてみましょう。
　②「増税なき財政再建」と「金融を通じた財源保障」はどのようにつながっていると考えられるでしょうか。

● 読書案内 ●
金澤史男 [2010]『自治と分権の歴史的文脈』青木書店
　　地方財政史研究の泰斗であった著者が，歴史的な視点から，日本の地方財政の特色を整理した名著です。大学3〜4年生向けです。

● **参考文献** ●

金澤史男［2010a］『自治と分権の歴史的文脈』青木書店

金澤史男［2010b］『近代日本地方財政史研究』日本経済評論社

佐藤進・高橋誠［1987］『地方財政読本〔第3版〕』東洋経済新報社

神野直彦・池上岳彦編［2003］『地方交付税 何が問題か──財政調整制度の歴史と国際比較』東洋経済新報社

地方行政調査委員会議編［1951］『行政事務再配分に関する勧告』芹田東光社

Wilson, D. and C. Game［2011］*Local Government in the United Kingdom*, 5 th ed., Palgrave Macmillan.

（木村　佳弘）

第11章
持続可能な地域づくりと地方財政

　この章では，私たちが日々生活する地域の産業や社会基盤に目を向け，地域づくりの視点から，地方財政の機能と役割について考えます。

　私たちの暮らしや仕事が守られるよう，地方自治体はさまざまなサービスを提供しています（序章図序 - 1 参照）。そのうち，暮らしの安心・安全にかかわる医療・介護・福祉などの対人社会サービスについては第 12 章で取り上げることとし，本章では，産業振興や公共事業などを取り上げます。

　近年，景気の低迷とともに，地域で仕事と暮らしを守ることが難しくなっています。とりわけ地方圏では，安定した収入を得られる仕事が限られており，産業振興策は大きな課題の 1 つと言われてきました。地域の産業や雇用を創出し，仕事と暮らしを維持するために，地方自治体はどのような事業を実施してきたのでしょうか。また，それらの事業は国の政策とどのような関係にあるのかについて考えてみましょう。

Key Questions
□ 日本にはどのような人口規模や産業構造の地域が存在し，地方自治体の財政はそれぞれどのような状況にあるのでしょうか。
□ 地域の人口を維持し，雇用を確保するために，国や地方自治体はどのような課題に取り組んできたのでしょうか。
□ 地域づくりを支える財政の仕組みはどのように構築されるべきでしょうか。

┌─ Keywords ───┐
農工格差　公共事業　全国総合開発計画　条件不利地域　人口減少

リゾート法　過疎対策　地方創生　地域振興
└──┘

 # 地域政策と地方財政

1.1　地域の産業振興と地方財政

　はじめにマクロ的な視点から，地域経済について考えてみましょう。地域の中で人々の暮らしが維持され，持続していくためには，第1に，その地域で人々の衣食住が確保される環境にあること，すなわち生産活動を通じた就業機会があり，一定の所得を得て，必要なものを消費できる環境が確保されていることが必要です。そして第2に，生活に必要な電気・ガス・水道などのライフラインに加え，道路や橋などの社会資本が整備されていること，さらに第3に，教育環境に加えて，子育てや介護，そして支え合い見守り合う環境が必要となります。第3章でみたように，地方自治体は日常の暮らしの維持・存続にかかわる警察，消防などのサービスのほか，道路や橋りょうなどの社会資本整備，医療，介護，福祉などの対人社会サービスの提供など，さまざまな施策を実施しています。また，地域経済を支え，雇用を創出する産業の振興にも取り組んでいます。

　ここで，地方自治体の産業振興などに対する支出の状況について改めて確認してみましょう。図11-1は，地方自治体の目的別分類でみた歳出構成比の推移を示しています。1960年代半ばから今日まで，農林水産業費や商工費などの産業振興のための支出が歳出全体の1割強を占めていることがわかります。さらに注目すべきは土木費の大きさです。2000年頃まで，常に歳出の2割強を占めています。

　この傾向を，性質別分類でみた歳出額の構成比で，再度確認してみましょう。図11-2は地方自治体の性質別歳出額の推移を表しています。第3章では市町村の歳出を取り上げましたが，ここでは都道府県などを含めた地方自治体全体の歳出をみています。図11-2から，1960年代半ばから90年代前半にかけて，

図 11 - 1■地方自治体の目的別歳出構成

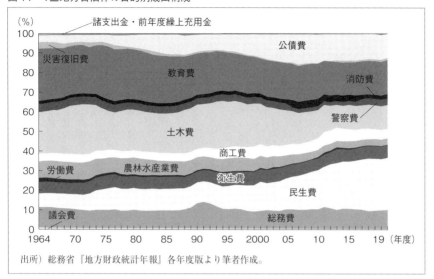

出所）総務省『地方財政統計年報』各年度版より筆者作成。

図 11 - 2■地方自治体の性質別歳出と普通建設事業費割合

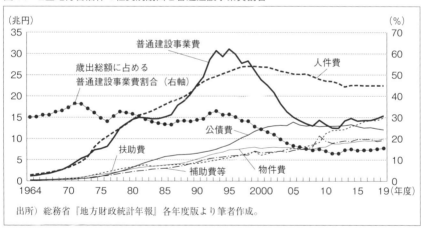

出所）総務省『地方財政統計年報』各年度版より筆者作成。

普通建設事業費は増大しており，歳出総額に占める普通建設事業費割合は常に3割程度を占めていたことがわかります。これは，地方自治体が巨額の公共投資を行ってきたことを示しています。後述するように，道路・橋梁，河川管理などの土木事業は，地域の社会基盤を整備するだけでなく，各地の建設業を下支えし，地域に多くの雇用を生み出してきました。

図 11 - 3■市部と郡（町村）部人口の推移

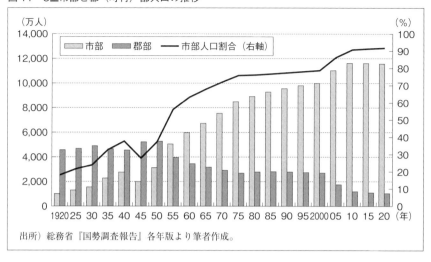

出所）総務省『国勢調査報告』各年版より筆者作成。

1.2　地域格差とその是正

　地方自治体が産業政策や地域づくりを担ってきたことの背景には，高度経済成長を通じた工業化・都市化の流れと，それに伴って発生した地域間格差の問題があります。20世紀以降，技術革新と工業化の進展により，工業部門と農業部門の間の生産性の違いから，都市と農村の間で経済格差が拡大していきました。農村から多くの人々が，就学や就職，そして経済的に豊かな暮らしを求めて都市へと流出していきました。

　図11 - 3は，1920年以降の日本の人口を市部と郡部（町村部）別に示したものです。戦前の日本では人口の7～8割が町村部に居住しており，都市人口は2～3割にすぎませんでした。戦後の混乱が一段落したあと，都市化・工業化が進展し，多くの人々が近代的な暮らしを求めて農村から都市へと移動するとともに，農地が開発され，各地で都市化が進み，多くの町村が都市へと変貌を遂げました。1950年代前半と2000年代半ばの時期にはそれぞれ国を挙げての市町村合併も推進されました。その結果，1960年には都市人口は全体の6割を超え，2010年には9割に達しています。さらに都市のなかでも，人口は3大都市圏（東京圏，中京圏，関西圏）をはじめとする太平洋ベルト地帯に偏る傾向にあり，現在では，総人口の約7割がこの地域に居住しています。

　では，この間，日本の産業構造はどのように変化し，それが地域経済にどの

図 11 - 4■産業別就業者数の推移

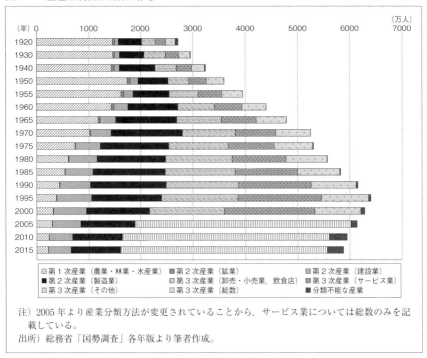

図 11 - 4■産業別就業者数の推移

注）2005 年より産業分類方法が変更されていることから，サービス業については総数のみを記載している。
出所）総務省「国勢調査」各年版より筆者作成。

図 11 - 5■産業別就業者比率（人口集中地区（DID）・人口集中地区以外の地域）2015 年

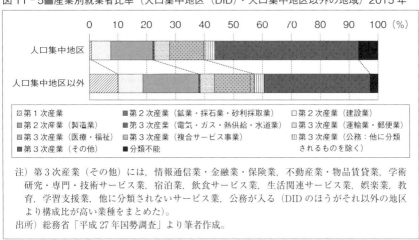

注）第 3 次産業（その他）には，情報通信業・金融業・保険業，不動産業・物品賃貸業，学術研究・専門・技術サービス業，宿泊業，飲食サービス業，生活関連サービス業，娯楽業，教育，学習支援業，他に分類されないサービス業，公務が入る（DID のほうがそれ以外の地区より構成比が高い業種をまとめた）。
出所）総務省「平成 27 年国勢調査」より筆者作成。

ような影響を与えたのでしょうか。図 11 - 4 は，産業別就業者数の推移を示しています。これをみると，1950 年代より第 1 次産業就業者数は減少の一途を

図11‐6■都道府県別総生産額（2019年）ならびに人口1人当たり地方税収額（2019年度）

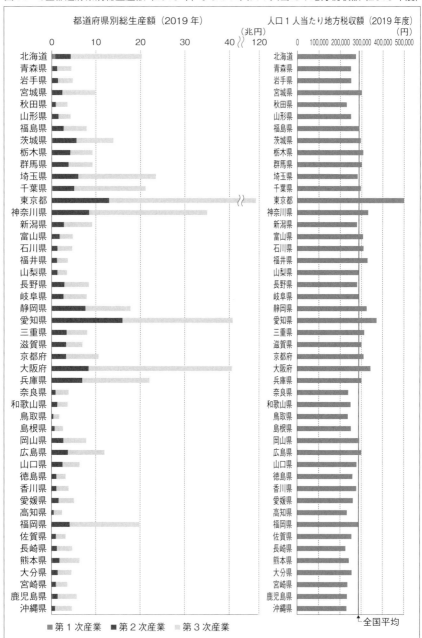

出所）内閣府［2020］「県民経済計算年報」，総務省「令和3年度 地方税に関する参考計数資料」
より筆者作成。

たどっていることがわかります。また製造業や建設業などの第2次産業就業者数は1950年代以降増大していきますが，2000年以降に減少に転じます。一方，サービス業などの第3次産業就業者数は次第に増大していることがわかります。

これを，都市的形態をとる人口集中地区（DID: Densely Inhabited Districts）と，それ以外の地区とで比較してみましょう。図11-5は2015年における産業別就業者比率を示しています。ここから人口集中地区（DID）は第1次産業就業者の割合が0.7％と著しく低く，第2次産業就業者割合も21％程度にすぎません。一方，第3次産業就業者は就業者全体の約7割を占めています。これに対し，DID以外の地域では，第1次産業就業者割合は10.0％を占め，また建設業や製造業など第2次産業就業者比率も28.0％となっています。これに対し，第3次産業では，図11-5に示したように，「電気・ガス・熱供給・水道業」「運輸・郵便業」「医療・福祉」「公務」などではDIDと同程度の構成比を占めていますが，「その他」のサービス業などは，DIDと比べて，相対的に低い割合となっています。

地域によるこのような産業構造の違いは，総生産額，ひいては地方税収にも大きな影響を与えます。図11-6は，都道府県別にみた総生産額と税収構造を示したものです。国内の総生産額は首都圏，中京圏，関西圏で高い水準にあり，とくに東京が突出していることがわかります。第6章でみたように，主要な地方税は，所得や資産に対して課税されていました。総生産額の違いは，所得のみならず土地や建物などの固定資産税評価額にも大きな影響を与えます。その結果，1人当たり地方税収においても地域格差が生じることとなり，東京都は他の道府県と比べて，高い税収を上げているのです。

2 　地域政策と財政の機能

2.1 　地域政策の手法

地域間の経済格差は，産業構造の違いがもたらすものとされてきました。技術革新を通じた稀少性と利便性の高い商品や技術の開発を通じて，工業部門では，農業部門に比べて高い付加価値が生み出されてきました。

多くの国々では，こうした**農工格差**によって生じた地域間の経済力格差を是

正し，不況地域や後進地域に産業や雇用の地域間再配分を行う政策がとられて
きました。その手法の第1は，不況地域・後進地域を開発地区に指定し，産業
立地を誘導するために，立地企業に投資補助金や，低利融資，税の減免，土地
や工場の提供や雇用助成金の給付などを行う政策の推進です。反対に，過密化
する地域には立地規制を行うことで，企業の分散を図るという手法がとられま
す。第2は，地域で**公共事業**を重点的に実施し，高速道路やダムなど，地域に
産業を興すためのインフラ整備を行い，公共事業を通じた乗数効果と生産誘発
効果で，地域に雇用と所得を呼び込む政策です。

　日本でも，1960年代より，これらの政策が積極的に推進されてきました。
政府は国庫支出金や地方交付税を通じて，地方の産業基盤整備や生活基盤整備
を積極的に推進してきました。それにより，全国各地に企業の生産拠点（工場
など）が整備されていきました。これらの政策は国主導で推進され，60年から
5度にわたり，**全国総合開発計画**が策定され，計画推進のためのさまざまな事
業が行われ，国から地方へ補助金や地方交付税が財源として手当されました。
また，70年代以降，道路や下水道等整備などの公共事業は，地方における農
家の農業所得を補完する重要な役割を担うようになり，建設業は肥大化してい
きました。

2.2　全国総合開発計画

　第1回の全国総合開発計画（全総）は1962年に公布されます。少し前の60
年に，政府による国民所得倍増計画のなかで「太平洋ベルト地帯構想」が提示
されました。これは，東京圏から北九州までを結ぶ太平洋ベルト地域の工業開
発を重視したものであったことから，他の地域から強い批判を受けました。公
共投資の地域配分の偏りをどう是正するかが議論され，これを受けて1962年
に「国土の均衡ある発展」を掲げた全国総合開発計画が打ち出されたのです。

　計画では拠点開発方式が示され，全国各地に新産業都市（15地域），工業整
備特別地域（6地域）を指定し，これらの地域を核として全国の工業化と経済
発展をめざすことが掲げられました。これらの地域に対し，国による補助金の
補助率かさ上げ，地方債の利子補給，租税特別措置による地方税収減の補填な
どの措置が行われ，工業用地や道路・橋りょうなどの基盤整備が進められまし

た。指定地域では，重化学工業を誘致し，工業化を進めていきました。

　政府は，その後も10年を単位として，全国総合開発計画を打ち出しますが，その理念や目標は少しずつ変化を遂げます。1970年には「新全総」が示され，新幹線や高速道路網の整備と大型プロジェクトによる「大規模プロジェクト構想」が掲げられました。また1980年の「三全総」では，大都市への人口と産業の集中を抑制するために「定住構想」が掲げられ，地方振興と過密過疎問題の解消が打ち出されました。1990年の「四全総」では「多極分散型国土の形成」が掲げられ，地域特性を活かした地域整備や，交通，情報・通信ネットワークの整備による多様な交流が打ち出されました。最後に2000年には「21世紀国土のグランドデザイン」が示され，「多様な主体の参加と地域連携による国土づくり」がめざされ，多自然居住地域の創造，大都市のリノベーション，地域連携軸の展開，広域交流都市圏形成の4つが打ち出されました。

　これらの計画の実現に向けて，多くの地方自治体が各種の補助金を積極的に活用し，開発政策を推進していきました。これにより，全国的に道路・河川などの整備や各種施設などの基盤整備が行われましたが，地域間の経済格差や財政力格差は依然として存在しつづけました。

2.3　条件不利地域への財政措置

　高度経済成長期に，日本の国民所得は大きく増大しました。しかしながら，都市部と農村部の格差，3大都市圏と地方圏との格差は拡大する一方であったことから，それを是正し，地方圏に生産拠点を整備し，均衡ある成長をめざすための政策が求められていきます。全国総合開発計画のなかでも，次第に地方振興が掲げられるようになっていきました。

　この取り組みは必ずしもうまくいったわけではありません。その理由の1つに日本の国土構造があります。日本の国土構造をみると，その7割弱が山林であり，工業などの立地が可能な土地は，沿岸部の平野や，内陸部の盆地などに限られています。中山間地域には，小規模な縫製工場や加工組立工場などが立地することはあっても，大規模な工業団地を立地することはできません。こうした中山間地域などの社会経済基盤をどのように整備するかが問われるようになりました。政府はこれらの地域を**条件不利地域**としてそれぞれの特性に応じ

た地域指定（過疎，離島，半島，辺地，豪雪など）を行い，それらの指定地域に対し，さまざまな税財政上の優遇措置を行ってきました。これらの地域では，税制上の優遇措置および地方自治体の税収減に対する国からの減収補填のほか，市町村が事業を行う場合，通常よりも高い補助率で補助金を交付する補助率かさ上げや，元利償還金の大半を後年度に地方交付税で措置する過疎債などの発行許可が行われました。条件不利地域の多くは，限られた人口・企業だけで十分な税収をあげることが難しく，財源の多くを地方交付税に依存しています。これらの地域の地方自治体では，こうした国の支援策を活用しながら，農林水産業や観光業を軸にして稼得機会を確保するとともに，地域の暮らしを維持するために必要な道路，橋りょう，学校，診療所などの整備を推進してきたのです。しかしながら，多くの地域で**人口減少**と高齢化を食い止めることはできていません。

③　公共投資と地方財政

　地域の社会経済基盤整備のために活用されたのが公共投資でした。国からの財政移転を通じて，地元の建設業などの稼得機会を創出するとともに，生産基盤や生活基盤の整備を行うことで，産業と生活の確保がめざされたのです。しかしながら，それにより，日本では国・地方ともに巨額の財政赤字を背負うこととなり，近年では，人口減少を背景に，これらの整備された資本の維持管理が課題とされるようになりました。以下ではその経緯をみていきましょう。

3.1　戦後復興から高度経済成長へ

　第二次世界大戦後，荒廃した国土の復旧や失業救済といった戦災復興が大きな課題とされた時期において，公共投資は失業救済のための生産増強をねらいとして，災害復旧事業や治山治水事業を中心に展開されていきました。その後1950年代から次第に経済成長に向けての産業基盤整備へと重点が移り，道路・港湾・工業用水などの投資に重点が置かれていったのです。1960年の国民所得倍増計画では社会資本充実が第一の課題とされ，道路を中心とした産業基盤整備が国の計画とともに積極的に推進されました。全総では，拠点開発方

式による国土開発が推進されましたが，その後 1960 年代半ばに構造不況が訪れると，政府は国債を発行し，フィスカル・ポリシーとしての公共投資が行われ，こうした効果と輸出の顕著な伸びにより，60 年代後半には，いざなぎ景気と呼ばれる戦後最大の好景気を迎えました。こうした政策を国・地方で一体的に推進することがめざされ，地方財政も景気対策に動員されていくこととなります。国は多様な公共投資の事業メニューを策定し，地方自治体は，国からの補助金や地方交付税を通じて財源を確保しながら，それらの事業を積極的に推進したのです。

3.2　高度経済成長の終焉と公共投資

高度経済成長が終わる 1970 年代以後，公共投資に期待される役割や，実施主体，財源確保策は次第に変化を遂げていくことになります。この時期には，ニクソン・ショックを通じた大幅な円の切り上げや，オイル・ショックによる重化学工業へのダメージ，そして狂乱物価と呼ばれる急速なインフレに見舞われ，日本の景気は次第に冷え込んでいきました。1970 年代前半にはインフレ進行を食い止めるために，公共投資についても総需要抑制政策がとられ，道路や港湾などの整備は抑制ないし延期されました。ところが，この対応は景気をさらに悪化させることとなりました。インフレと不況が同時進行するスタグフレーションが生じ，政府の税収は大幅に減少したのです。

これに対して，政府は 1975 年秋に，公共事業を中心とした 2 兆円規模の有効需要創出策を打ち出しました。1975 年度補正予算では，建設国債に加えて特例国債発行を行い，積極的財政政策を展開していく方針に切り替えられました。以後，公共事業に予算を重点配分することが打ち出され，1976 年から 5 年間にわたる「公共投資 100 兆円計画」が策定されました。政府は，国債の大量発行を通じた公共投資の実施という本格的なフィスカル・ポリシーを開始し，公共投資は，供給効果よりもむしろ需要創出効果に大きく期待する方向へと変質を遂げました。それに伴い，地方自治体に対する公共投資推進のための補助事業のメニューは拡大し，さまざまな事業を推進することで，地元の建設業などでの稼得機会を保障するとともに，産業基盤や生活基盤の整備が推進されました。

3.3　財政再建と地域政策

　1980年代に入ると「増税なき財政再建」がうたわれ，積極的な公共投資が実施されるなかで，財政再建が重要な課題とされ，歳出抑制がめざされました。しかしながら，公共投資の財源は，他の一般経費に比べて抑制幅が少なく，この時期にも一定の推進が図られました。

　この時期には，諸外国から日本に対し内需拡大を要請する声が生じていました。日本は内需の低迷に対して，積極的に輸出を行っており，これが集中豪雨的な輸出拡大として，諸外国から非難を浴びることとなりました。これに対して，日本政府は内需拡大と輸入促進に努力することを表明し，公共投資はそのための手段として重要な役割を担うこととなったのです。投資の内容は産業基盤整備よりもむしろ，生活基盤整備にウェイトが置かれることとなり，それまでの道路，治山治水，農業基盤整備の投資に加えて，地方自治体による下水道，廃棄物処理施設などの環境衛生，都市計画関連の投資が増加していきました。

　1986年に発表された「前川レポート」では，内需拡大が打ち出され，住宅政策と都市再開発を民間活力の導入によって行い，生活の質を向上させることがうたわれました。民営化を通じて，財政支出の縮小と投資の拡大を実現することが期待されたのです。87年には緊急経済対策が打ち出され，5兆円規模の公共投資拡大が進められ，これと並行して開発投資の推進も行われました。いわゆる民活法やリゾート法など，民間活力導入による投資促進のための制度が整備されると同時に，そのための資金を無利子で調達するための財源として，NTT株売却収入が用いられました。多くの地方自治体では，これらの制度を活用して，「生活の質の向上」や「余暇の重視」に向けて，都市公園や文化ホール，運動施設など，生活関連基盤の整備やリゾート開発を進めていきました。

　こうした国の政策の影響を受け，地方自治体は負債を大きく増やしていくこととなりました。都市公園や上下水道などの生活基盤整備の多くは，国ではなく地方自治体が実施主体となっています。地方自治体はその財源として，国からの補助金のほか，国の許可に基づいて地方債を発行し，後年度の元利償還費を国からの地方交付税で措置する仕組みを積極的に活用しました。その結果，多額の債務を背負うことになったのです。先の図11-2から，1990年代以降，地方自治体の公債費支出が年々増大していることがわかります。

図11‒7■地方自治体が実施する公共投資の構成比（大都市圏・地方圏）

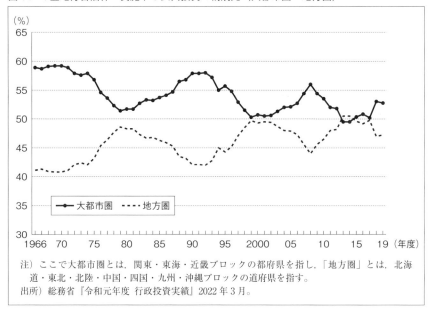

注）ここで大都市圏とは，関東・東海・近畿ブロックの都府県を指し，「地方圏」とは，北海
　　道・東北・北陸・中国・四国・九州・沖縄ブロックの道府県を指す。
出所）総務省『令和元年度 行政投資実績』2022年3月。

3.4　地方自治体の公共投資とその変遷

　国の開発政策を受けて，地方ではどのような公共投資が行われていたのでしょうか。すでに図11‒2でみたように，1960年代から90年代まで，地方自治体の歳出に占める普通建設事業費割合は3割を超えていましたが，その地域別割合を確認してみましょう。

　図11‒7は地方自治体が実施する公共投資に占める大都市圏・地方圏の割合を示しています。1960年代後半から70年代前半には，大都市圏での投資割合が高いのですが，70年代半ばから80年代半ばには地方圏での投資割合が増えていきます。公共投資の有効需要創出効果を通じて，雇用環境の厳しい地方圏での需要創出が期待されたことや，過密過疎問題への対応として，**過疎対策**など条件不利地域への支援策が本格化したためです。1980年代後半には国の内需拡大策を受けて，積極的な公共投資が推進され，バブル景気の影響もあり，都市部での投資割合が再び膨らみました。しかし1990年代に入ると，下水道，公園，文化・スポーツ施設などの生活基盤投資を推進する動きが生じました。その際に活用されたのが地域整備総合事業債（地総債）と呼ばれる地方債です。

これは地方自治体が国からの補助金を受けずに実施する地方単独事業を行う際に活用できる地方債で，1978 年度に創設されています。元利償還費の 90〜75％ が後年度に地方交付税で措置されることから，過疎債とともに多くの地方自治体で積極的に活用され，投資が推進されました。しかしながら，その後，地方債の元利償還費が地方財政を大きく圧迫することとなり，また補助金の削減が進んだことや，対人社会サービスの歳出が増大してきたことなどから，2000 年代半ばより，地方自治体の公共投資は減少していくこととなるのです。

4　21 世紀の地域づくりとその財源

4.1　市町村合併と地方財政

　1990 年代末から 2000 年代前半に，国は市町村合併を推進していきました。当時，地方分権改革が進められるなかで，国から地方への事務権限移譲を行うにあたり，地方自治体の規模を大きくして，多様化・複雑化する業務に対応できる体制を整備することが期待されたのです。また，モータリゼーションの進展により日常生活圏域が拡大したことから，それに対応した広域的な圏域に市町村を再編し，行政サービスを効率的に提供することがうたわれました。それ以上に深刻だったのは国・地方の厳しい財政状況でした。簡素で効率的な行政運営を図ることと，市町村数を大幅に削減し，歳出を抑制することがめざされたのです。合併により，3200 以上あった市町村は 1700 程度となりました。その後も，厳しい財政状況に加えて，人口減少が進む地域では，さらなる行政サービスの効率化が求められています。

　2005 年以降，全国総合開発計画に代わって，国土形成計画が策定されました。これは全国計画のほか，広域地方計画についても策定することとなっています。2015 年に出された新たな国土形成計画（全国計画）では，国土の形として「コンパクト＋ネットワーク」が提起されました。全国各地の人口 20 万人以上の中核都市に高等教育機関や拠点病院など，高度化された諸機能を集積するとともに，近隣市町村との連携を通じたネットワーク化を図り，地域全体の存続を図るというビジョンが提示されています。ただ，中核都市の周辺地域で仕事と暮らしをどのように維持するのかという点については，必ずしも明確で

はありません。

　市町村合併だけでなく，小中学校や農協などの統廃合も進むなかで，周辺地域の暮らしは不便になっていきます。財政難を背景に，地方自治体には行政サービスの民営化と広域化が求められています。たとえば保育所や運動施設の運営などをPFI（Private Finance Initiative）事業や指定管理などで整備・管理する方法や，学校や上下水道などのサービスを広域連携によって提供することが期待されています。たしかに，水道事業や学校運営などのコストを削減しようとすれば，広域化や民営化は1つの方法となりますが，これらの手法は，サービスの質や量について，身近な地域における決定権が失われることにつながります。自分たちのコントロールを離れ，手の届かないところで，地域の実情になじまない形で行政サービスの提供が進行する可能性もあります。その地域で暮らす人々にとって使い勝手のよいサービスのあり方を地域で決め，提供していくことが，利用者の満足度を確保するうえで大切ですが，実際には，効率化をめざして，広域的に均質なサービスを提供する方向へと改革が進められています。

　さらに地方自治体には，人口減少と財政難のなかで，これまで整備してきた施設やインフラの維持管理を効率的に推進することが求められています。国では地方自治体に対し，公共施設等総合管理計画の策定を義務づけ，インフラ長寿命化と維持管理や改修費用について，計画的な財政運営を行うことを求めるようになりました。

4.2　社会経済構造の変化と地域経済

　21世紀に入り，日本の社会経済構造は大きく変容を遂げています。すでに人口は減少局面に入り，今後急速に減少することが見込まれています。また産業構造も大きく変わりつつあります。すでに1980年代後半より，経済の国際化，グローバル化が進み，製造業の生産拠点は人件費の安価な海外へと流出し，各地で産業の空洞化が生じました。その後も人々の消費はほぼ成熟し，「モノの消費からコトの消費」への転換とともに，サービス経済化を通じた知識集約型産業が経済を牽引する時代になっています。また，ICT（Information and Communication Technology：情報通信技術）の進展や社会経済のデジタル・トラ

スフォーメーション（DX）推進により，新たな産業創出の仕組みが求められています。さらに，気候変動がもたらす大規模災害への対応とともに，温室効果ガス排出抑制に向けたグリーン・トランスフォーメーション（GX）への取り組みも求められるようになりました。

こうした環境の変化は，地域経済や地方財政にどのような影響をもたらすのでしょうか。人口減少により，生産の現場では，就業者数も減少し，限られた人員で効率的な生産を行う必要が出てきます。人口減少は消費の減少にもつながると考えられます。衣食住の需要量が減少するとすれば，技術革新などを通じた高付加価値の財・サービス生産による金額ベースでの消費水準拡大を考える必要が出てきます。また，海外への輸出，海外からの集客による需要拡大策も考えられるでしょう。

こうしたなかで，小さいながらも地域の資源を活かし，小ロットで高付加価値の商品やサービスを生み出し，独自のネットワークで限定販売するなどの取引を始める動きが全国各地で生まれつつあります。その特徴は，都市ばかりではなく，むしろ各地の農山村でこうした動きが起こりはじめているという点です。不便といわれてきた中山間地域や離島などに多くの人が訪れ，体験・交流型の滞在をする動きが起こっており，こうした地域で新たな産業と仕事を創出するために移住する若い世代が少しずつ増えはじめています。

地域資源を活かした食料生産やエネルギー循環の構築，デジタル化の進展による暮らし方や働き方の変化に対応した住居や仕事の場づくりなども進められており，多様で豊かな地域の資源，風土や文化を大切にした地域づくりに取り組む動きが広がりつつあります。

ところが，こうした活動や事業を支える行政の対応には課題もあります。これらの活動には，大規模投資よりも，情報ネットワークの整備や，経営に必要なノウハウの提供などの人材確保などへの支援が必要です。産業振興策のあり方には発想の転換が求められており，また国と地方の財政関係も，見直しが必要だといえるでしょう。

人口減少と少子化が進む日本において，公共部門の政策立案においても，人口減少を前提とした計画や政策の策定がめざされるようになりました。2013年末に日本創成会議が発表した地方消滅論をきっかけに，本格的な人口減少時

代を迎え，それに対する対応策を考える動きが加速化しています。2014年6月には経済財政諮問会議が，合計特殊出生率を30年に2.07へ，そして60年には人口が1億人程度という目標を示し，それに向けた対応策として，国は**地方創生**を掲げました。「まち・ひと・しごと創生本部」が発足し，その後，「まち・ひと・しごと創生法」が制定され，人口減少への対応に加え，東京一極集中の是正，そして生産性向上を通じた成長力確保が目標として掲げられました。地方自治体には地方版人口ビジョンと地方版総合戦略の策定が義務づけられ，その戦略に基づいて，新規事業を展開する事業に対して，地方創生交付金が交付されています。

　しかしながら，多くの地方自治体では財源確保のために総合戦略を策定していますが，地域の将来を主体的に考え，これからの産業振興策を住民参加型で検討しているところは残念ながら多いとはいえません。戦後半世紀にわたって進められた，公共事業を通じた国からの**地域振興**策と補助金による受け身のまちづくりが未だに多くの地方自治体で繰り返されています。しかし，この手法はもはや限界を迎えています。これからの地域の将来について，主体的に考え，対応を図ること，そして地方自治体がそのための基本的な財源を確保できる仕組みを構築することが必要であるといえるでしょう。

● 演習問題 ●

① 身近な地方自治体の財政と，地域内総生産について統計資料を手に入れ，税収と地域経済との関係について調べてみましょう。地域に企業が進出し，生産額が増えれば税収も増加するのかどうかについて考えてみましょう。

② 公共事業を通じて，建設業の雇用はどの程度確保されているのでしょうか。身近な地方自治体について，その地域の建設業就業者数とともに，決算統計を使って普通建設事業費の動向を調べてみましょう。

③ 特定の地方自治体を取り上げ，その地域の人口や生産・消費活動を維持するには，国や自治体にどのような政策が求められるのか考えてみましょう。

● 読書案内 ●

岡田知弘・川瀬光義・鈴木誠・富樫幸一［2016］『国際化時代の地域経済学〔第4版〕』有斐閣

地域経済を分析・考察する視点をわかりやすく解説したテキストです。

橘木俊詔・浦川邦夫［2012］『日本の地域間格差——東京一極集中型から八ヶ岳方式へ』日本評論社

日本の地域間格差の実態について，各種の統計データをもとに解説されています。行政サービス水準の格差や財政調整による格差是正策についてもふれられています。

藤山浩［2015］『田園回帰 1% 戦略——地元に人と仕事を取り戻す』農山漁村文化協会

人口減少が進む日本の中山間地域が生き残るための経済戦略として，地域の経済循環を再構築する手法を紹介しています。

枝廣淳子［2018］『地元経済を創りなおす——分析・診断・対策』岩波書店（岩波新書）

地域経済の好循環を構築するための考え方や手法について，事例を紹介しながら解説されています。

宮﨑雅人［2021］『地域衰退』岩波書店（岩波新書）

地域経済が衰退した経緯についての考察とともに，地域の再生に向けた国と地方の財政運営について論じています。

● 参考文献 ●

井手英策編［2014］『日本財政の現代史 1 ——土建国家の時代 1960〜85 年』有斐閣

金澤史男編著［2002］『現代の公共事業——国際経験と日本』日本経済評論社

（沼尾 波子）

第12章
対人社会サービスと地方財政

　近年，貧困の拡がりが日本社会をむしばんでいます。何が私たちの「生きづらさ」を生んでいるのでしょうか。雇用の不安定化や所得の低下，高齢化などが一般に指摘されますが，それだけではありません。

　あなたが大学や専門学校の学生であれば，痛切に感じるのは学費負担の重さかもしれません。もちろん，学費の高さは問題です。しかし，学費負担が厳しく感じられるのは，家計が厳しいからでもあります。

　家計が厳しくなる原因に目を向ければ，ライフコース（人の一生）において，人々が共通して直面しうる家計圧迫要因があります。たとえば，高齢期の介護です。「介護離職」が社会問題化しているように，それは介護を要する高齢者自身はもちろん，その息子・娘世代の就業機会を奪い，家計の維持を困難にします。子育ても，障害をもつ身内を支えることも同様です。家族のあり方が多様化した今日，これらのニーズは切実なものであり，かつ生活の困窮に直結しえます。誰にとっても，他人事ではありません。

　介護，子育て，障害者ケアなどのニーズに対応する公共サービスは，人に対して必要なケアを提供することから，**対人社会サービス**と呼ぶことができます。医療や就業支援サービスも，これに含めることができます。さらに教育，とりわけ中等教育までの基礎教育も，誰もが必要とする，人に対するサービスであることから，福祉ではなくても，対人社会サービスと呼ぶことができます。

　これらの対人社会サービスについて，地方自治体は非常に重要な役割を担っ

ています。ゆえに，対人社会サービスをめぐる地方財政の仕組みとその課題が，地方財政を学ぶうえで1つの重要なトピックとなるのです。

Key Questions
□ なぜ，地方自治体（とりわけ市町村）が，福祉・教育の対人社会サービスを担う重要な主体なのでしょうか。
□ 福祉・教育の政府間財政関係はどのようになっているのでしょうか。
□ 地方財政は，医療，介護，子ども・子育て支援の制度・政策とどのようにかかわり，いかなる財政課題を抱えているのでしょうか。
□ 対人社会サービスを中心とする福祉・教育全般をめぐり，地方財政が直面する課題は何でしょうか。

Keywords
対人社会サービス　国民健康保険　公立病院　介護保険制度
子ども・子育て支援制度　生活保護制度　生活困窮者自立支援制度

1 対人社会サービスと家族・地域・地方自治体

1.1 なぜ地方自治体の役割が重要なのか

　第2章で紹介した「3つのサブシステム論」に沿えば，福祉政策は，「社会システムの維持」を意図する政策と理解されます。つまり，それは①年金・雇用保険・傷病手当などの社会保険，貧困世帯を支援する公的扶助，児童手当などの現金給付や，②保健医療・保育・介護・障害福祉・教育などの対人社会サービス（現物給付）によって，血縁や地縁に基づいた協力の領域である社会システムに依拠する私たちに対し，人間的な生活を保障するものです。

　そのうち②，つまり対人社会サービスの提供に，地方政府の大きな役割が見出されることには，明らかな理由があります。

　第1に，対人社会サービスは，施設であれ在宅であれ，医師，看護師，介護士，保育士，教員などサービスの提供者が，受け手と直に接して提供するものです。そのため，全国一律の基準で現金を給付する年金，雇用保険，児童手当

などと異なり，サービスが提供される現場，および現場に近い地域の単位で計画・管理・運営される必要があります。ただし，現金給付のなかでも公的扶助（日本では生活保護制度）については，受給申請の審査や受給者への対応（ケースワーク）を実施することに加え，自立支援プログラムなどの対人社会サービスが現金給付に伴うため，地方自治体がそれを担っています。

第2に，対人社会サービスの需要は，地域の実情に大きく左右されます。高齢化率や子どもの数，家族構造（3世代同居率や高齢者の独居率など），障害者の雇用機会などの地域による異なりは，医療・介護・保育・障害福祉などの対人社会サービスの需要を左右します。一地域内をみても，たとえば古い団地では高齢者が多く，新興住宅地には子育て世帯が多くなります。都市部では町内会のような地域的共同が希薄でも，農村の集落にはそれが残り，従来からの社会システムの機能が期待しやすいでしょう。もちろん，都市部であっても，NPOなど熱心な市民活動が存在し，社会的機能を発揮している場合もあります。このような地域ごとの諸条件を踏まえて，対人社会サービスのニーズに応えるためには，サービスの計画・実施の権限を地方自治体，とりわけ基礎自治体たる市町村に委ねることが最も効率的です。

第3に，対人社会サービスは，総合的・一体的に計画・実施されることが望まれます。人間の生活は，それを脅かす要因が複数重なったときに深刻な状態に陥ります。しかも，1つの要因の発生は，しばしば他の要因も引き起こすため，生活困窮の背景には複合的な困難が認められることが多いのです。

典型例として，まず近年注目される「ダブルケア」（壮年層が老親の介護と子育てという2つのケア負担に同時に直面する状況）が挙げられます。介護保険や保育制度があっても，利用者の金銭的負担は小さくありません。かといって，自分で介護・子育てを丸抱えすれば，離職または労働時間の削減を強いられ，所得は減少します。

別の例として，母子世帯の困難も挙げられます。日本の母子世帯の半数は貧困状態にあり，これは国際的にみて異常な多さです。母子世帯の母親は，フルタイム就労が困難であるため，所得が低くなりがちです。仕事と育児で息つく暇もなく，心身に不調を来す場合も少なくありません。そうなれば就労がさらに困難となるうえに，虐待や育児放棄といった形で，子どもの成育が脅かされ

る可能性も生じてしまいます。

　これらの例に限らず，サービスを必要とする受け手の側では，介護，保育，就労支援，さらには心理面のケアや学校その他における子どものケアといったさまざまなニーズが複合的に生じがちです。そこで，さまざまな対人社会サービスが相互補完的に提供されることが不可欠となります。ところが，公共部門では，介護，保育，障害福祉，就労支援などの分野ごとの「縦割り」で担当部課が組織されており，それが分野を越えた一体的な調整・実施をしばしば妨げます。しかも，分野により調整・実施を担う政府レベル（国・都道府県・市町村）が異なっていれば，なおさら一体的な調整・実施は困難となります。

　そこで，対人社会サービスについては，市町村が，地域に密着した総合的な見地から「縦割り」の各種サービスを束ねて，住民の生活を支えることが期待されるのです。実際に，関係部課間のみならず，地域の福祉事業者やNPO，学校などを含めた連携の仕組みづくりが各地でみられます。また，地域包括支援センターや，生活困窮者自立支援法に基づく自立相談支援など，生活支援を総合的にサポートするための制度づくりも，国の政策に従って進められています。ただし，それらの活かし方は，各地方自治体の取り組み次第であり，地域の自主性が問われる現状にあります。

1.2　福祉・教育の政府間財政関係

　つぎに，福祉・教育に関する地方財政の歳出や財源の状況を確認しましょう。ただし，ここでみる目的別経費分類の民生費と教育費には，サービス（現物）給付に要する費用のみならず，現金給付のそれも含まれています。

　図12-1は，民生費と教育費の内訳を，都道府県と市町村の別にみています。民生費では，児童福祉費（保育所，地域子育て支援事業，児童養護などの経費），社会福祉費（公的医療保険の特別会計への繰出金や乳幼児・障害者医療助成，障害福祉の諸経費，および他の費目に分類できない総合的な性格の経費〔民生委員の活動費や社会福祉協議会の運営費補助など〕），老人福祉費（介護保険特別会計への繰出金や，施設整備など介護保険外の諸事業の経費）の歳出が大きく，それに生活保護費が続きます。教育費では，小・中・高の順に歳出が大きく，教育総務費（教育委員会の運営費や小・中・高の枠を越えた諸事業の経費）も一定の規模に達

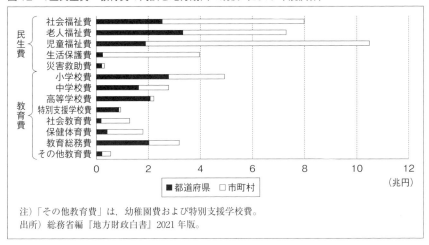

図 12-1■民生費・教育費の内訳と地方歳出の規模（2019 年度決算）

注）「その他教育費」は，幼稚園費および特別支援学校費。
出所）総務省編『地方財政白書』2021 年版。

しています。なお，社会教育費は公民館，図書館，博物館など社会教育施設の維持・運営や文化財保護の経費，保健体育費は体育施設の維持運営やスポーツ振興の経費および学校給食費です。

　傾向として，民生費については都道府県より市町村の歳出のほうが大きく，教育費については（社会教育費，保健体育費を除き）都道府県の歳出が大きいことがみてとれます。市町村では児童福祉費が最も大きくなっており，その中身はおもに児童手当の給付や公立・私立保育所の運営費です。また，民生費は長らく増加傾向が続いており，教育費はおおむね 1990 年代半ば以降，抑制基調をたどっています（第 3 章）。

　これをさらに掘り下げて，民生費・教育費の主要費目について，歳出の性質別の内訳をみたのが図 12-2 です。

　まず，民生費すなわち福祉分野（①～④）において，住民に対する直接の給付（児童手当や生活保護給付など）である扶助費が，とくに市町村で大きくなっています。ただし，市町村の社会福祉費や老人福祉費では「その他」が大きく，それはおもに国民健康保険，後期高齢者医療，介護保険事業，公立病院事業の特別会計（公営事業会計）に対する繰出金です（民生費・教育費はいずれも普通会計の歳出であって，公営事業会計はその外側にあることに留意してください。会計区分については第 1 章を参照）。それに対し，都道府県では補助費等が大きく，

図 12‑2■民生費・教育費：主要費目の性質別歳出構成（2019 年度決算）

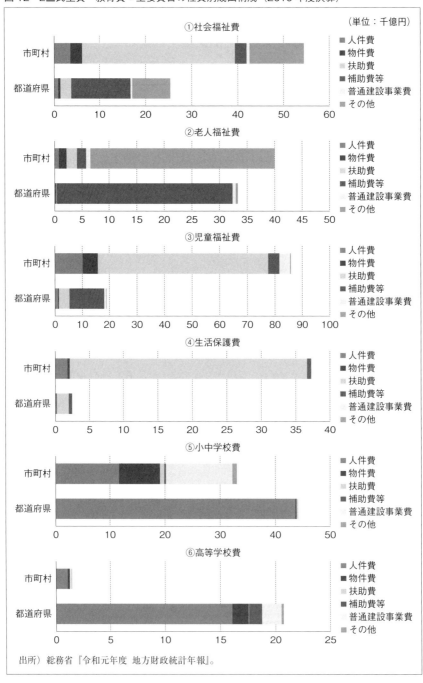

図 12‐3■民生費・教育費：主要費目の充当財源構成（2019 年度決算）

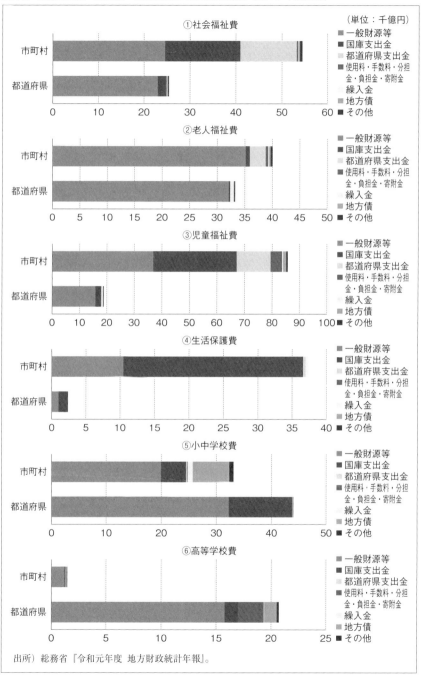

出所）総務省『令和元年度 地方財政統計年報』。

その中身は市町村の国民健康保険・介護保険などの特別会計に対する負担金や，医療・介護などの民間事業者への運営補助などが中心です。このように，福祉分野においては，市町村を基本的な担い手としつつ，財源負担・補助者として都道府県がかかわると同時に，医療や高齢者介護については，おもに市町村レベルに設置されている保険特別会計が加わるという，やや複雑な財政関係がみられます。

　教育（⑤小中学校費，⑥高等学校費）は，人件費（学校教職員の給与等）が非常に大きな比重を占めている点に特徴があります。なお，市町村立の小中学校にかかる経費のうち，人件費は都道府県（と国）が負担し，設置者である市町村は物件費（物品の調達や業務委託料など）や普通建設事業費（施設整備や耐震化のための改築など）を負担しています。なお，教育とは対照的に，福祉において人件費が小さいのは，医療・介護・保育などの分野で人を雇って実際にサービスを担っているのがおもに民間の主体（医療法人，社会福祉法人，株式会社，NPOなど）であって，地方自治体の職員が直接担っているケース（公立保育所など）が少ないためです（公立病院の人件費は病院事業の特別会計で経理されるため，普通会計の人件費としては表れません）。

　つぎに，これらの主要費目がいかなる財源によってまかなわれているのかを，図12-3で確認しましょう。まず，老人福祉費を除く福祉分野において，国庫支出金が重要な財源となっています。生活保護給付費の4分の3，児童手当給付費の3分の2が国庫負担であるなど，政府間の経費負担のあり方の違いが，財源構成の異なりを生み出しています。なお，老人福祉費の歳出額は児童福祉費や社会福祉費より小さいものの，国庫・都道府県支出金の額が小さいため，市町村や都道府県の一般財源（地方税，地方交付税など使途の自由な財源）でかなりまかなわれています。なお，小中学校費においては，小中学校の教職員給与の3分の1に相当する義務教育費国庫負担金が都道府県に交付されています。

　次の節では，対人社会サービスのうち，医療，介護，子ども・子育て支援という3つの分野について，地方財政とのかかわりを押さえます。とくに医療と高齢者介護については，市町村を保険者とし，支出の規模も大きいため，重点的に解説を加えます。しかし，障害福祉や生活保護，生活困窮者自立支援については，等しく重要であるものの，紙幅の都合により取り上げることができな

いことをお断りしておきます（これらについては，章末「読書案内」の福祉財政に関する文献を手に取ることをお勧めします）。

2　対人社会サービスの財政と地域社会

2.1　医療と地方財政①——国民健康保険

　日本の医療は，公的医療保険制度により支えられています。1961 年に成立した国民皆保険体制は，市町村を運営主体とする**国民健康保険**が，既存の被用者保険がカバーしていなかった人々を地域単位でカバーすることによって完成しました。2022 年 4 月現在も，原則として市町村ごとに設置された特別会計によって運営され，約 2800 万人の医療へのアクセスを支えています。

　しかし，自営業者，無職，非正規雇用者などが加入する国民健康保険においては，被用者保険（大企業の被用者を主対象とする組合管掌健康保険，中小企業の被用者をおもな対象とする全国健康保険協会管掌健康保険〔協会けんぽ〕，公務員を主な対象とする共済組合など）と比べて加入者の所得水準が低いため，保険料収入が恒常的に不足してきました。そこに高齢化や非正規雇用の広がりによる低所得加入者の増加が重なった結果，近年では財政問題がさらに深刻化しています。

　国民健康保険における保険料収入の不足に対しては，制度創設当初からそれを補完するための国庫・都道府県支出金が存在しました。しかし，1970 年代以降，着実に財政状況が悪化していったうえに，財政再建が叫ばれた 80 年代以降には，国庫支出金の抑制も図られてしまいます。

　代わって，医療給付が若年層と比べて大きい高齢者層を各保険制度から切り離して，制度間の財政調整を働かせる方向が強められました。1983 年に導入された老人保健制度では，高齢者に対する給付費用の 7 割が各保険制度（各種の被用者保険および国民健康保険）からの財源移転でまかなわれました（残る 2 割は国庫負担，1 割は都道府県および市町村の負担）。それは，加入者に占める高齢者の割合が高い国民健康保険から高齢者を吸収することで，国民健康保険の財源難を緩和するものでした。現行の後期高齢者医療制度（75 歳以上が対象）や，前期高齢者（65〜74 歳）に着目した交付金による調整も，似た性格を帯び

ています。

　さらに 2018 年度には，国民健康保険の「都道府県単位化」が実施されました。これは，従来通り市町村を保険者とし運営主体としつつも，都道府県も保険者として位置づけることによって，制度の安定化を図ろうとした改革です。こうして国・都道府県の負担や保険制度間の調整を強めてきた背景には，保険料をめぐる次の 2 つの大きな問題が存在します。

　第 1 に，保険料水準の上昇による家計の圧迫と，低所得者の医療保障の後退です。加入者の高齢化が著しい国民健康保険では，給付費の膨張に応じて，保険料水準も上昇を続けました（2019 年度は全国平均 1 人当たり 9 万 6829 円）。軽減措置があるとはいえ，低所得者の負担感は大きく，保険料の滞納率は 1973 年の 3.5% から上昇基調をたどり，2009 年度には 12% に達しました。1 年以上滞納すると，保険証が取り上げられ，代わりに被保険者資格証明書が交付されますが（19 年は 15 万 1000 世帯），受診時にいったん全額を自己負担する必要があり，受診を妨げている実態があります。なお，保険料徴収が強化された 2010 年代に入って滞納率は低下し，19 年度には 7% となっていますが，保険料徴収の強化が低所得者に過重な負担を強いている面も否定できません。

　第 2 に，地域間の保険料格差の問題です。これは，国民健康保険制度が市町村を単位とすることに起因します。地域ごとに，国民健康保険加入者の年齢分布や医療機関へのアクセスの容易さなどが異なるため，給付費用に差が生じ，それが保険料水準を左右するのです。医療という，生命や生活の質に直結するサービスを受けるための保険料負担が，住む場所によって大きく異なるのは，公正な状態とはいえません。

　前述の国民健康保険の「都道府県単位化」は，保険料の上昇や地域間の保険料格差の改善を意図した最近の大きな改革ですが，その前後で保険料の実態はどのように変わったのでしょうか。図 12 - 4 は，2014 年度と 19 年度における保険者（市町村）ごとの年間保険料水準の分布を示しています。全体的に，この 5 年間でも保険料が高まり続けた様子がみてとれます（なお，全国平均 1 人当たり保険料は 2014 年度の 9 万 3203 円から 18 年度には 9 万 5391 円，19 年度には 9 万 6829 円に上昇）。また，保険料格差が有効に是正されているとはいいがたいこともわかります。こうした状況が抜本的に改善されるめどは，いまだに立

図 12 - 4■保険者（市町村）別 1 人当たり保険料の分布（2014 年度，19 年度）

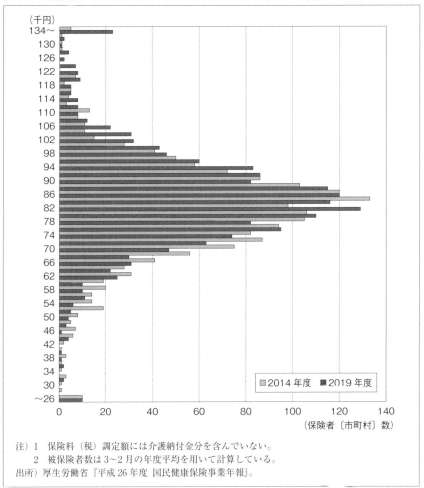

注）1　保険料（税）調定額には介護納付金分を含んでいない。
　　2　被保険者数は 3〜2 月の年度平均を用いて計算している。
出所）厚生労働省『平成 26 年度　国民健康保険事業年報』。

っていません。

2.2　医療と地方財政②──公立病院と医療供給体制

　日本の医療供給は民間医療機関に依存しており，病院数の 7 割程度を占めていますが，公的医療機関のうち地方自治体が開設する**公立病院**も，救急医療体制の確保をはじめ，地域において重要な役割を果たしています。その役割は，都市部でも重要ですが，収益が見込めず民間医療機関が少ない，つまり人口の

少ない地域でより大きいといえます。

　公立病院は，都道府県・市町村の特別会計で収支が処理され，普通会計の枠外となります（公営事業会計）。収入は，医療サービスの対価である医業収益（医療保険制度からの受け取りと患者の自己負担で，2019年度の全国統計では経常収益の約88%）を基本としますが，地方自治体の一般会計からの繰り入れや，国庫支出金も収入を支えています。このように，公的に設置し，財源を公費（租税）で支援することにより，公立病院が地域における医療へのアクセスを保障しています。

　しかし，2000年代に入って，公立病院の経営状況は著しく悪化しました。その背景には，公的医療保険制度における診療報酬の引き下げや，入院患者の平均在院日数の短縮，病床数削減など，国の医療費抑制・効率化政策があります。とくに決定的だったのは，2004年に導入された新臨床研修制度により，中小公立病院の医師が不足し，診療科の閉鎖や病床利用率の低下によって医業収益が減少したことです。

　そこで，総務省は2007年の「公立病院改革ガイドライン」により，公立病院の経営の効率化，再編（統合・機能分化など），経営形態の見直しのための「公立病院改革プラン」の策定を，公立病院を設置している地方自治体に求めました。その後2015年に打ち出された新ガイドラインもあいまって，民営化や統合・再編・ネットワーク化，診療科目の見直し，病床数の削減などが徐々に進んでおり，公立病院の経営状況は好転しつつある反面，地域医療の後退が危惧されてもいます。

　なお，公立病院を含めた地域医療体制全体の計画・整備については，都道府県が重要な主体となっています。1985年の医療法の改正により，都道府県が地域医療計画を策定し，国が定める基本方針のもとで，地域の医療供給体制を方向づけることとなりました。近年では，高齢化により増加する医療ニーズへの対応と膨張する医療費の抑制という，相反する目標の両立が，医療機関の役割分担の明確化，病床数の制限や在宅医療の推進などにより図られつつあります。個々の公立病院のあり方のみならず，地域医療をめぐる全体的な政策動向についても，私たちは注視していかねばなりません。

2.3　高齢者介護サービスと地方財政

　日本の高齢者介護サービスを支えるのが，**介護保険制度**です。1980 年代頃までは，一人暮らしの低所得高齢者に事実上限定して公的介護サービスが提供されていました。つまり，家族による介護と自費によるサービス購入が基本だったのです。しかし，家族介護の過酷さや「社会的入院」の深刻化を受けて，1989 年のいわゆる「ゴールドプラン」を皮切りに，介護サービス供給体制の整備が急がれました。そして，2000 年の介護保険制度の導入は，保険料という財源基盤と，介護の必要度に応じてサービスを提供する仕組みを整えた点で，画期的でした。しかし，今日までに，さまざまな問題も露呈しています。

　まず，介護保険財政の大枠を，図 12 − 5 で確認しましょう。2020 年度予算段階で，介護サービス給付の総費用は 12 兆 4000 億円です。そのうちサービス利用者の自己負担（原則 1 割，一定以上の所得のある者は 2 割または 3 割）が9000 億円あり，残る 11 兆 5000 億円の約半分を保険料で，残りを国と地方自治体の財源（≒公費負担すなわち租税）でまかなっています。加入者は，第 1 号被保険者（65 歳以上）と第 2 号被保険者（40〜65 歳）に区分され，異なる方法で保険料が決定されます。

　保険財政の仕組み上，問題は大きく 3 つ挙げられます。第 1 に，制度全体としての保険料水準の高まりです。保険料水準は，介護サービス給付費用との見合いで 3 年ごとに見直されますが，給付費が 2000 年度の 3 兆 6000 億円から20 年度には 11 兆 5000 億円まで膨らんでおり，今後も増加基調が続きます。そのため，65 歳以上の第 1 号保険料は 2002 年度まで（第 1 期）の 2911 円から2018〜20 年度（第 7 期）には 5869 円まで高まり，今後も着実に高まります（いずれも全国平均の月額）。同様に，40〜65 歳の第 2 号保険料も着実に上昇しています。低所得者に対する保険料の軽減措置が存在するものの，市町村民税（個人住民税）の課税状況を基準としており，世帯の経済状況を的確に考慮する仕組みとなっていません。そのため，保険料負担の増加が，とくに高齢者において生活困窮の一因となっています。

　第 2 に，介護保険は市町村単位（あるいは複数市町村が設立する広域連合単位）で設置される特別会計で運営され，第 1 号保険料もその単位ごとに決まります。そのため，地域間の第 1 号保険料水準の格差が顕在化し，2018〜20 年度（第 7

図 12‑5■介護保険財政の全体像（2020 年度予算ベース）

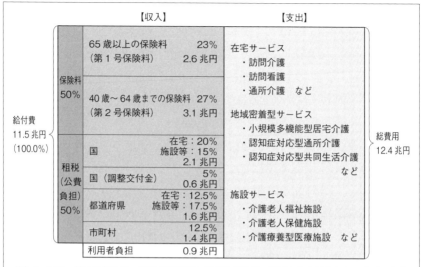

注）1　別途，第 1 号保険料，第 2 号保険料の低所得者負担の軽減などを目的として若干の公費
　　　負担（国・都道府県・市町村）が実施されているため，実際の租税（公費負担）は給付費
　　　の 50％ を若干上回る。
　　2　端数処理をしているため，数値は合計に一致しない場合がある。
出所）厚生労働省老健局『介護保険制度の概要』2021 年 5 月（https://www.mhlw.go.jp/
　　content/000801559.pdf）。

期）は約 3.3 倍（月額最高 9800 円，最低 3000 円）となっています。この差は，介護を必要とする可能性が高い後期高齢者（75 歳以上）の数や加入者の所得水準の地域間の異なりによって生じます。そこで，国が調整交付金を各保険単位に交付することで，後期高齢者数や所得水準の差に起因する保険料格差の是正を図っていますが，調整が的確に機能しているとはいい切れません。

　給付費用増加の影響は，保険料だけにとどまりません。サービス利用者の自己負担も強められています。2005 年には，施設（特別養護老人ホームなど）入所者の食費・居住費が原則として全額自己負担とされました。また，一定以上の所得（「現役並み所得」）のある利用者について，自己負担の 1 割から 2 割への引き上げが 2015 年に実施され，18 年には 3 割負担も導入されました。他方で，給付費用の抑制も，介護予防の諸事業の市町村が実施する地域総合事業への移行や，生活支援サービス（調理，掃除など）の介護保険対象サービスからの除外，自己負担限度額の引き上げ，特別養護老人ホームへの入所を要介護度

3以上の（介護の必要度が高い）者に限定するなどの方法によって図られています。これらが，介護サービス利用者の生活困窮や，地域におけるサービス供給基盤の弱体化，ひいては適切なサービスを十分に受けることができない状況を招きかねない現状にあります。

2.4 子ども・子育て支援と地方財政

日本では，子ども・子育て支援政策の目標として，「少子化対策」すなわち出生率の向上が前面に押し出されがちです。しかし，出生率の低下や向上は，単なる結果です。若年層の所得が低下し，共働きで家計を維持する世帯が約7割にのぼる現在，出産・育児による親（多くの場合は母親）の離職は家計を直撃します。また，育児・家事負担が女性に偏る現状では，女性が出産・育児を回避しがちとなって当然です。子育て世帯の所得保障や保育サービスの拡充，男女を通じた出産・育児休業取得の推進などの結果として，はじめて出生率の上昇を期待しうることとなります。また，子ども・子育て支援政策は，すべての子どもの良好な成育環境を保障する，子ども自身のためのものでもあります。そこで，児童養護・母子生活支援などを含め，子どもの権利を保障する諸施策も非常に重要です。

ここでは，2015年に施行された**子ども・子育て支援制度**の大枠を押さえ，地方財政の役割や課題をみておきます。まず，市町村は，多様なステークホルダー（行政，子育て当事者，子育て支援当事者，企業など）が参画し，子ども・子育て支援関連施策の総合的・計画的な推進や施策の実施状況について調査・審議する「子ども・子育て会議」を設置することとなりました。市町村の自主性と責任が，より明確になったといえます。

子ども・子育て支援制度における施策の全体像は，表12‒1の通りです。左側の「子ども・子育て支援給付」は，保育所＝児童福祉と幼稚園＝児童教育の垣根を低くして就学前ケアニーズを満たすことや，小規模保育，家庭的保育など多様なサービスを充実させることがポイントとなっています。これらのサービスの事業者は，市町村が設定する保育料を利用者から受け取るほか，市町村からの給付を受けて（利用者に対する給付を事業者が「法定代理受領」する），事業を運営します。なお，子育て世帯向けの現金給付として児童手当，およびひ

表12‐1■子ども・子育て支援制度における給付・事業の全体像

子ども・子育て支援給付 （個人に対する給付として実施するもの）	地域子ども・子育て支援事業 （市町村の事業として実施するもの）
○施設型給付 　市町村の確認を受けた教育・保育施設に支給 　（法定代理受領） 　　・教育・保育施設：認定こども園，幼稚園，保育所を通じた共通の給付 　　・私立保育所については，現行通り市町村が保育所に委託費を支払い，利用者負担の徴収も市町村が行う ○地域型保育給付 　市町村の確認を受けた地域保育事業に支給 　（法定代理受領） 　　・地域型保育事業：小規模保育，家庭的保育，居宅訪問型保育，事業所内保育 ※施設型給付・地域型保育給付は，早朝・夜間・休日保育も対象 ○児童手当	①利用者支援事業（例：子どもおよび保護者からの給付・事業の利用に関する相談事業） ②地域子育て支援拠点事業 ③妊婦健診 ④乳児家庭全戸訪問事業 ⑤養育支援訪問事業，子どもを守る地域ネットワーク機能強化事業（その他要保護児童等の支援に資する事業） ⑥子育て短期支援事業 ⑦子育て援助活動支援事業（ファミリー・サポート・センター事業） ⑧一時預かり事業 ⑨延長保育事業 ⑩病児保育事業 ⑪放課後児童クラブ（放課後児童健全育成事業） ⑫実費徴収に係る補足給付を行う事業 ⑬多様な事業者の参入促進・能力活用事業

出所）内閣府・文部科学省・厚生労働省資料，および総務省資料より筆者作成。

表12‐2■子ども・子育て支援制度施行後の経費負担の枠組み

項　目	性　格	負担割合			考え方・備考
		国	都道府県	市町村	
児童手当	負担金	2/3	1/6	1/6	全国一律の現金給付であることから，国：地方＝2：1とする。 ※被用者の0～3歳未満の子どもに対する給付については，事業主拠出金が7/15で，残る8/15を左の割合で国・地方が負担する。
施設型給付　私立	負担金	1/2	1/4	1/4	国と地方の共同責任という観点から，国が義務的に支出すべき経費であることを踏まえ，介護給付や障害者自立支援給付と同様に，国：地方＝1：1とする。
施設型給付　公立		―	―	10/10	
地域型保育給付		1/2	1/4	1/4	
地域子ども・子育て支援事業	補助金	1/3	1/3	1/3	地方の役割や現行の事業を踏まえ，国：地方＝1：2とする。 ※妊婦健診，延長保育事業（公立分）のみ市町村10/10。

出所）内閣府資料および総務省資料より筆者作成。

とり親世帯を対象とする児童扶養手当があります。そして，右側の「地域子ども・子育て支援事業」は，妊婦・乳幼児対象の保健サービス，延長・病児保育，学童保育などの多様なサービスを含みます。これらの給付・事業における国，都道府県，市町村の経費負担割合は，表12-2のように定められています。なお，公立施設（保育所・幼稚園）に関する経費は全額市町村の負担ですが，地方交付税による財源保障の対象となっています。

　このほかに，親の不在，虐待・育児放棄，経済的理由などにより社会的養護を要する子どものための児童養護施設や，DV（家庭内暴力）や経済的困窮により生活の基盤を失った母子をサポートする母子生活支援施設，そして子どものいる世帯の生活困窮やDV，育児の困難に対する相談・支援サービスなどの機能も，近年ますます重要性を増しています。また，2004年の児童福祉法の改正により，養護・保護を求める当事者（児童・親など）からの相談のうち，身近な方策により対応が可能な相談は市町村が，緊急性が高い，あるいは高度な専門性を要する相談は都道府県と政令指定都市に設置された児童相談所が処理することとなり，06年以降は中核市でも児童相談所の設置が可能となりました（ただし，設置はさほど進んでいません）。さらに最近では，妊娠期から子育て期にわたり切れ目なく，母子保健サービスと子育て支援サービスを一体的に提供するための「子育て世代包括支援センター」や，すべての子どもや妊産婦の実情の把握，情報の提供，その他相談・支援を担う「子ども家庭総合支援拠点」の市町村での設置が進みました（いずれも名称は各市町村でさまざまです）。

　このように，子育ての「孤立化」や子育て世代の所得の低下などが顕在化する今日，子どものいる世帯の個別のニーズを把握し，子どもの育ちを社会全体でサポートしていくことがますます重要な課題となっており，地方自治体とりわけ市町村が果たすべき役割は大きくなっています。こうした分野における取り組みの強化とそのための財源の確保も，今日の地方財政の大きな課題となっています。

③ 総合的な生活保障と地域の選択

　最後に，地域における福祉・教育の対人社会サービスのあり方全体に関わる

今日的な論点を２つ挙げておきます。

　第１に，そもそも福祉の対人社会サービスは，（1.1で述べたように）地域をベースとして，総合的な観点から展開されるべきものです。しかも，行政＝サービス提供者，住民＝サービス利用者，という単純な図式は当てはまりません。医療・介護・保育においてサービスを直接に担うのは，おもに民間事業者（医療法人，社会福祉法人，NPO，協同組合，株式会社など）です。また，地縁ベースの住民の活動が，独居高齢者の見守り活動，子どもや生活困窮者の居場所づくりなど，身近なニーズに対応することも必要となっています。地方自治体のみならず，多様な主体の活動が厚みを増してこそ，地域，すなわち生活の場で人々が抱える「生きづらさ」は解消されうるのです。

　こうした認識は，2000年の社会福祉法改正をてことした地域福祉の推進や，医療と介護，さらには住民参加による介護予防活動を連携させる「地域包括ケア」の取り組み，13年に成立した「子どもの貧困対策の推進に関する法律」に基づく児童福祉・教育・就労支援を横断する子どもの貧困対策の促進などの形で，制度・政策に反映されつつあります。しかし，今のところ，それらの進展は必ずしも順調ではありません。原因は多岐にわたりますが，地方行政における人材の量的・質的不足や予算確保の困難さも間違いなくその原因の１つであり，その背後には地方財源の不足という根本問題があります。

　第２に，2000年代半ば以降，貧困問題の深刻化に伴い，貧困対策が強化されつつあります。しかし，「最後のセーフティネット」である**生活保護制度**については，国際的にみて厳格な受給資格要件や，給付抑制方針もあり，給付を受けるべき困窮状態にある世帯の８割程度が給付を受けていません。また，生活困窮者全般を対象とする**生活困窮者自立支援制度**の本格実施（2015年）や，子どもの貧困対策の推進など，施策の充実が図られていますが，2012年に決定された「社会保障と税の一体改革」での位置づけが非常に弱いこともあって，財源の確保が困難となっています。

　なお，困窮者を支援することと同時に，困窮者を生まないことがそもそも重要だということを，あわせて指摘しておきます。介護，子育て，障害，失業など，誰もが抱えうる生活上の経済的・身体的・精神的な負担を，自治体・住民の取り組みによって適切にカバーできれば，生活の困窮化は避けられるはずで

す。実際に，対人社会サービスが充実するスウェーデンなど北欧諸国では，公的扶助（日本の生活保護）が手厚い割には，受給者数も給付額も低く抑えられています。

とにかく，日本の現状においては，財源の確保が根本課題です。租税負担を拒否するかわりに不安に怯えて生活するのか，それとも生活の安心を得るために高い租税負担を受け入れるのか，その判断が私たちに迫られています。それは国レベルの租税・社会保障政策のみならず，個々の地域における政策選択の問題です。地方自治体は一定の課税自主権を有しています（第6章）。地方税負担を増やすことで，誰もが安心して育ち，暮らし，老いていくことのできる地域をめざすことも，住民の意思や地方自治体のイニシアティブによって可能なのです。

雇用・所得の不安定化，高齢人口の激増，子ども・子育てをめぐる厳しい環境，障害者福祉の手薄さなどは，待ったなしの対応を私たちに求めています。あなたは，「生活の場」としての地域が，今後どうあってほしいと願うでしょうか。

● 演習問題 ●

① あなたの住む市町村の名称と，「福祉」「高齢者」「子育て」「障害」「生活困窮」「子どもの貧困」などのキーワードとを組み合わせて，インターネットで検索してみましょう。検索結果から，どのような地方自治体の取り組みや計画，地域の現状などが読み取れるでしょうか。

② あなたの住む市町村の名称と，「国民健康保険料（税）」「介護保険料」「保育料」とを組み合わせて，インターネットで検索し，その結果を近隣の市町村や県庁所在地，その他さまざまな市町村と比較してみましょう。医療，介護，保育に関する保険料や利用者負担の水準に，地方自治体間の違いがあるでしょうか。また，その違いはなぜ生じているのでしょうか。

③ 今日の日本は，「租税負担を拒否するかわりに不安に怯えて生活する」ことと，「生活の安心を得るために高い租税負担を受け入れる」ことの，どちらに向かっているでしょうか。また，あなた自身はどちらを望みますか。

● 読書案内 ●

伊集守直・高端正幸編［2018］『福祉財政（福祉＋α）』ミネルヴァ書房
　福祉財政全般を，財政学の観点から論じています。総論，日本の制度分野別
　の議論に加え，欧米主要国に関する考察も行っています。

駒村康平［2015］『中間層消滅』角川書店（角川新書）
　貧困・所得格差の現状と将来，および関連する政策動向を平易に論じるなか
　で，「地域の力」の重要性を具体的なケースを交えて主張しています。

山本隆ほか編［2010］『よくわかる福祉財政』ミネルヴァ書房
　福祉財政全般に関する基本事項や制度分野別の概要をコンパクトに凝縮した
　テキストで，参考になります。

● 参考文献 ●

重森暁・植田和弘編［2013］『Basic 地方財政論』有斐閣
土田武史編著［2015］『社会保障論』成文堂
山縣文治編［2012］『よくわかる子ども家庭福祉〔第8版〕』ミネルヴァ書房
（高端　正幸）

第13章
地方公営企業，第三セクター等

　洗面所で顔を洗い，トイレで用を足す。洗面所に水を供給する水道は，水道公社が管理しています。水洗トイレにつながれる管渠や処理場を管理しているのは下水道公社です。私たちの何気ない日常の多くは，地方政府の一翼を担っている地方公営企業，地方公社，第三セクター，地方独立行政法人などの「準政府部門」（quasi-government sector）によって支えられています。

　国・地方自治体などの政府部門は，おもな収入源を租税に拠っています。これに対し，準政府部門は，おもな収入源を使用料などの事業収入に拠っています。さらに，地方自治体は，財政再建を求められたり，他の市町村と合併することを勧められたりすることはあっても，「破産」に陥ったり，まして「清算」することはありませんが，準政府部門のうち，地方公社・第三セクターは，「清算」処理を行い，「消滅」させることができます。自らが稼ぎ出す事業収入に依拠し，収支が改善せず債務が膨らめば「清算」処理も視野に入る，という点では，地方公社・第三セクターは民間企業にきわめて近い性格をもっています。

　なぜ，国・地方自治体に準政府部門が存在するのでしょうか。地方自治体の準政府部門はどこで，どんな仕事をしているのでしょうか。そして，地方自治体の準政府部門で，なぜ破産（法的整理）が起きるのでしょうか。この章で学ぶべきポイントはこの3点にあります。

Key Questions

□ なぜ国・地方自治体に準政府部門が存在するのでしょうか。地方自治体の準政府部門はどのような仕事をしているのでしょうか。
□ 地方自治体の準政府部門で，なぜ破産（法的整理）が起きるのでしょうか。
□ 準政府部門の経営と地方財政制度（地方交付税制度，地方債制度）にはどのようなつながりがあるのでしょうか。

Keywords

独立採算制　法適　当然適用　任意適用／繰出基準　繰入率
第三セクター等改革推進債

準政府部門が置かれる理由

　民間企業との違いを意識して考えてみれば，準政府部門が担う事業は，おもに以下の2点になります。

1.1　独占価格の抑制——「経済効率」の論理

　第1に，民間企業でもサービスを担うことができるものの，民間企業が担うと社会的に厚生が低くなることが予想される事業です。

　電気事業を取り上げてみましょう。電気事業は，発電設備と，広い範囲をカバーする送電線を必要とします。発電設備が大きければ大きいほど，送電線のつなげる範囲が広ければ広いほど，利用者1人当たりのコストは低くなります。つまり，巨大な建設費・維持費を負担できる資金力のある事業者だけが競争に勝ち残っていくことになります。こうした財の性質を自然独占と呼びます。

　独占に成功した事業者は，自らの利潤を最大化するため，コストに比べて高い価格を設定する動機に駆られます。これは，事業者に出資した株主の配当収入を潤すことはあっても，工場や店舗など，他企業のコストを圧迫することになります。こうした中間費用は，最終的に価格（≒消費者）に転嫁されることになり，一国の経済全体が非効率になる恐れがあります。

　このため，自然独占が成り立つ事業を，自然独占による高い価格ではなく，

経済全体にとって望ましい価格で操業させるためには，政府が価格をコントロールできる準政府部門に経営させるべきだ，という考え方が生まれます。これは，民間企業よりも政府のほうが経済のよりよい均衡点に達することができる，という意味で，「経済効率」の論理と言い換えることができます。

1.2　社会的需要への対応——「普遍」の論理

第2に，そもそも民間企業がサービスを担うことはできないものの，社会的に必要なサービスであるから供給するべき，との意思を政府が示した事業です。

たとえば，過疎地域において，民間企業が下水道事業を行っても，投資に見あうだけの収入（採算点）に達する見込みはまったくありません。このため，民間企業の立場からは，投資を控えることが合理的となります。

しかし，下水道などの快適な生活基盤が整備されないことは，過疎地域から大都市部への住民移動を引き起こす要因になります。過疎地域が文化，森林・環境保全に果たしている役割や，大都市部への急激な人口流入に伴うスラム化・都市環境の悪化を防止することなどを中央政府が重要だと考えている場合は，採算に乗らない過疎地域の下水道事業を地方自治体に担わせようとします。これは，国民全体にサービスをあまねく行き渡らせる，という意味で，「普遍」の論理と言い換えることができるでしょう。

第1の理由（「経済効率」の論理）と，第2の理由（「普遍」の論理）が，まったく異なっていることに注意してください。準政府部門をみる視線は，どちらの論理に重きを置くかで大きく変わってきます。

2　地方自治体における「準政府部門」の全体像

日本における準政府部門の全体像は，表13-1の通りです。

最初に，地方公営企業法（1952年）により設立された地方公営企業があります。地方公営企業は，地方自治体組織のなかに設置される「企業」であり，職員は公務員です。

これに対し，以下の「第三セクター等」の職員は，公務員ではなく，設立されている財団や企業の職員です。

表 13 - 1■日本の地方自治体における準政府部門の全体像

	地方公営企業	第三セクター等		（参考）地方独立行政法人
		地方三公社	一般法設置法人	
設立根拠	地方公営企業法	特別法 （のち一般法準用）	一般法 （公益法人関連法, 会社法など）	地方独立行政法人法
法人総数（法人数）	8,165	688	6,461	150
決算規模（億円）	180,751			
総出資額（億円）		10,212	52,740	13,908
役職員数（人）	399,653	14,999	230,541	80,799
おもな事業	水道, 下水道, 病院, 電気, ガス, 交通, 介護サービスなど	有料道路, 住宅供給, 公共用地の先行取得	地域・都市開発, 農林水産, 教育・文化, 観光・レジャー, 社会福祉・保健医療, 生活衛生など	大学, 病院, 試験研究機関, 社会福祉

注）第三セクター等, 地方独立行政法人の役職員数は 2019 年 3 月 31 日時点。
出所）総務省自治財政局『令和 2 年度 地方公営企業年鑑』, 総務省「第三セクター等の状況に関する調査結果」（2021 年 3 月 31 日時点）総務省「平成 30 年度第三セクター等の出資・経営等の状況に関する調査結果」（2019 年 3 月 31 日時点）より筆者作成。

　まず, 各特別法（地方住宅供給公社法〔1965 年〕, 地方道路公社法〔70 年〕, 公有地の拡大の推進に関する法律〔72 年〕）に基づき, 地方政府が全額出資して設置された地方住宅供給公社, 地方道路公社, 土地開発公社を,「地方三公社」と呼びます。

　つぎに, 民間団体の設立と同じ一般法（一般社団法人及び一般財団法人に関する法律や, 会社法など）によって設立される法人のうち, 地方自治体が 25％ 以上の出資を行っていたり, 地方自治体から財政的支援（補助金, 貸付金, 損失補償）を受けている法人を, 日本では「第三セクター」と呼びます。

　ここで, 以下の 2 点に注意する必要があります。

　第 1 に,「公社」という名称は, 一般法によって設立された財団法人や株式会社でも名乗ることができます。このため, 法人の名称に「開発公社」「農業振興公社」「まちづくり公社」「林業公社」を冠していても, 法人格上は一般法で創設された法人が多数存在しています。

　第 2 に,「第三セクター」という言葉は, 日本とヨーロッパ諸国で意味合いが大きく異なっている点です。ヨーロッパ諸国では, 市場部門, 公共部門, 家計部門の境界領域で, 非営利かつ自発的に発展してきた「サード・セクター」という概念が用いられます。しかし, 日本における「第三セクター」は, 公共部門が設立していても, 営利を主たる目的とする法人が少なくありません。

これらの点を頭に置きながら、地方公営企業と地方公社、第三セクターについて、それぞれの営みを確認していきましょう。

 3 　地方公営企業

3.1　地方公営企業の全体像

地方公営企業の全体像は、表13‐2の通りです。

公営企業法の最も広い定義は、地方財政法第5条第1号にある「地方公共団体の行う企業」です。

このうち、地方財政法第6条に、特別会計を設けることが政令で定められている事業があります（表13‐2の「地方財政法第6条規定」欄に○のついた事業です）。

同条には、政令で定めた公営企業の経費は、企業の経営に伴う収入をもって充てなければならないと定められています。これを**独立採算制**の原則といいます。

ただし、例外として、①公営企業の経営に伴う収入を充てることが適当でない経費（地方公営企業法第17条の2第1号）、②能率的な経営を行っても、なお経営に伴う収入のみをもって充てることが客観的に困難であると認められる経費（同第2号）は、一般会計または他の特別会計からの支援を得ることができる、と定めてあります。

3.2　地方公営企業法の特徴——処遇・会計基準

地方公営企業法は、サービスの対価によって維持される「企業」として合理的・能率的な経営を図ることを目的とし、それにふさわしいと考えられる組織、財務、職員の身分取り扱いなどを定めています。たとえば、地方自治体の長とは別に、公営企業を自主的に管理するための管理者を置くことができます。また、管理者が企業の状況を踏まえて地方自治体本体とは異なる給与体系を導入することができ、その代わりに、職員には団体交渉権が認められています。

さらに、簿記法が大きく異なります。日本の地方自治体は、いわゆる官公庁会計と呼ばれる、単式簿記、現金主義会計が採られているのに対し、公営企業

表 13‐2■地方公営企業の全体像

	地方財政法第6条規定（特別会計設置義務）	地方公営企業法第2条規定（当然適用）	事業数	決算規模 （億円）	他会計繰入金 （億円）	職員数 （人）	法適用事業比率 （%）	主要公益事業における地方公営企業の占める割合 （測定単位, %）	
総数／総額			8,165	180,751	29,593	399,653	57.1		
上水道	○	○	1,320	39,432	1,734	47,870	100.0	現在給水人口	99.6
工業用水道	○	○	154	1,869	106	1,793	100.0	年間総排水量	99.9
電気	○	○	99	1,344	2	2,117	31.3	年間販売電力量	0.9
ガス	○	○	22	852	3	993	100.0	年間ガス販売量	1.5
病院	○	○	683	59,712	8,494	276,171	100.0	病床数	13.5
交通（軌道・鉄道）	○	○						年間輸送人数	10.2
交通（自動車）	○		85	8,956	846	23,429	55.3	年間輸送人数	20.1
交通（船舶・索道）	○								
簡易水道	○		474	836	272	847	20.3		
港湾整備	○		95	1,815	134	625	8.4		
市場	○		151	1,880	228	1,793	9.3		
と畜場	○		50	216	110	487	2.0		
観光施設	○		243	357	121	1,458	14.2		
宅地造成	○		424	6,228	648	1,522	14.0		
公共下水道[1]	○		3,606	55,517	16,509	29,625	58.0		
介護サービス			498	1,155	301	10,299	8.4		
有料道路			1	1	0		0.0		
駐車場			193	308	1	77	3.1		
市街地開発									
公営住宅									
産業廃棄物処理			67	273	83	547	100.0		
有線放送									
その他									

注）1　「公共下水道」欄の公営企業年鑑上の計数は「下水道」を採用した。
　　2　交通のうち，軌道・鉄道および自動車の法適用事業比率は 100% である。
出所）総務省自治財政局『令和2年度 地方公営企業年鑑』，地方公営企業の範囲は，神野・小西［2020］187 頁より筆者作成。

は，民間部門の企業会計と類似した，複式簿記，発生主義会計が採用されています。さらに，資本取引と損益取引を分けて経理しています。

　複式簿記は，取引の「原因」と「結果」の双方を記録する簿記法です。借入金を例に取りましょう。単式簿記では，借入金は現金の増加のみが記載されます。複式簿記では，借入金による現金の増加は資産に記録されますが，返済義務が生じるため，負債にも記録されます。

　公営企業は，大きな設備投資を行うために莫大な借入金を必要とします。借入金の元利償還を毎年の利益によって計画的に行う必要があるため，資本取引と損益取引を分ける必要が生じます。取引の両面を記録できる複式簿記は，資産・負債の現状を示した貸借対照表と，毎年の利益・損失を記録する損益計算

書を簡単につくることができます。こうしたことから，地方公営企業には，複式簿記の導入が望ましいとされています。

3.3　当然適用と任意適用

地方公営企業法第2条第1項は，地方自治体の意思にかかわらず公営企業法を適用（**法適**）することを義務づける事業（**当然適用**）を列挙しています。これらの事業は，小規模事業者に特例が認められている電気事業を除いて，法適用事業比率は100％となっています。

一方，地方自治体の意思によって地方公営企業法を適用した事業を**任意適用**と呼びます。法律上の義務はなくとも，大きな設備投資を伴い，事業収入を得て事業を行う以上，公営企業法を適用することが望ましいとされています。

表13-2をみると，当然適用事業の法適用事業比率が電気，交通（軌道・鉄道）を除いて100％なのに対し，それ以外の事業の法適用事業比率は，低い水準にとどまっています。その理由はおもに以下の2点です。

第1の理由は，導入費用です。地方公営企業法を適用して企業会計を導入すると，単式簿記から複式簿記への移行，資本取引と損益取引の区分，期間配分など，官庁会計では必要とされない会計処理を迫られます。また，監査に携わる人への研修も必要になるなど，人手と事務費用がかさむことになります。このため，とくに小規模な地方自治体では，企業会計の導入をためらう傾向がみられます。

第2の理由は，事業収入で事業費用をまかなうことが見込めない事業があるためです。経営に要する経費を経営に伴う収入でまかなうことが「企業」の要件とされている以上，事業規模が小さかったり，人口が少ないなどの理由で十分な収入を上げることができず，租税を原資とする一般会計からの繰り入れに収入の大半を仰ぐ場合は，「企業」としての性格をもたないことになります。このため，小さな事業を運営している多くの地方自治体は，「企業」としての「経営」を避ける傾向にあります。

ただし，近年においては，簡易水道事業，下水道事業で法適用事業比率が高まっていることに留意が必要です。導入をためらう市町村に対し，事業を監督する総務省が，事業の効率化を進める観点から，法適用を強く働きかけた結果

が反映したものといえるでしょう。

3.4　事業別規模と公益企業に占める地位

では，表13‐2から，2020年度時点での地方公営企業の事業数，決算規模，職員数を確認してみましょう。

事業数が最も多いのは，公共下水道（3606事業体）であり，全事業数（8165事業体）の44％を占めています。次いで水道（上水道・簡易水道合わせて1794事業体），病院（683事業体）と続きます。

決算規模をみると，最も大きいのは，病院の5兆9712億円で，決算規模全体（18兆751億円）の33.0％を占めています。次いで公共下水道（5兆5517億円），水道（上水道・簡易水道合わせて4兆268億円）と続きます。

以上から，

①公営企業全体のなかで，病院，下水道，上水道の占める比重が高い

②事業数は下水道，上水道が多いが，職員数では病院が非常に多い

③1事業体当たりの決算規模は，3分野のなかでは，病院が大きい

ことがわかります。

つぎに，主要公益事業における地方公営企業の占める割合を確認しておきましょう。まず，水道事業の給水人口のうち，現在給水人口の99.6％を公営企業が占めます。つまり，日本の水道事業は，公営企業によって担われていることがわかります。

これに対し，病院事業の病床数のうち，公営企業が占める比率はわずか13.5％にすぎません。日本では，病院はおもに民間の医療法人が多く，入院用の病床をもたない一般診療所・歯科診療所では医療法人と個人による開業が多いためです。公営企業形式で運営されている公立病院は，医療法人並みの経営効率を要求される一方で，入院治療を必要とする重症患者を対象とする拠点病院など「二次医療機関」のなかでも，より難しいほうの治療が求められる傾向にあります。とくに医療法人の開業が絶対的に少ない農村地域では，公立病院が最後の砦としての役割を求められることになります。公立病院の経営危機が，地域医療の危機に直結するのです。

3.5 下水道事業の特徴

最後に，上水道・病院と公共下水道の，公営企業制度上の大きな違いを確認しておきましょう。上水道・病院は，いずれも地方公営企業法第2条第1項に列挙される当然適用の対象です。一方，公共下水道は特別会計の設置義務こそあっても，当然適用の対象とはなっておらず，法適用事業比率も低い傾向がみられました。

これは，下水道事業が，事業費用を事業収入で回収することができない性質をもつためです。地上に水路を通すことのできる上水道と，地下に下水管を通し，巨大な浄化施設を必要とする下水道では，資本投資額が大きく異なります。

また，水源の近い農村地域が有利な要素をもつこともある上水道と異なり，下水道は，農村地域であっても，都市地域と同じ設備が必要となります。さらに，集まって住んでいる都市部よりも，人口の少ない集落同士を大きな下水管で結ばなければならない農村地域のほうが，必要な資本費用は高くなってしまうのです。そうなると，下水道の場合，人口が少ない地域における1人当たりの資本投資額負担が極端に大きくなります。資本投資額の回収が使用料でまかなわれた場合には，居住地域によって使用料に極端な差がついてしまうのです。

このため，国は，下水道を整備するために公費（租税資金）を投入しようとします。公費を投入する原則として，まず，下水道の衛生的公共性に着目し，事業費の一定割合を「雨水」部分と考え，定率補助を導入しました（これを「雨水公費，汚水私費の原則」と呼びます）。

しかし，定率補助では財政力の格差を十分に埋めることができないことを，私たちは第8章で学んでいます。そこで登場したのが，「高資本費対策」です。これは，地理的条件や個別事情で資本費が全国平均より高くなることが想定される事業体に対し，全国平均よりも高くなる費用について，一定の比率（80～95％）を，租税を原資とする地方自治体の一般会計から繰り出すことを認めるものです。この基準を**繰出基準**と呼びます。これが，独立採算制の原則と大きく異なっていることに留意してください。

さらに，総務省は，繰出基準額の45％を，投資補正によって交付税措置（つまり，基準財政需要額に算入）することを認めています。つまり，地理的条件による料金の大きな格差を，公営企業会計からみると「他会計」である地方

自治体の一般会計からの繰り出しによって縮める（≒公営企業を地方自治体が支援する）ことを認めます。その縮めた部分を，地方交付税の基準財政需要額に算入することで，公営企業を経営する地方自治体を国が支援しているのです。

地方交付税制度を利用した救済スキームにより，資本費をそのまま料金に算入した場合，都市部の 16 倍の使用料を徴収しなければならない地方自治体でも，実際の使用料は 2 倍以内にとどまっています。ここから，下水道事業に関しては，国は，独立採算制よりも，相対的に「普遍」の論理を重視していることがわかります。表 13 - 2 から，決算規模（5 兆 5517 億円）に占める他会計繰入金（1 兆 6509 億円）の**繰入率**は 29.7％ と算出できます。しかし，高資本費対策は，あくまでも全国平均よりも高い事業に対する救済措置であり，一般的（とくに都市住民）には気づきにくい支援です。

さらに，任意適用である下水道事業に対する繰入率の高さは，当然適用である病院事業の繰入率（14.2％）と対照的であることにも注意する必要があります。資本費用を平準化するスキームの手厚さに比べれば，経常費用（とくに人件費）に対応するスキームは薄くなりがちであったことがうかがえます。病院事業に対しては，下水道事業に比べると，「経済効率」の論理がより強く打ち出されているということもできるでしょう。

ただし，近年，国は，下水道事業に対しても，経営効率の観点から，市町村に対し，法適用を強く勧奨しています。この結果，下水道事業の法適用事業比率が高まっていることは，3.3 で述べた通りです。

 ## 4 地方三公社と第三セクター

4.1　地方三公社

表 13 - 3 は，地方公社，第三セクターの基礎情報と業務分野別法人数について，2008 年度末と 20 年度末を比較したものです。

まず，地方三公社は，それぞれ特別法により設置され，地方自治体の出資比率は 100％ です。業務内容は，特別法に従って限定されています。公営企業と比べたとき，地方三公社の大きな特色は，公社が必要な公共用地を先行取得することを主たる目的とする点にあります。

地方住宅供給公社を取り上げてみましょう。高度経済成長期において，工場の労働力需要に対応して，農村から都市に人口が集中しました。産業分野に資源を集中した初期の経済成長期では，人口移動に比べて住宅の供給が少なく，深刻な都市問題の１つになりました。移住してきたばかりの働き手は，良質な住宅が欲しくても，いま土地を買うだけの貯金がありません。そこで，地方住宅供給公社が積立金を受け入れる一方，地価が上昇する前にあらかじめ公社の手で土地を買い入れ，積立金が十分に貯まった働き手が土地を買いやすくすることを狙ったのです。

先行取得の考え方は，住宅，道路を経て，1972 年に設立された土地開発公社により，地方自治体の業務全般で活用されることが期待されるようになります。表 13 - 3 の元資料である総務省「第三セクター等の状況に関する調査結果（以下，「状況調査」）」によれば，地方三公社への税制上の優遇措置による誘導もあり，1972 年度だけで全国で 56 の地方三公社が新設されたのです。このなかには，民間企業を誘致するための工業団地に必要な土地の取得も入っていました。

しかし，大きな落とし穴がありました。先行取得は，高度経済成長期のような，民間部門の土地需要が常に高く，地価が毎年上昇することを前提としていました。1973 年に日本経済を襲ったオイル・ショックと，安定成長期の到来は，民間部門の土地需要に冷水を浴びせました。地価が下がりはじめると，土地開発公社は，割高な，売れにくい土地を大量に抱え込むこととなりました。この傾向は，1990 年代以降の土地バブル崩壊・平成不況期にさらに強まり，地方三公社の新設は 99 年度には遂にゼロになりました。地方自治体は，土地開発公社をはじめとする地方三公社を整理していかざるをえなくなります。表 13 - 3 から，2008 年度末と 20 年度末を比較すると，地方三公社は，法人数の減少（1150 社から 688 社）に伴い，補助金交付額（459 億円から 93 億円），地方自治体からの借入残高（1 兆 7754 億円から 9284 億円）の双方が大きく整理されていることがわかります。

4.2　第三セクター①──法人類型
ここで，「状況調査」から，第三セクターの法人類型別の新設数を追ってみ

表 13‐3■第三セクター等の全体像

業務分野			第三セクター					
			社団法人・財団法人					
			公益社団法人	一般社団法人	特例民法法人（旧社団）	公益財団法人	一般財団法人	特例民法法人（旧財団）
基本情報	2020年度末	法人数	3,106					
		出資総額（億円）	10,354					
		地方自治体等出資割合（％）	67.1					
		補助金交付額（億円）	3,610					
		地方自治体からの借入残高（億円）	12,211					
	（参考）2008年度末	法人数	3,863					
		出資総額（億円）	12,900					
		地方自治体等出資割合（％）	67.3					
		補助金交付額（億円）	2,929					
		地方自治体からの借入残高（億円）	17,961					
業務分野別法人数	2020年度末	地域・都市開発	1	4	0	100	70	1
		住宅・都市サービス	0	0	0	10	19	0
		観光・レジャー	5	47	0	46	158	0
		農林水産	111	111	0	176	110	0
		商工	2	17	0	176	91	0
		社会福祉・保健医療	5	7	0	223	98	2
		生活衛生	4	2	0	110	40	0
		運輸・道路	0	4	0	7	13	0
		教育・文化	13	11	0	716	194	0
		公害・自然環境保全	3	2	0	50	8	0
		情報処理	0	2	0	1	4	0
		国際交流	0	1	0	90	11	0
		その他	3	14	0	162	51	0
		計	147	222	0	1,867	867	3
	（参考）2008年度末計		37	38	329	472	237	2,750

出所）総務省「第三セクター等の状況に関する調査結果」（平成 21 年 12 月 25 日，令和 3 年 2 月

ましょう。1982 年では，財団法人形式（149）が，法人全体（218）の 68.3％ を占めていました。ところが，1987 年では，財団法人形式（126）と株式会社形式（121）が拮抗します。1998 年になると，株式会社形式（144）は財団形式（71）を圧したのです。

　社団法人・財団法人（一般に「公益法人」と称されます）と，株式会社など会社法法人の大きな違いは，法人の目的にあります。たとえば，公益財団法人は，財団の公益的活動と，その維持が目的とされ，事業活動によって得た剰余金を分配することはできません。これに対し，株式会社は，利潤の最大化をめざし

会社法人		地方三公社			(参考)地方独立行政法人	合計	(参考)2008年度末
株式会社	その他会社法人	地方住宅供給公社	地方道路公社	土地開発公社			
3,355		688			150	7,149	
42,386		10,212			13,908	62,952	
48.1		100.0			100.0	59.7	
679		93			4,607	4,382	
7,958		9,284			7,374		
3,672		1,150			44	8,685	
31,008		11,536			8,433	55,444	
44.7		100.0			100.0	╱	
991		459			1,598	4,379	
10,647		17,754			212	46,362	
292	3	0	0	621		1,092	1,548
44	1	37	0	0		111	171
755	44	0	0	0		1,055	1,275
513	131	0	0	0		1,152	1,330
340	15	0	0	0		641	741
18	1	0	0	0		354	457
73	7	0	0	0		236	296
370	12	0	30	0		436	502
61	3	0	0	0		998	1,122
6	0	0	0	0		69	73
74	0	0	0	0		81	97
1	0	0	0	0		103	116
575	16	0	0	0		821	957
3,122	233	37	30	621	150	7,149	8,685
3,377	295	55	42	1,053	44	8,729	

4日）より筆者作成。

　て設立され，会社に出資した株主に剰余金を分配（配当）します。もちろん，地方自治体が出資する会社ですから，公益性の確保が暗黙裡に求められますが，活動内容そのものを規制されることはありません。

　この結果を踏まえながら表13-3を確認しましょう。2020年度末時点で，社団法人・財団法人は3106社であるのに対し，株式会社など会社法人は3355社と逆転しています。興味深いのは出資比率です。社団法人・財団法人は67.1％なのに対し，会社法人は48.1％となっています。つまり，株式会社など会社法人に対しては，出資比率（地方自治体の関与）を相対的に弱め

る傾向にあるといえます。

4.3　第三セクター②──業務分野と法人類型

　ここで，表13‐3を使い，業務分野別法人数から，会社法法人（株式会社＋その他会社法法人）の業務分野全体に占める比率をそれぞれ計算してみましょう。会社法法人の比率が最も高い分野は，91.4%（81社のうち74社）に達した「情報処理」です。次いで，「運輸・道路」の87.6%（436社のうち382社），「観光・レジャー」の75.7%（1055社のうち799社），「農林水産」の55.9%（1152社のうち644社），「商工」の55.4%（641社のうち355社）と続いています。一方で，「社会福祉・保健医療」「教育・文化」「公害・自然環境保全」「国際交流」などの分野は，いずれも10%を下回っています。

　営利法人である会社法法人がカバーした業務分野をみると，とくに「自治体経営の時代」と呼ばれた1980年代から90年代において，地方自治体が，営利法人を用いて経済活動に従事することをめざしたことを裏づけているデータともいえます。この時期において，地方自治体は，特産物の開発や観光資源の開発・誘致などを通じ，地域の雇用維持に積極的な役割を果たそうとしました。また，大都市部においては，土地開発公社と同様に，湾岸エリアなどの開発に株式会社が果たした役割も無視できません。

　しかし，バブル崩壊と，平成不況の長期化により，株式会社方式であるにもかかわらず，毎年の赤字による累積債務と，地価の下落などによる資産価値の低下により，債務超過に陥る第三セクターが急速に増えていきます。

　2009年に施行された財政健全化法（第9章）が，地方公社・第三セクターまで含めた財政指標を導入すると，第三セクターの整理が加速していきます。表13‐3から，2008年度末と20年度末を比較すると，会社法法人の補助金交付額（991億円から679億円），地方自治体からの借入金残高（1兆647億円から7958億円）の双方が縮小していることがわかります。

　ここで，原資料に「参考」として開示されている地方独立行政法人についてふれておきましょう。地方独立行政法人は，第三セクターの会社法法人と対極的に，教育・文化，社会福祉・保健医療に創設されています。もともとは地方自治体が直接経営していたものを，経営効率上の視点の導入などから，特別法

（地方独立行政法人法）に基づく法人に転換したものであり，自治体出資比率は100％となっています。近年，教育機関や公立病院が地方独立行政法人化を進めた結果，2008年度末の44法人から20年度末には150法人へと大きく増加しています。地方独立行政法人化をめぐっては，事業執行の弾力性の向上や，経営意識の向上を期待する向きがある一方で，職員の待遇やガバナンスをめぐり議論がある状況です。

4.4　第三セクター③——公益法人制度改革とその影響

　同じ表13‑3から2008年度末と20年度末の法人数を比較すると，会社法法人（3672社から3355社）に対し，社団法人・財団法人（3863社から3106社）のほうが，より大きく落ち込んでいることがみてとれます。これは，2008年に関連法が施行された公益法人制度改革の影響によるものです。

　公益法人制度改革の大きな論点は2つです。第1に，公益法人のなかに，一般・公益の2つの類型を設けました。「一般」は誰でも設立することができることとしたうえで，国や地方自治体が，公益性があると認めた法人のみを，税法上の優遇措置を受けられる「公益」法人としました。第2に，公益法人の基準として，財団の事業内容が事業活動全体の半分以上を占めることと定めました。さらに，この基準に合致しているかを毎年国や地方自治体が監査することとされました。

　試みに，財団法人に注目して，事業分野別に2008年度末と20年度末を比較してみましょう。まず，財団法人の全体数は，3459から2737と，722財団の減少を確認できます。原資料を用いて分野別に減少数，減少率をみると，運輸・道路（42団体→22団体，47.6％減），住宅・都市サービス（54団体→34団体37.0％減），地域・都市開発（273団体→178団体，34.8％減）と続いています。

　ここで，地域・都市開発分野の株式会社数の動きを，2008年度末と20年度末で比較してみると，214社から292社（36.4％増）となっています。ここから，公益法人改革によって，公益法人から株式会社に再編された組織があったとみることができます。

表13‐4■第三セクター等の統廃合等の件数・法的整理法人数の推移

年度末	2011	2012	2013	2014	2015	2016	2017	2018	2020
統廃合等の件数	227	308	397	194	122	117	98	108	117
廃止件数	160	243	340	157	74	87	73	70	84
統合件数	39	19	6	9	16	11	10	11	13
出資引揚件数	28	46	51	28	32	19	15	27	20
法的整理法人数	23	11	13	8	6	11	5	5	10
法人別　社団法人・財団法人	3	2	4	1	1	3	1	0	0
法人別　会社法人	20	8	9	7	5	8	4	5	10
法人別　地方三公社	0	1	0	0	0	0	0	0	0
（参考）法人数	8,214	7,952	7,634	7,484	7,410	7,372	7,364	7,325	7,149

出所）総務省「第三セクター等の状況に関する調査結果」（各年度調査）より筆者作成。

4.5　第三セクター④──法的整理の全体像

　法人は資金を借り入れて事業を行いますが，事業の成績が思わしくなくなるなど，借り入れた資金を返済できなくなると，信用を失って資金の貸し手がいなくなります。いわゆる「破産」です。

　このとき，法人に資金を貸していた債権者と，債務者である企業との交渉により法人を清算，あるいは再建などの整理を行うことを「私的整理」と呼びます。これに対し，会社更生法や民事再生法などの法律に基づき，裁判所の裁判手続きに沿って整理を行うことを「法的整理」と呼びます。

　さて，冒頭でも述べたように，経営が悪化し，法的整理の対象となる第三セクターが実際にあります。表13‐4は，2011年度から20年度における，第三セクター等の法人数，統廃合等の件数，法的整理法人数の法人別推移をみたものです。

　まず，法人総数に比べ，法的整理法人はきわめて少ないことがわかります。毎年の法人数に比べ，法的整理法人は，0.1〜0.2％程度です。

　一方，法人総数を2011年度（8214）と20年度（7149）で比べると，1065もの法人が減少しています。他方，毎年の統廃合等の件数と，法的整理法人数を合算したうえで，法的整理法人数の比率をとってみると，多い年でも9.2％（2011年度），少ない年では3.2％（13年度）にすぎません。つまり，法的整理とは異なる手段（出資引き揚げ，法人の統廃合，私的整理などの統廃合）により整

理されたと考えられます。

　そのうえで，法的整理法人数について法人別にみていくと，会社法法人の破産が大半を占めていることがわかります。会社法法人の法的整理のしやすさを浮かび上がらせる結果といえるでしょう。

　試みに 2019 年度および 2020 年度の法的整理全国集計（12 社）をもとに業務分類をみると，過半（7 社）が観光・レジャー関係，次いで 2 社が商工関係となっています。

　ただし，表 13 - 1 で確認したように，かつては Too Big To Fail（大きすぎて潰せない）の代表格であった地方三公社の法人数の減少が進められていること，その整理手段として，後述する第三セクター等改革推進債などの金融的政策手段（第 9 章）が用いられていることは注目すべきです。

4.6　第三セクター⑤——法的整理の実例

　この点を意識しつつ，法的整理に至った代表的な実例を挙げておきましょう。

　第 1 に，地方住宅供給公社初となる解散手続きを選択した，茨城県住宅供給公社（2010 年，純負債額 313 億円）のケースです。その原因について茨城県知事は，①当初計画自体の過剰予測，②土地収用手続きの難航・事業期間の長期化，③バブル崩壊後の景気低迷に伴う土地需要の低下，地価の下落と説明しています。

　第 2 に，社団法人青い森農林振興公社（2012 年，純負債額 359 億円，民事再生）のケースです。青森県林政課は，公社の主要業務である分収造林事業が，①輸入材による国内材価格の低下（1980 年に木材価格ピーク 3 万 5800 円／m^3 から2004 年には 1 万 390 円／m^3 へ），②労務単価の増加（1980 年に 9000 円／日前後から，97 年に 1 万 2968 円／日へ）により成り立たなくなったことが経営悪化の最大要因と説明しています。

　第 3 に，名古屋臨海高速鉄道株式会社（2010 年，純負債額 418 億円，事業再生）のケースです。名古屋市住宅都市局は，①需要予測と実績の乖離，②建設時の過大な有利子負債，③鉄道資産保有による減価償却費の 3 点が経営を悪化させたとしています。

　これら 3 つの法人に関与する地方自治体は，法人の法的整理にあたって，い

ずれも地方債である**第三セクター等改革推進債**を活用しています。第三セクター等改革推進債とは，第三セクター等の整理・再生に伴い負担する必要が生じる経費（損失補償，借入金の償還など）に対し，充当率100%の地方債を発行することを，期間を区切って認める制度です。この手法により地方債を発行し，第三セクターの負債を地方自治体が肩代わりすることなどにより，法的整理や事業再生をしやすくするメリットがあります。

　債務肩代わりにより，第三セクターの債務が地方自治体の債務（住民の税負担）になることへの批判に対しては，第三セクターが果たしている社会的便益を考えながら，負担のあり方を事例ごとに見極めていく必要があります。その一方，地方債許可制度（第9章）が，ここでも政策目的に運用されていることに，日本の地方財政制度の特徴が強く現れているといえるでしょう。

● 演習問題 ●
　　表13-2の決算規模と事業数を用いて，1事業当たりの分野別の決算規模（単位：億円）を計算し，1事業当たりの決算規模が最も大きい分野と，小さい分野を答えてみましょう。また，その分野が他の分野に比べてどうして大きい（小さい）のかを考えてみましょう。

● 読書案内 ●
今村都南雄編著 ［1993］『「第三セクター」の研究』中央法規出版
　　行政学の立場から第三セクターの定義，位置づけと，当時の状況を分析した包括的な研究書です。

● 参考文献 ●
　　神野直彦・小西砂千夫 ［2020］『日本の地方財政〔第2版〕』有斐閣
　　地方公営企業制度研究会編 ［2010］『地方公営企業・第三セクター等のための抜本改革実務ハンドブック』ぎょうせい
　　深澤映司 ［2008］「第三セクターの破綻処理と地方財政」『レファレンス』第689号，31〜51頁
　　堀場勇夫・望月正光編著 ［2007］『第三セクター──再生への指針』東洋経済新報社

持田信樹［2013］『地方財政論』東京大学出版会

（木村　佳弘）

終 章
地方財政の展望

　本書では，地方財政の役割，日本の制度的特徴と課題について学んできました。終章では，地方財政の将来をどのように展望するか，考えていきましょう。

　大切なのは，地方分権の視点に立ち，地方自治体に期待されるサービスを実施しつつ財政の健全性を確保するために，財政制度の改革を進めることです。

　また，融合型の集権的分散システムをとってきた日本において，地方自治体が地域民主主義によって政策を決定するシステムを定着させる，という課題もあります。とくに，住民の意思を重視してサービスと財源調達方法を決定する財政民主主義が，どのように発展するのかが問題です。

① 地方自治体に期待されるサービス

1.1　普遍主義的サービスと選別主義的サービス

　地方財政については，その制度内容と運営について住民の支持を得ることが必要不可欠です。では，今後，地方自治体に期待されるサービスとはどのようなものでしょうか。

　地方自治体が住民の支持を得るのは，住民が「自分も地方自治体サービスの受益者だ」と考える場合でしょう。そのための鍵となるのは，所得・資産の高低を問わずに住民すべてを対象とする普遍主義的サービスです。教育・文化，保健医療，保育，介護などの対人社会サービス，および生活道路，街並み，公

園，上下水道，防犯・消防，防災・減災などの生活環境整備が，それにあたります。

　国民健康保険あるいは介護保険のように，地方自治体が運営する「社会保険」も，普遍主義的サービスの一種です。ただし，それらを必ずしも保険の形式で行う必要はありません。実際，それらの財源の内訳をみてみると，社会保険料よりも租税（「公費」と呼ばれます）のほうが多い場合もあります。社会保険料は定額負担あるいは収入比例負担のものが多く，租税と比べて負担の逆進性が強いことを勘案すれば，財源に占める租税の割合をもっと高めるという途もあります。

　もちろん，社会的弱者を救済する選別主義的サービスを地方自治体が担うこともあります。生活保護，就労支援などは，生存権保障と社会参加支援をめざすサービスです。生活保護の「不正受給」が報道されることもありますが，それが実際には不正でないこともありますし，むしろ資格のある人が受給できない例もみられます。制度運営に関する実態調査を積み重ねて，制度に関する合意を形成することが必要です。ただし，給付された現金は地方自治体の区域を越えて使われるので，財源は国が責任をもつのが原則です。

　また，中長期的には，外国人住民の増加がこれまで以上に進むと予想されます。先進的な施策に取り組んでいる地方自治体の経験を踏まえて，外国人の住民としての権利を保障するために，外国人住民・児童への日本語教育，低所得世帯への就学援助，留学生との交流，就業支援，災害発生時の迅速な避難支援，医療機関の受診体制整備，保育サービスなどを進めることが課題となります。これは外国人向け支援という意味では選別主義的サービスにみえますが，多文化共生の観点から社会的包摂を進めて普遍主義的サービスのすそ野を広げるものと位置づけることができます。

1.2　環境政策

　環境政策は，将来へ向けて社会システムを維持することにより，人々の幸福度を高めるとともに，未来世代に対する責任を果たすものです。また，環境政策は財・サービスの質を向上させるので，経済システムの改善にも貢献します。

　地方自治体が廃棄物を収集・処分し，リサイクルなどを進めている廃棄物処

理事業は，環境保全および資源の再利用・節約を支える基盤です。また，住民の生活必需品としての公共サービスの代表である上下水道について，一時的な費用削減などのために民間企業的な運営形態に移行することは適切ではありません。むしろ地方自治体が公営企業の運営主体として将来を見据えて，住民に対する水環境保全の責任を果たしつつ，広域化および人口減少に応じた事業規模見直しを進めていくことが必要です。さらに，再生可能エネルギー源の拡充とスマートグリッドの整備，温室効果ガスの排出削減，大気・水質・土壌などの汚染防止，生物多様性の保全，河川・緑地の管理なども重要な課題です。

　環境税制の面からみれば，気候変動問題に関する課題として，車体課税すなわち自動車税・軽自動車税「種別割」の課税標準における CO_2 排出量基準の追加，燃料課税における地方税の拡大などがあります。さらに，第6章でふれたように，電気自動車・燃料電池自動車などの割合が増大した場合，車体課税における重量基準もしくは走行距離基準への転換も検討課題となります。それとともに，「地球温暖化対策のための課税の特例」の税率を引き上げて，その税収を地方自治体の財源にすることが，環境政策の充実にも寄与します。

1.3　危機管理──コロナ対策と震災復興の教訓

　2020年に起こった新型コロナウイルス感染症の爆発的拡大に対して，対策の最前線に立ったのは地方自治体です。とくに都道府県知事の発言は，史上最高といえるほど注目を浴びました。また，危機対応にあたり，保健医療，介護，清掃，上下水道など，ライフラインを支えるエッセンシャル・ワーカーの重要性および対面で接触して話し合うことの大切さも再認識されています。

　新たな感染症の発生と蔓延は，今後も起こりえます。保健所の迅速な対応，療養施設の確保，感染者・家族への支援，医療・介護施設のクラスター発生防止，学校教育の継続，打撃を受けた事業者への補助金・制度融資など，コロナ対策を教訓として備えるべき課題は山積しています。

　なお，コロナ禍を契機として，地方自治体においてもテレワーク，オンライン会議などの利用が拡大しています。行政手続きと事務処理のデジタル化が一段と進むことも予想されます。ただし，個人情報保護への十分な配慮とともに，住民のデジタル化への不慣れ，経済力格差などへの対処が必要です。

コロナ対策の財源として，国が主導した現金給付事業には国庫補助金が使われ，地方自治体独自の感染防止，事業者支援，生活支援，医療・福祉などのサービスについても国から臨時の交付金が支給されました。ただし，緊急事態における地方自治体の独自サービスに用いることができる地方財源の制度を確立することは，課題として残されています。

東日本大震災のような災害復興と防災・減災にあたっても，地方分権の視点は重要です。緊急の災害救助には国の役割も大きいのですが，生活支援，公共施設・住宅・事業所の再建，産業再生など，事情は地域ごとに多様です。地方自治体のグランドデザインを尊重し，その財源を確保することが課題です。

防災・減災の観点から公共施設の老朽化対策と維持管理にあたることは必要ですが，人口減少が進行する日本の場合，「土建国家」（井手編 [2014] 参照）の復活は現実的でありません。建設工事を大量に発注しても，「供給力」つまり資材・労働力が増えるわけではないので，資材価格の高騰と技術者・労働者の不足を招きかねません。事業ニーズ，事業予算および事業者・労働者・資材の供給は，地域ごとの課題です。

② 財政健全化の方向性

地方自治体がサービスを展開するにあたり，財政の健全性が確保されることが重要です。財政の健全性とは，地域レベルで住民の意思を重視した財政民主主義が機能し，住民がサービスの水準とそれに必要な経費，そしてその財源負担を支持し，地方自治体を信頼していることを意味します。これにより社会・経済の持続可能性が確保されるのです。

地方自治体の資金繰りと負債の状況を示す財政指標として「健全化判断比率」および公営企業の「資金不足比率」があります（第9章参照）。これらの指標が健全化基準に達しない団体も，「黄信号」がともれば「財政健全化団体」になるのを回避するために，人員・給与の削減，事業の見直し，使用料・手数料の引き上げ，外郭団体の整理などを進めるでしょう。ただし，不採算でも必要な事業はあるので，「指標改善」を自己目的化するわけにはいきません。

また，財政収支が悪化するのは個々の地方自治体の財政運営が拙い場合だけ

ではありません。地域を支えてきた産業の衰退により財政状況が悪化することもありますし，財政収支が全国的傾向として悪化することも多いのです。

　とくに，地方財政計画の歳出規模が必要なサービスをカバーしきれない，たとえば地方自治体が担う対人社会サービスの経費が過小評価された場合などは，財源保障が不十分になります。また，景気が悪化すれば国税・地方税とも税収が停滞し，財政指標は全国的に悪化します。そのような場合，地方税および地方交付税を通じた全国的な地方税財源の充実が必要です。

　日本の政府債務は GDP の２倍を超えています。東日本大震災復興の際も，コロナ対策のためにも，巨額の国債が発行されました。復興債は所得税と法人税の復興増税による償還が進行中ですが，コロナ対策に伴う国債増発により，財政健全化はいっそう難しい課題となっています。

　いまのところ公債の大部分が国内で保有されていますが，国民の貯蓄率は低下しており，日本銀行が量的金融緩和のために国債を大量購入することでバランスが保たれてきました。しかし，物価が上昇してくれば，国民の生活が打撃を受けるとともに，金融資産が目減りします。その場合，インフレ対策として，実体面では物資供給体制の充実および不急な事業の抑制が課題となりますが，量的金融緩和も終了し，金利は引き上げられます。それまでに国債・地方債の発行を減らさなければ，利払い費が財政を圧迫します。そのとき，国が自らの財政収支改善を優先すれば，地方財政計画が縮小されて地方交付税が減額される可能性もあります。そうなれば，地方自治の基盤が破壊されます。

　財政健全化とは「財政黒字化」ではなく，上でみたように，社会・経済の持続可能性を確保することです。そのため，国・地方自治体を通じて「格差是正＝再分配」の視点に立つ社会保障政策・経済政策および租税政策が重要です。

　家族・地域が社会システムとして担ってきた共同体機能（第２章参照）が弱まっている日本では，社会保障関係費を削って個人・家族の生活リスクを増大させるという選択はできません。そこで，経済力と政治的影響力の弱い人々の貧困，障害，家庭問題などへの対策が急務です。消費性向の高い中低所得層に再分配する「格差是正」は景気対策にも結びつきます。また，人的成長への「投資」つまり子ども支援，教育・文化サービスの充実，施設の耐震化などを進めるとともに，環境重視型産業構造への転換を促進し，国民生活向上を経済

発展につなげる政策が必要です。

　日本の租税・社会保障負担は，先進国のなかでは相対的に軽く，所得課税，消費課税，資産課税とも増税の余地は大きいといえます。ただし，租税負担が軽いのは政府への信頼が低いために増税が困難だからだ，という面もあります。そこで，地域民主主義を基盤として，住民の意思が地方自治体のサービスと財源調達をめぐる決定を行う地方自治を尊重する財政システムを育てていくことが，財政健全化を推進するのです。

③　地方自治を支える地方税財政制度

　最後に，地方自治を支える地方税財政制度を整備するための課題をまとめてみましょう。

3.1　地方税制改革の課題

　地域住民に身近な政府が地域民主主義によって政策を決定する地方自治を支えることが，地方財政制度の根本原則です。そして「歳入の自治」を支える財源として最も重要なのは，自主財源とくに地方税です。

　地方税の中軸となるのは個人住民税です。所得割については，財源調達機能の強化，負担の公平，所得間の中立性という観点から，総合課税を拡大することが課題です——もちろんそれは国の所得税改革と並行して行う必要があります。とくに，政策誘導的な所得控除および租税特別措置は「隠れた補助金」なので，役割の小さいものから順に整理していくべきです。分離課税されている所得を総合課税の枠に組み入れることに加えて，基礎的生活費に配慮するための人的控除の改革も課題となります。さらに，所得控除を税額控除に転換していけば，それぞれの地方自治体が独自に金額を設定することが可能になります。

　近年設けられた地方法人税と特別法人事業税は，法人住民税法人税割と法人事業税の一部を国税に「移譲」したうえで，地方交付税もしくは地方譲与税の形で「再分配」するものです。しかし，これは地方自治体の自主財源を侵食して「歳入の自治」を縮小するものであり，地方税と財政調整制度とを混同しています。実際には，地方税に地方交付税・地方譲与税・臨時財政対策債などを

加えた実質的な一般財源でみると，大都市圏よりも，財政力指数の低い非大都市圏の地方自治体のほうが「人口1人当たり一般財源」は多くなっています。それは，公共サービスのニーズと供給コストを反映させて「ナショナル・スタンダード」サービスの財源保障を行うと同時に財政力格差を縮小する地方交付税を適用した結果であり，まったく問題はありません。しかし，そうであれば，そもそも「人口1人当たり税収額」だけをみて「偏在是正」を語る必要はありません。むしろ，税源格差の対策は，国税の充実および交付税率引き上げによる地方交付税増額と地方税の課税ベース改革により行うのが本来の姿です。

固定資産税における住宅用地・商業地等・農地・新築住宅の特例措置は，他の資産と比べて優遇する根拠を再検討して整理することが課題です。なお，設備投資の促進を重視する経済団体は償却資産に対する固定資産税の廃止を主張しています。しかし，市町村が実施する道路・街並み，消防，産業振興などのサービスによる受益を推定できる事業活動規模を表すものとして償却資産に課税することには根拠があります。

また，1.2で述べた通り，車体課税の課税標準におけるCO_2排出量基準の追加および中長期的にみた重量基準もしくは走行距離基準への転換，燃料課税における地方税の拡大，「地球温暖化対策のための課税の特例」の税率引き上げと地方財源化なども課題です。

法定税のうち地方自治体が税率決定権をもつ税目については，その拡大が可能です。たとえば，都市計画税を課税する団体の半数が制限税率を用いている現在，制限税率を引き上げるかどうかを議論すべきでしょう。法定外税については，事前協議における同意要件を緩和して新税を創設しやすくすることが課題です。

このような改革を積み重ねて，地域の社会・経済を支える財源である地方税を確保するとともに，地方自治体の自己決定権を拡充することが期待されます。

3.2 政府間財源移転の改革

地方自治を支える視点に立てば，特定補助金である国庫支出金を廃止・縮小して，使途の自由な一般財源，とくに地方税および地方交付税へ転換することが本来の改革の方向です。地方税の役割が拡大するのに応じて，地方交付税の

ように標準的サービスに必要な財源を全国レベルで保障しつつ地方自治体間の財政力格差を是正する機能をもつ政府間財源移転も重要性を増します。

公共事業に関する国庫支出金を一般財源化すれば公共施設が不足している度合いに応じて，また対人社会サービスに関する国庫支出金を一般財源化すれば想定されるサービス利用者数などに応じて，それぞれ基準財政需要額を算定することになります。事業担当府省の抵抗が強い場合は，使途制限を大幅に緩和して府省の枠を越えて使用できる「一括交付金」に転換したうえで，徐々に一般財源化を進める途もあります。

国が実施もしくは監督している事業のほうが高度なサービスを提供するのではないか，と考える人もいるでしょう。しかし，そうとは限りません。むしろ，地方自治体が権限をもつサービスあるいは施設運営のほうが住民からみて改善を要求しやすいといえます。一般財源化がどこまで進むかは，施設およびサービスの水準と管理運営，ニーズへの対応の迅速さと柔軟さについて，国民・住民が国と地方自治体のどちらをより信頼するかによって決まります。

地方交付税における当面の課題は，国税の増税および国庫支出金の一般財源化による財源を使って交付税率を引き上げて，地方交付税の原資を増やすことです。それは，将来の地方交付税を先食いしている臨時財政対策債への依存から脱却することにつながります。また，特定の事業費もしくは地方債元利償還費の一部を基準財政需要額に算入して地方交付税を傾斜配分する措置の整理を進めて，制度の中立性を確保することも重要です。

より根本的な課題としては，地方財政計画の策定により地方交付税総額（マクロの財源保障）を先に決めてから個々の地方自治体への配分（ミクロの財源保障）を決める現行方式の再検討が必要です。現在も，地方自治体は算定方法の改善を求める意見を国に提出しており，地方交付税配分額の算定に不合理が生じないよう総額を確保することがめざされています。地方自治体が共有する固有財源という地方交付税の性格を踏まえれば，さらに進んで，地方自治体が算定する基準財政需要額と基準財政収入額の差額を積み上げた財源不足額を補填する財源を確保する制度を構想することもできます。

3.3　地域間協働財源調整の可能性

　現状では国からみた「ナショナル・スタンダード」の範囲に含まれていなくても，地方自治体からみて財源保障すべきサービスはあります。とくに，生活上の困難を緩和し，社会・地域を持続可能にする施策については，全国の地方自治体レベルで対人社会サービスの充実と私的負担の引き下げ・無償化によって満たされるべき「コモン・ニーズ」が存在します。具体的には，医療費の自己負担軽減，介護の利用者負担軽減，保育所・幼稚園の完全無償化，出産費用の保険適用，小・中学校の教材費・給食費などの負担軽減，所得制限なしの高校無償化，給付型奨学金の拡大，コミュニティ・バスの拡充などが挙げられます。甚大な災害，感染症の蔓延などの緊急事態において，国からの支援を超えた地方自治体の独自サービスについても財源を保障する必要があります。

　これらのサービスをまかなう財源として全国的な合意を図り，住民税所得割・固定資産税などの超過課税を全国一斉に行う，もしくは地方消費税率を引き上げる。そして徴収された税を「連帯税」もしくは「協働地域社会税」として，地方六団体が共同設置する機関が地域ごとのサービス・ニーズに応じて配分する仕組みを構想することができます（全日本自治団体労働組合 [2017]，全国市長会 [2018]，高端 [2019]）。ただし，このような地域間協働財源調整に実効性をもたせるためには，政策決定の仕組みを整えて，個々の地方自治体が "opt out" すなわち脱退することを回避できるかどうかが課題となります。

3.4　地方税財政制度の決定と運営

　日本の政府間財政関係は精緻なものです。ただし，これが「地方自治の本旨」に適うためには，地方自治体が独自に実施する事務・事業の標準的水準をどうやって積算し，地方税・地方交付税などの一般財源確保に結びつけるか，すなわち地方税財政制度の決定と運営をどのように行うのかが重要な論点です。

　現在，地方財政計画は国が策定しています。1年に数回開かれる「国と地方の協議の場」も，国の大臣が政府方針を説明し，地方六団体代表が要望を述べて終わる「説明と要望の場」になっています。この機関を実質的な「政策策定の場」に高めて，地方自治体のニーズの積み上げを一般財源におけるマクロの財源保障に活かす方向で改善することが期待されます。

たとえばこの機関を，地方自治体と国の代表が対等の立場で参加し，独自の事務局を備えて，地方税財政制度の改革案を策定する機関へ改組することができれば，地方税，地方交付税，地方債などの制度設計および地方財政計画の策定をその機関が行い，法律案，予算，計画を国会に提出する手続きを整えることにより，制度の決定と運営について地方自治体の実情が適切に反映されます。

　地方税財政制度の改革は，制度内容のみならず，その決定システムの改善も含めて推進する必要があります。

● 演習問題 ●

① あなたが住む市区町村の議会広報誌には予算と決算の審議状況が載っていますか。市区町村の財政状況と将来の課題に関する意見をまとめてみましょう。

② 地方税，地方交付税，国庫支出金などの制度をどのように改革していくべきか，話し合ってみましょう。

● 参考文献 ●

池上岳彦［2004］『分権化と地方財政』岩波書店

池上岳彦［2022］「政府間財政関係の展開と分権型財政の課題」後藤・安田記念東京都市研究所編『都市の変貌と自治の展望』後藤・安田記念東京都市研究所，159〜187頁

井手英策編［2014］『日本財政の現代史Ⅰ——土建国家の時代1960〜85年』有斐閣

神野直彦・池上岳彦編［2003］『地方交付税 何が問題か——財政調整制度の歴史と国際比較』東洋経済新報社

神野直彦・金子勝編著［1998］『地方に税源を』東洋経済新報社

全国市長会［2018］「ネクストステージに向けた都市自治体の税財政のあり方に関する特別提言」（6月6日）

全日本自治団体労働組合［2017］『人口減少時代の自治体財政構想プロジェクト報告書』（座長：池上岳彦，主査：井手英策）

高端正幸［2019］「分権から自治へ——「連帯税」・「協働地域社会税」のメッセージ」『地方財政』第58巻第11号，4〜12頁

（池上　岳彦）

　本書では，各章の章末で，それぞれのトピックについて詳しく学ぶための文献を紹介してきました。ここでは，地方財政全般について，より深く学びたい人のために，中・上級のテキストを紹介するとともに，本書では詳しく取り上げることのできなかったトピックについて取り扱ったテキストや，地方財政分析を行ううえで必要な統計資料，ならびに地方財政に関する定期刊行物について紹介します。

① 地方財政制度全般について

　地方財政の制度と実際ならびに分析の視角について，詳細に論じたテキストを挙げておきます。

佐藤進『地方財政総論〔改訂版〕』税務経理協会，1993 年

林健久編『地方財政読本〔第 5 版〕』東洋経済新報社，2003 年

中井英雄・齊藤愼・堀場勇夫・戸谷裕之『新しい地方財政論〔新版〕』有斐閣，2020 年

持田信樹『地方財政論』東京大学出版会，2013 年

重森曉・植田和弘編『Basic 地方財政論』有斐閣，2013 年

林宏昭・橋本恭之『入門地方財政〔第 3 版〕』中央経済社，2014 年

神野直彦・小西砂千夫『日本の地方財政〔第 2 版〕』有斐閣，2020 年

小西砂千夫『地方財政学 —— 機能・制度・歴史』有斐閣，2022 年

　国家財政を学び，そのなかで地方財政について考えてみたいという人のために，以下のテキストをお勧めします。

吉田震太郎『現代財政入門〔第 2 版〕』同文舘出版，2001 年

　＊第 5 章で政府間財政関係を取り上げています。

池上岳彦編『現代財政を学ぶ』有斐閣，2015 年

　＊第 9・10 章で政府間財政関係を取り上げています。

神野直彦『財政学〔第 3 版〕』有斐閣，2021 年

　＊第 6 編で政府間財政関係を取り上げています。

② 日本の地方財政制度に関する資料・辞典

　地方財政の基本的な制度について詳しく解説した資料のほか，毎年行われているさまざまな制度改正について説明した資料には，以下のものがあります。

総務省『地方財政白書』各年版

＊正式名称は「地方財政の状況」ですが，『地方財政白書』のタイトルで刊行されています。

総務省『地方団体の歳入歳出総額の見込額——地方財政計画』各年度

総務省自治税務局『地方税に関する参考計数資料』各年度

地方公営企業制度研究会編『地方公営企業のあらまし』各年度，地方財務協会

地方財政制度研究会編『地方財政要覧』各年版，地方財務協会

地方財政調査研究会編『地方公共団体財政健全化制度のあらまし』各年度，地方財務協会

地方財務協会編『改正地方財政詳解』各年度，地方財務協会

地方財務協会編『地方財政制度資料』各年，地方財務協会

地方税務研究会編『改正地方税制詳解』各年度，地方財務協会

地方税務研究会編『地方税関係資料ハンドブック』各年度，地方財務協会

地方交付税制度研究会編『地方交付税のあらまし』各年度，地方財務協会

地方債制度研究会編『地方債〔平成 25 年改訂版〕』地方財務協会

地方債制度研究会編『地方債のあらまし』各年度，地方財務協会

地方財政の辞典は以下のものがあります。

石原信雄・嶋津昭監修，地方財務研究会編『六訂 地方財政小辞典』ぎょうせい，2011 年

③ 地方財政史

地方財政の歴史についてより詳しく学びたい人に，以下の文献を紹介します。

藤田武夫『現代日本地方財政史』上・中・下，日本評論社，1976 年・1978 年・1984 年

藤田武夫『日本地方財政の歴史と課題』同文舘出版，1987 年

大石嘉一郎『近代日本の地方自治』東京大学出版会，1990 年

金澤史男『近代日本地方財政史研究』日本経済評論社，2010 年

金澤史男『自治と分権の歴史的文脈』青木書店，2010 年

宮本憲一『日本の地方自治 その歴史と未来〔増補版〕』自治体研究社，2016 年

④ 諸外国の地方行財政制度

各国の地方財政の仕組みや課題について基本的な解説を行っている文献資料を挙げておきます。

自治体国際化協会ウェブサイト「各国の地方自治」

　　http://www.clair.or.jp/j/forum/pub/dynamic/local_government.html

＊アメリカ，カナダ，イギリス，ドイツ，フランス，シンガポール，オーストラリア，ニュージーランド，韓国，中国など，各国の地方行財政に関する制度紹介や調査研究の成果を PDF ファイルでダウンロードできます。

宮本憲一・鶴田廣巳編『セミナー現代地方財政 II　世界にみる地方分権と地方財政』勁草書房，2008 年

⑤　地方財政に関する統計データ

　地方財政については，各種の統計データがウェブ上に公開されています。冊子として刊行されているものもありますので，両方を紹介しておきます。

総務省ウェブサイト

・地方財政制度

　　https://www.soumu.go.jp/iken/zaisei.html

・地方財政の分析

　　https://www.soumu.go.jp/iken/jokyo_chousa.html

・地方税制度

　　https://www.soumu.go.jp/main_sosiki/jichi_zeisei/czaisei/czais.html

・地方公営企業等

　　https://www.soumu.go.jp/main_sosiki/c-zaisei/kouei.html

総務省『地方財政白書』各年版

　　http://www.soumu.go.jp/menu_seisaku/hakusyo/

　＊昭和 28 年版から最新版までダウンロードできます（平成 17 年版以降は HTML 形式もあり。また，平成 15 年版以降は英語版もあり）。

総務省『地方財政統計年報』各年度，地方財務協会

　　http://www.soumu.go.jp/iken/zaisei/toukei.html

　＊地方自治体の各年度決算額（普通会計および公営事業会計）を中心として，地方財政に関する主な統計資料等を集録したものです。平成 15 年度版以降はデータをダウンロードできます。

総務省ウェブサイト「都道府県決算状況調」「市町村別決算状況調」

　　http://www.soumu.go.jp/iken/kessan_jokyo_1.html（都道府県）

　　http://www.soumu.go.jp/iken/kessan_jokyo_2.html（市町村）

　＊個々の都道府県／市町村の普通会計決算にかかる主要な数値を集約したものです。平成 14 年度版以降はデータをダウンロードできます。

総務省ウェブサイト「都道府県財政指数表」「類似団体別市町村財政指数表」

　　http://www.soumu.go.jp/iken/ruiji/index.html

　＊個々の地方公共団体の財政状況を比較分析するため，都道府県は財政力指数，市

町村は人口および産業構造によりグループ分けを行い，平均値等を算出することで，グループ別にみた財政の特徴を掲載しています。

総務省ウェブサイト「決算カード」

　　http://www.soumu.go.jp/iken/zaisei/card.html

　＊各年度に実施した地方財政状況調査の集計結果に基づく普通会計歳入・歳出決算額，各種財政指標等の状況を，都道府県・市町村ごとに1枚のカードに取りまとめたものです。

e-Stat（政府統計の総合窓口）「地方財政状況調査」

　　https://www.e-stat.go.jp/stat-search/files?page=1&toukei=00200251

　＊総務省が各年度に自治体に対して実施した地方財政状況調査の情報がすべて掲載されています。

地方公共団体金融機構ウェブサイト「財政分析チャート New Octagon」

　　https://octagon.jfm.go.jp/

　＊市町村（政令指定都市を除く）の財政状況の特徴を，人件費，物件費，扶助費，繰出金，補助費等，地方債元金償還額，地方債残高および財政調整基金・減債基金残高について視覚的に把握できるようにして，財政分析を深めるための資料です。

内閣府地方創生推進室／経済産業省地域経済産業調査室「地域経済分析システム（Regional Economy Society Analyzing System [RESAS]）」

　　https://resas.go.jp/

　＊「地方創生」に関する施策の立案・実行・検証などを支援する情報を掲載しています。そのうち「地方財政マップ」では，自治体財政状況（財政力比率，実質公債費比率，目的別歳出決算額，人口1人当たり地方税など）を比較しています。

6　雑　　誌

　地方財政や政府間財政関係については多くの定期刊行物がありますが，制度の解説や論評について定評のあるものをいくつか挙げておきます。

『地方財政』地方財務協会（月刊誌）

『地方税』地方財務協会（月刊誌）

『公営企業』地方財務協会（月刊誌）

『地方財務』ぎょうせい（月刊誌）

『税』ぎょうせい（月刊誌）

『地方自治』ぎょうせい（月刊誌）

『自治研究』第一法規（月刊誌）

『都市問題』後藤・安田記念東京都市研究所（月刊誌）

『自治総研』地方自治総合研究所（月刊誌）

【有斐閣ブックス】

地方財政を学ぶ〔新版〕
Local Government Finance〔New ed.〕

2017 年 5 月 25 日　初版第 1 刷発行
2023 年 3 月 20 日　新版第 1 刷発行
2024 年 10 月 10 日　新版第 2 刷発行

著　者　　沼尾波子，池上岳彦，木村佳弘，高端正幸

発行者　　江草貞治

発行所　　株式会社有斐閣

　　　　　〒101-0051 東京都千代田区神田神保町 2-17

　　　　　https://www.yuhikaku.co.jp/

印　刷　　大日本法令印刷株式会社

製　本　　牧製本印刷株式会社

装丁印刷　株式会社亨有堂印刷所

落丁・乱丁本はお取替えいたします。定価はカバーに表示してあります。